AF452440

Le dépôt légal de cet Ouvrage a été fait.

TABLES

DE

CONVERSION EN FRANCS

de la Livre Sterling

à 161 Changes

PAR

Georges GUYOT

AVEC PRÉFACE DE

M. RAPHAEL-GEORGES LÉVY

Prix : 3 fr. 50

PARIS

BOYVEAU et CHEVILLET

Éditeurs

22, RUE DE LA BANQUE, 22

près la Bourse

1900

PRÉFACE

Le volume que voici est le fruit d'un travail considérable qui a eu pour résultat de mettre à la disposition du public une série de tableaux du plus grand intérêt. Tous ceux — et ils sont nombreux — que leurs occupations appellent à transformer des livres sterling en francs pour le paiement de coupons, de titres amortis, de traites tirées sur l'Angleterre ou domiciliées en France, ont constaté la perte de temps que leur cause l'obligation quotidienne de se livrer à des opérations arithmétiques plus ou moins longues. Au contraire, des calculs faits d'avance, s'appliquant à toutes sommes et répondant à toutes les combinaisons, permettent d'obtenir, pour ainsi dire instantanément, l'équivalent en monnaie française de n'importe quel montant exprimé en livres sterling, shillings et pence.

Les méthodes employées par M. Georges Guyot, et dont j'ai pu apprécier la sûreté, permettent d'affirmer l'exactitude mathématique des nombres inscrits dans le présent volume.

On sait que la parité de la livre sterling est 25.22 environ, c'est-à-dire qu'une livre sterling, au poids et au titre anglais normal, contient autant d'or que fr. 25.22 au poids et au titre français normal. Les écarts en dessus et en dessous de ce cours ne proviennent que des frais de transport des monnaies d'or de France en Angleterre ou vice versa, et aussi des écarts entre le poids légal et celui des pièces qu'il est possible de se procurer dans la circulation de chacun des deux pays. Ces frais et cet écart de poids n'atteignent pas en général 1/2 0/0 : or les limites des calculs effectués dans le présent volume représentent une oscillation totale de 40 centimes, soit plus de 1 1/2 0/0, sur le cours de la livre sterling, exactement 3/4 0/0 en hausse de (25.22 à 25.40) et plus de 3/4 0/0 en baisse de (25.22 à 25.00).

Le change sur Londres, ou, ce qui revient au même, le prix de la livre sterling, ne tomberait au-dessous de 25 fr. que si la Banque d'Angleterre cessait de donner de l'or en échange de ses billets, fait qui ne s'est jamais produit depuis la reprise des paiements en espèces après les guerres napoléoniennes, même pas lors des courtes périodes de suspension du *Bank Act* (charte de la Banque d'Angleterre). L'organisation de cet établissement garantit d'une façon presque mathématique la convertibilité, à guichets ouverts, du papier contre le métal jaune.

Le change ne monte au dessus de 25.40 qu'aux époques où, la Banque de France ne délivrant plus d'or en échange de ses billets ou ne le délivrant que moyennant une prime qui s'ajoute alors au prix des effets sur Londres, la circulation n'en fournit plus en quantité suffisante : ce sont des moments de crise; durant la période qui a suivi la guerre de 1870-71 entre la France et l'Allemagne, et qui a été marquée par le cours forcé de notre billet de banque, on a vu la cote se maintenir à des cours supérieurs à 26 francs. Mais depuis que les opérations de paiement de l'indemnité de guerre ont été terminées, ce n'est qu'à de très rares exceptions et pour des périodes très courtes que le cours du chèque sur Londres, ou, comme on le dit en termes abrégés, du *chèque*, a franchi 25.40. On pourrait presque dire que ce cours de 25.40 est une limite barométrique : lorsqu'elle est dépassée, c'est que le temps n'est plus normal : cela signifie, ou bien que le renchérissement des capitaux sur la place de Londres est excessif par rapport aux autres marchés et qu'alors le reste du monde envoie ses disponibilités en Angleterre pour les y employer à un taux élevé; ou bien que notre circulation monétaire française n'est pas dans son état d'équilibre habituel, que nos billets de banque ne s'échangent pas couramment contre de l'or. Les deux phénomènes devant être considérés comme de nature passagère, les tableaux de conversion contenus dans le volume de M. Georges Guyot suffisent largement aux besoins courants des affaires. L'examen de la cote des changes sur la place de Paris pendant le XIXe siècle justifierait l'exactitude de notre assertion. Nous ajouterons qu'une mesure définitive, qui établirait clairement que notre étalon national, le franc, est un étalon d'or, serait de nature à nous préserver à tout jamais d'une baisse de nos changes sur l'étranger. Elle paraîtrait d'autant plus opportune que les pays les plus importants du monde, l'Allemagne, la Russie, les Etats-Unis d'Amérique, l'Autriche-Hongrie, le Japon, l'Inde, et d'autres encore, ont suivi l'exemple de l'Angleterre et adopté l'or comme étalon [1].

C'est encore un mérite de l'ouvrage de M. Georges Guyot de ramener une fois de plus l'attention publique sur ces questions de change, si importantes et si mal connues en général. Nous avons donc un plaisir particulier à le présenter et à le recommander au public : nombreux seront ceux qui trouveront profit à l'employer.

RAPHAEL-GEORGES LÉVY

---

[1] Voir notre travail « l'Achèvement de notre réforme monétaire : L'étalon d'or », par Raphaël-Georges Lévy, Revue Politique et Parlementaire du 10 mars 1900.

AVERTISSEMENT

En présentant ces Tables au monde de la Banque et de la Bourse, ainsi qu'à tous ceux qui, à un titre quelconque, ont besoin de convertir fréquemment en monnaie française la livre sterling à ses différents changes, nous avons voulu combler une lacune, et permettre à chacun d'obtenir des résultats auxquels on n'arrivait jusqu'ici qu'à la suite de calculs plus ou moins longs.

Ce travail comprend l'équivalent en francs de la livre anglaise à 161 changes, du pair au cours de **25.40**, avec les variations des 1/4 et 1/2. Il prévoit donc toutes les fluctuations générales du change.

Les calculs ont été effectués à chacun de ces cours, depuis 1 penny jusqu'à £ 100 sans interruption, et de £ 100 à £ 1.000 par quantités de £ 25.

La méthode que nous avons utilisée, le nombre des décimales employées pour constituer les éléments de nos opérations, le mode de vérification qui nous a servi, nous permettent d'assurer des résultats d'une rigoureuse exactitude.

La partie typographique, très importante dans un travail de ce genre, a été exécutée avec le plus grand soin.

Nous présentons donc cet ouvrage avec confiance, estimant qu'il doit être le *vade mecum* indispensable de tous ceux désirant obtenir, sans effort et d'une manière sûre et rapide, la parité en francs de la livre sterling et de ses dérivés.

C'est dans ce but que nous l'avons établi, et nous serions largement récompensé de nos efforts si nous avions pu l'atteindre.

Nous ne terminerons pas ces lignes sans adresser nos sincères remerciements aux personnes qui, dans cette tâche, nous ont aidé de leurs conseils et de leurs encouragements et ont contribué ainsi à l'exécution de cet ouvrage.

L'AUTEUR.

INSTRUCTIONS

POUR L'USAGE DES TABLES

On remarquera que chaque fois que les calculs l'ont permis, nous avons inscrit trois décimales.

La 3ᵉ est imprimée en caractère plus petit.

Lorsqu'il y a lieu d'additionner deux ou plusieurs sommes, il est nécessaire, afin d'obtenir des centimes rigoureusement exacts, d'utiliser cette 3ᵉ décimale.

Exemple :

Soit à connaitre la valeur de £ 375:12 au change de 25.22 1/2.

Nous trouvons (page 91).

£ 375	=		9,459	fr.	375
S 12	=		15		135
Total	=		9,474	fr.	510

Pour les quantités supérieures à £ 1.000, cette 3ᵉ décimale permet d'obtenir, par un simple déplacement de la virgule, le résultat cherché.

Exemple :

Soit à connaitre l'équivalent, au change de 25.21 1/4 (page 86), de £ 2.250, 3.500, 6.750.

Prenant la valeur de £ 225, 350, 675 ; après avoir déplacé la virgule, nous obtenons :

£ 2.250	=	56.728	fr.	12
£ 3.500	=	88.243		75
£ 6.750	=	170.184		37

En outre, nous ferons observer que, à partir de £ 1, les troisièmes décimales 2, 5, 7, correspondent à 25, 50, 75.

En conséquence :

L'addition des sommes précédentes s'effectuerait ainsi :

$$
\begin{array}{rr}
56.728 \ \text{fr.} & 125 \\
88.243 & 75 \\
170.184 & 375 \\
\hline
\text{Total} \quad 315.156 \ \text{fr.} & 250
\end{array}
$$

La valeur en francs de £ 22.500, 35.000, 67.500 est de :

$$
\begin{array}{lll}
£ \ 22.500 & = & 567.281 \ \text{fr.} \ 25 \\
£ \ 35.000 & = & 882.437 \quad 50 \\
£ \ 67.500 & = & 1.701.843 \quad 75
\end{array}
$$

On voit, d'après ces instructions, qu'à l'aide de ces Tables, on peut immédiatement convertir en francs un nombre quelconque de £ sterling.

ABRÉVIATIONS

D	=	Denier ou Penny
S	=	Shilling.
£	=	Livre sterling.

TABLES

DE

CONVERSION

CHANGE : 25 »

D	fr.	c.
1	0	10⁴
2	0	20⁸
3	0	31²
4	0	41⁶
5	0	52
6	0	62⁵
7	0	72⁹
8	0	83³
9	0	93⁷
10	1	04¹
11	1	14⁵
S		
1	1	25
2	2	50
3	3	75
4	5	»
5	6	25
6	7	50
7	8	75
8	10	»
9	11	25
10	12	50
11	13	75
12	15	»
13	16	25
14	17	50
15	18	75
16	20	»
17	21	25
18	22	50
19	23	75

£	fr.	c.
1	25	»
2	50	»
3	75	»
4	100	»
5	125	»
6	150	»
7	175	»
8	200	»
9	225	»
10	250	»
11	275	»
12	300	»
13	325	»
14	350	»
15	375	»
16	400	»
17	425	»
18	450	»
19	475	»
20	500	»
21	525	»
22	550	»
23	575	»
24	600	»
25	625	»
26	650	»
27	675	»
28	700	»
29	725	»
30	750	»
31	775	»
32	800	»
33	825	»

£	fr.	c.
34	850	»
35	875	»
36	900	»
37	925	»
38	950	»
39	975	»
40	1.000	»
41	1.025	»
42	1.050	»
43	1.075	»
44	1.100	»
45	1.125	»
46	1.150	»
47	1.175	»
48	1.200	»
49	1.225	»
50	1.250	»
51	1.275	»
52	1.300	»
53	1.325	»
54	1.350	»
55	1.375	»
56	1.400	»
57	1.425	»
58	1.450	»
59	1.475	»
60	1.500	»
61	1.525	»
62	1.550	»
63	1.575	»
64	1.600	»
65	1.625	»
66	1.650	»

£	fr.	c.
67	1.675	»
68	1.700	»
69	1.725	»
70	1.750	»
71	1.775	»
72	1.800	»
73	1.825	»
74	1.850	»
75	1.875	»
76	1.900	»
77	1.925	»
78	1.950	»
79	1.975	»
80	2.000	»
81	2.025	»
82	2.050	»
83	2.075	»
84	2.100	»
85	2.125	»
86	2.150	»
87	2.175	»
88	2.200	»
89	2.225	»
90	2.250	»
91	2.275	»
92	2.300	»
93	2.325	»
94	2.350	»
95	2.375	»
96	2.400	»
97	2.425	»
98	2.450	»
99	2.475	»
100	2.500	»

£	fr.	c.
125	3.125	»
150	3.750	»
175	4.375	»
200	5.000	»
225	5.625	»
250	6.250	»
275	6.875	»
300	7.500	»
325	8 125	»
350	8.750	»
375	9.375	»
400	10.000	»
425	10.625	»
450	11.250	»
475	11.875	»
500	12.500	»
525	13.125	»
550	13.750	»
575	14.375	»
600	15.000	»
625	15.625	»
650	16.250	»
675	16.875	»
700	17.500	»
725	18.125	»
750	18.750	»
775	19.375	»
800	20.000	»
825	20.625	»
850	21.250	»
875	21.875	»
900	22.500	»
925	23.125	»
950	23.750	»
975	24.375	»
1000	25.000	»

CHANGE : 25.00 ¹/₄

D	fr.	c.	£	fr.	c.	£	fr.	c.	£	fr.	c.	£	fr.	c.
1	0	10^{4}	1	25	00¼	34	850	08^{5}	67	1.675	16^{7}	125	3.125	31^{2}
2	0	20^{8}	2	50	00^{5}	35	875	08^{7}	68	1.700	17	150	3.750	37^{5}
3	0	31^{2}	3	75	00^{7}	36	900	09	69	1.725	17^{2}	175	4.375	43^{7}
4	0	41^{6}	4	100	01	37	925	09^{2}	70	1.750	17^{5}	200	5.000	50
5	0	52	5	125	01^{2}	38	950	09^{5}	71	1.775	17^{7}	225	5.625	56^{2}
6	0	62^{5}	6	150	01^{5}	39	975	09^{7}	72	1.800	18	250	6.250	62^{5}
7	0	72^{9}	7	175	01^{7}	40	1.000	10	73	1.825	18^{2}	275	6.875	68^{7}
8	0	83^{3}	8	200	02	41	1.025	10^{2}	74	1.850	18^{5}	300	7.500	75
9	0	93^{7}	9	225	02^{2}	42	1.050	10^{5}	75	1.875	18^{7}	325	8.125	81^{2}
10	1	04^{1}	10	250	02^{5}	43	1.075	10^{7}	76	1.900	19	350	8.750	87^{5}
11	1	14^{5}	11	275	02^{7}	44	1.100	11	77	1.925	19^{2}	375	9.375	93^{7}
S			12	300	03	45	1.125	11^{2}	78	1.950	19^{5}	400	10.001	»
1	1	25	13	325	03^{2}	46	1.150	11^{5}	79	1.975	19^{7}	425	10.626	06^{2}
2	2	50	14	350	03^{5}	47	1.175	11^{7}	80	2.000	20	450	11.251	12^{5}
3	3	75	15	375	03^{7}	48	1.200	12	81	2.025	20^{2}	475	11.876	18^{7}
4	5	»	16	400	04	49	1.225	12^{2}	82	2.050	20^{5}	500	12.501	25
5	6	25	17	425	04^{2}	50	1.250	12^{5}	83	2.075	20^{7}	525	13.126	31^{2}
6	7	50	18	450	04^{5}	51	1.275	12^{7}	84	2.100	21	550	13.751	37^{5}
7	8	75	19	475	04^{7}	52	1.300	13	85	2.125	21^{2}	575	14.376	43^{7}
8	10	00^{1}	20	500	05	53	1.325	13^{2}	86	2.150	21^{5}	600	15.001	50
9	11	25^{1}	21	525	05^{2}	54	1.350	13^{5}	87	2.175	21^{7}	625	15.626	56^{2}
10	12	50^{1}	22	550	05^{5}	55	1.375	13^{7}	88	2.200	22	650	16.251	62^{5}
11	13	75^{1}	23	575	05^{7}	56	1.400	14	89	2.225	22^{2}	675	16.876	68^{7}
12	15	00^{1}	24	600	06	57	1.425	14^{2}	90	2.250	22^{5}	700	17.501	75
13	16	25^{1}	25	625	06^{2}	58	1.450	14^{5}	91	2.275	22^{7}	725	18.126	81^{2}
14	17	50^{1}	26	650	06^{5}	59	1.475	14^{7}	92	2.300	23	750	18.751	87^{5}
15	18	75^{1}	27	675	06^{7}	60	1.500	15	93	2.325	23^{2}	775	19.376	93^{7}
16	20	00^{2}	28	700	07	61	1.525	15^{2}	94	2.350	23^{5}	800	20.002	»
17	21	25^{2}	29	725	07^{2}	62	1.550	15^{5}	95	2.375	23^{7}	825	20.627	06^{2}
18	22	50^{2}	30	750	07^{5}	63	1.575	15^{7}	96	2.400	24	850	21.252	12^{5}
19	23	75^{2}	31	775	07^{7}	64	1.600	16	97	2.425	24^{2}	875	21.877	18^{7}
			32	800	08	65	1.625	16^{2}	98	2.450	24^{5}	900	22.502	25
			33	825	08^{2}	66	1.650	16^{5}	99	2.475	24^{7}	925	23.127	31^{2}
									100	2.500	25	950	23.752	37^{5}
												975	24.377	43^{7}
												1000	25.002	50

CHANGE : 25.00 ¹/₂

D / S	fr.	c.	£	fr.	c.	£	fr.	c.	£	fr.	c.	£	fr.	c.
1	0	10^4	1	25	00½	34	850	17	67	1.675	33^5	125	3.125	62^5
2	0	20^8	2	50	01	35	875	17^5	68	1.700	34	150	3.750	75
3	0	31^2	3	75	01^5	36	900	18	69	1.725	34^5	175	4.375	87^5
4	0	41^6	4	100	02	37	925	18^5	70	1.750	35	200	5.001	»
5	0	52	5	125	02^5	38	950	19	71	1.775	35^5	225	5.626	12^5
6	0	62^5	6	150	03	39	975	19^5	72	1.800	36	250	6.251	25
7	0	72^9	7	175	03^5	40	1.000	20	73	1.825	36^5	275	6.876	37^5
8	0	83^3	8	200	04	41	1.025	20^5	74	1.850	37	300	7.501	50
9	0	93^7	9	225	04^5	42	1.050	21	75	1.875	37^5	325	8.126	62^5
10	1	04^1	10	250	05	43	1.075	21^5	76	1.900	38	350	8.751	75
11	1	14^6	11	275	05^5	44	1.100	22	77	1.925	38^5	375	9.376	87^5
S			12	300	06	45	1.125	22^5	78	1.950	39	400	10.002	»
1	1	25	13	325	06^5	46	1.150	23	79	1.975	39^5	425	10.627	12^5
2	2	50	14	350	07	47	1.175	23^5	80	2.000	40	450	11.252	.25
3	3	75	15	375	07^5	48	1.200	24	81	2.025	40^5	475	11.877	37^5
4	5	00^1	16	400	08	49	1.225	24^5	82	2.050	41	500	12.502	50
5	6	25^1	17	425	08^5	50	1.250	25	83	2.075	41^5	525	13.127	62^5
6	7	50^1	18	450	09	51	1.275	25^5	84	2.100	42	550	13.752	75
7	8	75^1	19	475	09^5	52	1.300	26	85	2.125	42^5	575	14.377	87^5
8	10	00^2	20	500	10	53	1.325	26^5	86	2.150	43	600	15.003	»
9	11	25^2	21	525	10^5	54	1.350	27	87	2.175	43^5	625	15.628	12^5
10	12	50^2	22	550	11	55	1.375	27^5	88	2.200	44	650	16.253	25
11	13	75^2	23	575	11^5	56	1.400	28	89	2.225	44^5	675	16.878	37^5
12	15	00^3	24	600	12	57	1.425	28^5	90	2.250	45	700	17.503	50
13	16	25^3	25	625	12^5	58	1.450	29	91	2.275	45^5	725	18.128	62^5
14	17	50^3	26	650	13	59	1.475	29^5	92	2.300	46	750	18.753	75
15	18	75^3	27	675	13^5	60	1.500	30	93	2.325	46^5	775	19.378	87^5
16	20	00^4	28	700	14	61	1.525	.30^5	94	2.350	47	800	20.004	»
17	21	25^4	29	725	14^5	62	1.550	31	95	2.375	47^5	825	20.629	12^5
18	22	50^4	30	750	15	63	1.575	31^5	96	2.400	48	850	21.254	.25
19	23	75^4	31	775	15^5	64	1.600	32	97	2.425	48^5	875	21.879	37^5
			32	800	16	65	1.625	32^5	98	2.450	49	900	22.504	50
			33	825	16^5	66	1.650	33	99	2.475	49^5	925	23.129	62^5
									100	2.500	50	950	23.754	75
												975	24.379	87^5
												1000	25.005	»

CHANGE : 25.00 ³/₄

D	fr.	c.	ℒ	fr.	c.	ℒ	fr.	c.	ℒ	fr.	c.	ℒ	fr.	c.
1	0	10^4	1	25	00¾	34	850	25^5	67	1.675	50^2	125	3.125	93^7
2	0	20^8	2	50	01^5	35	875	26^2	68	1.700	51	150	3.751	12^5
3	0	31^2	3	75	02^2	36	900	27	69	1.725	51^7	175	4.376	31^2
4	0	41^6	4	100	03	37	925	27^7	70	1.750	52^5	200	5.001	50
5	0	.52	5	125	03^7	38	950	28^5	71	1.775	53^2	225	5.626	68^7
6	0	62^5	6	150	04^5	39	975	29^2	72	1.800	54	250	6.251	87^5
7	0	72^9	7	175	05^2	40	1.000	30	73	1.825	54^7	275	6.877	06^2
8	0	83^3	8	200	06	41	1.025	30^7	74	1.850	55^5	300	7.502	25
9	0	93^7	9	225	06^7	42	1.050	31^5	75	1.875	56^2	325	8.127	43^7
10	1	04^1	10	250	07^5	43	1.075	32^2	76	1.900	57	350	8.752	62^5
11	1	14^6	11	275	08^2	44	1.100	33	77	1.925	57^7	375	9.377	81^2
S			12	300	09	45	1.125	33^7	78	1.950	58^5	400	10.003	»
1	1	25	13	325	09^7	46	1.150	34^5	79	1.975	59^2	425	10.628	18^7
2	2	50	14	350	10^5	47	1.175	35^2	80	2.000	60	450	11.253	37^5
3	3	75^1	15	375	11^2	48	1.200	36	81	2.025	60^7	475	11.878	56^2
4	5	00^1	16	400	12	49	1.225	36^7	82	2.050	61^5	500	12.503	75
5	6	25^1	17	425	12^7	50	1.250	37^5	83	2.075	62^2	525	13.128	93^7
6	7	50^2	18	450	13^5	51	1.275	38^2	84	2.100	63	550	13.754	12^5
7	8	75^2	19	475	14^2	52	1.300	39	85	2.125	63^7	575	14.379	31^2
8	10	00^3	20	500	15	53	1.325	39^7	86	2.150	64^5	600	15.004	50
9	11	25^3	21	525	15^7	54	1.350	40^5	87	2.175	65^2	625	15.629	68^7
10	12	50^3	22	550	16^5	55	1.375	41^2	88	2.200	66	650	16.254	87^5
11	13	75^4	23	575	17^2	56	1.400	42	89	2.225	66^7	675	16.880	06^2
12	15	00^4	24	600	18	57	1.425	42^7	90	2.250	67^5	700	17.505	25
13	16	25^4	25	625	18^7	58	1.450	43^5	91	2.275	68^2	725	18.130	43^7
14	17	50^5	26	650	19^5	59	1.475	44^2	92	2.300	69	750	18.755	62^5
15	18	75^5	27	675	20^2	60	1.500	45	93	2.325	.69^7	775	19.380	81^2
16	20	00^6	28	700	21	61	1.525	45^7	94	2.350	70^5	800	20.006	»
17	21	25^6	29	725	21^7	62	1.550	46^5	95	2.375	71^2	825	20.631	18^7
18	22	50^6	30	750	22^5	63	1.575	47^2	96	2.400	72	850	21.256	37^5
19	23	75^7	31	775	23^2	64	1.600	48	97	2.425	72^7	875	21.881	56^2
			32	800	24	65	1.625	48^7	98	2.450	73^5	900	22.506	75
			33	825	24^7	66	1.650	49^5	99	2.475	74^2	925	23.131	93^7
									100	2.500	75	950	23.757	12^5
												975	24.382	31^2
												1000	25.007	50

CHANGE : 25.01

D	fr.	c.	£	fr.	c.	£	fr.	c.	£	fr.	c.	£	fr.	c.
1	0	10^4	1	25	01	34	850	34	67	1.675	67	125	3.126	25
2	0	20^8	2	50	02	35	875	35	68	1.700	68	150	3.751	50
3	0	31^2	3	75	03	36	900	36	69	1.725	69	175	4.376	75
4	0	41^6	4	100	04	37	925	37	70	1.750	70	200	5 002	»
5	0	52^1	5	125	05	38	950	38	71	1.775	71	225	5.627	25
6	0	62^5	6	150	06	39	975	39	72	1.800	72	250	6.252	50
7	0	72^9	7	175	07	40	1.000	40	73	1.825	73	275	6.877	75
8	0	83^3	8	200	08	41	1.025	41	74	1 850	74	300	7.503	»
9	0	93^7	9	225	09	42	1.050	42	75	1.875	75	325	8.128	25
10	1	04^2	10	250	10	43	1.075	43	76	1.900	76	350	8.753	50
11	1	14^6	11	275	11	44	1.100	44	77	1.925	77	375	9.378	75
S			12	300	12	45	1.125	45	78	1.950	78	400	10.004	»
1	1	25	13	325	13	46	1.150	46	79	1.975	79	425	10.629	25
2	2	50^1	14	350	14	47	1.175	47	80	2.000	80	450	11.254	50
3	3	75^1	15	375	15	48	1.200	48	81	2.025	81	475	11.879	75
4	5	00^2	16	400	16	49	1.225	49	82	2.050	82	500	12 505	»
5	6	25^2	17	425	17	50	1.250	50	83	2.075	83	525	13.130	25
6	7	50^3	18	450	18	51	1.275	51	84	2.100	84	550	13.755	50
7	8	75^3	19	475	19	52	1.300	52	85	2.125	85	575	14.380	75
8	10	00^4	20	500	20	53	1.325	53	86	2.150	86	600	15 006	»
9	11	25^4	21	525	21	54	1.350	54	87	2.175	87	625	15 631	25
10	12	50^5	22	550	22	55	1.375	55	88	2.200	88	650	16.256	50
11	13	75^5	23	575	23	56	1.400	56	89	2.225	89	675	16.881	75
12	15	00^6	24	600	24	57	1 425	57	90	2.250	90	700	17.507	»
13	16	25^6	25	625	25	58	1.450	58	91	2.275	91	725	18.132	25
14	17	50^7	26	650	26	59	1.475	59	92	2.300	92	750	18.757	50
15	18	75^7	27	675	27	60	1.500	60	93	2.325	93	775	19.382	75
16	20	00^8	28	700	28	61	1.525	61	94	2.350	94	800	20.008	»
17	21	25^8	29	725	29	62	1.550	62	95	2.375	95	825	20.633	25
18	22	50^9	30	750	30	63	1.575	63	96	2.400	96	850	21 258	50
19	23	75^9	31	775	31	64	1 600	64	97	2 425	97	875	21 883	75
			32	800	32	65	1.625	65	98	2.450	98	900	22.509	»
			33	825	33	66	1.650	66	99	2.475	99	925	23.134	25
									100	2.501	»	950	23 759	50
												975	24.384	75
												1000	25.010	»

CHANGE : 25.01 ¹/₄

D	fr.	c.	£	fr.	c.	£	fr.	c.	£	fr.	c.	£	fr.	c.
1	0	10^4	1	25	01¼	34	850	42^5	67	1.675	83^7	125	3.126	56^2
2	0	20^8	2	50	02^5	35	875	43^7	68	1.700	85	150	3.751	87^5
3	0	31^2	3	75	03^7	36	900	45	69	1.725	86^2	175	4.377	18^7
4	0	41^6	4	100	05	37	925	46^2	70	1.750	87^5	200	5.002	50
5	0	52^1	5	125	06^2	38	950	47^8	71	1.775	88^7	225	5.627	81^2
6	0	62^5	6	150	07^5	39	975	48^7	72	1.800	90	250	6.253	12^5
7	0	72^9	7	175	08^7	40	1.000	50	73	1.825	91^2	275	6.878	43^7
8	0	83^3	8	200	10	41	1.025	51^2	74	1.850	92^5	300	7.503	75
9	0	93^7	9	225	11^2	42	1.050	52^8	75	1.875	93^7	325	8.129	06^2
10	1	04^2	10	250	12^5	43	1.075	53^7	76	1.900	95	350	8.754	37^5
11	1	14^6	11	275	13^7	44	1.100	55	77	1.925	96^2	375	9.379	68^7
S			12	300	15	45	1.125	56^2	78	1.950	97^5	400	10.005	»
1	1	25	13	325	16^2	46	1.150	57^5	79	1.975	98^7	425	10.630	31^2
2	2	50^1	14	350	17^5	47	1.175	58^7	80	2.001	»	450	11.255	62^5
3	3	75^1	15	375	18^7	48	1.200	60	81	2.026	01^2	475	11.880.93^7	
4	5	00^2	16	400	20	49	1.225	61^2	82	2.051	02^5	500	12.506	25
5	6	25^3	17	425	21^2	50	1.250	62^5	83	2.076	03^7	525	13.131	56^2
6	7	50^3	18	450	22^5	51	1.275	63^7	84	2.101	05	550	13.756	87^5
7	8	75^4	19	475	23^7	52	1.300	65	85	2.126	06^2	575	14.382	18^7
8	10	00^5	20	500	25	53	1.325	66^2	86	2.151	07^5	600	15.007	50
9	11	25^5	21	525	26^2	54	1.350	67^5	87	2.176	08^7	625	15.632	81^2
10	12	50^6	22	550	27^5	55	1.375	68^7	88	2.201	10	650	16.258	12^5
11	13	75^6	23	575	28^7	56	1.400	70	89	2.226	11^2	675	16.883	43^7
12	15	00^7	24	600	30	57	1.425	71^2	90	2.251	12^5	700	17.508	75
13	16	25^8	25	625	31^2	58	1.450	72^5	91	2.276	13^7	725	18.134	06^2
14	17	50^8	26	650	32^5	59	1.475	73^7	92	2.301	15	750	18.759	37^5
15	18	75^9	27	675	33^7	60	1.500	75	93	2.326	16^2	775	19.384	68^7
16	20	01	28	700	35	61	1.525	76^2	94	2.351	17^5	800	20.010	»
17	21	26	29	725	36^2	62	1.550	77^5	95	2.376	18^7	825	20.635	31^2
18	22	51^4	30	750	37^5	63	1.575	78^7	96	2.401	20	850	21.260	62^5
19	23	76^4	31	775	38^7	64	1.600	80	97	2.426	21^2	875	21.885	93^7
			32	800	40	65	1.625	81^2	98	2.451	22^5	900	22.511	25
			33	825	41^2	66	1.650	82^5	99	2.476	23^7	925	23.136	56^2
									100	2.501	25	950	23.761	87^5
												975	24.387	18^7
												1000	25.012	50

CHANGE : 25.01 $\frac{1}{2}$

D	fr.	c.	£	fr.	c.	£	fr.	c.	£	fr.	c.	£	fr.	c.
1	0	10^4	1	25	01$\frac{1}{2}$	34	850	51	67	1.676	00^5	125	3.126	87^5
2	0	20^8	2	50	03	35	875	52^5	68	1.701	02	150	3.752	25
3	0	31^2	3	75	04^5	36	900	54	69	1.726	03^5	175	4.377	62^5
4	0	41^6	4	100	06	37	925	55^5	70	1.751	05	200	5.003	»
5	0	52^1	5	125	07^5	38	950	57	71	1.776	06^5	225	5.628	37^5
6	0	62^5	6	150	09	39	975	58^5	72	1.801	08	250	6.253	75
7	0	72^9	7	175	10^5	40	1.000	60	73	1.826	09^5	275	6.879	12^5
8	0	83^3	8	200	12	41	1.025	61^5	74	1.851	11	300	7.504	50
9	0	93^5	9	225	13^5	42	1.050	63	75	1.876	12^5	325	8.129	87^5
10	1	04^2	10	250	15	43	1.075	64^5	76	1.901	14	350	8.755	25
11	1	14^6	11	275	16^5	44	1.100	66	77	1.926	15^5	375	9.380	62^5
S			12	300	18	45	1.125	67^5	78	1.951	17	400	10.006	»
1	1	25	13	325	19^5	46	1.150	69	79	1.976	18^5	425	10.631	37^5
2	2	50^4	14	350	21	47	1.175	70^5	80	2.001	20	450	11.256	75
3	3	75^2	15	375	22^5	48	1.200	72	81	2.026	21^5	475	11.882	12^5
4	5	00^3	16	400	24	49	1.225	73^5	82	2.051	23	500	12.507	50
5	6	25^3	17	425	25^5	50	1.250	75	83	2.076	24^5	525	13.132	87^5
6	7	50^4	18	450	27	51	1.275	76^5	84	2.101	26	550	13.758	25
7	8	75^5	19	475	28^3	52	1.300	78	85	2.126	27^5	575	14.383	62^5
8	10	00^6	20	500	30	53	1.325	79^5	86	2.151	29	600	15.009	»
9	11	25^6	21	525	31^5	54	1.350	81	87	2.176	30^5	625	15.634	37^5
10	12	50^7	22	550	33	55	1.375	82^5	88	2.201	32	650	16.259	75
11	13	75^8	23	575	34^5	56	1.400	84	89	2.226	33^5	675	16.885	12^5
12	15	00^9	24	600	36	57	1.425	85^5	90	2.251	35	700	17.510	50
13	16	25^9	25	625	37^5	58	1.450	87	91	2.276	36^5	725	18.135	87^5
14	17	51	26	650	39	59	1.475	88^5	92	2.301	38	750	18.761	25
15	18	76^1	27	675	40^5	60	1.500	90	93	2.326	39^5	775	19.386	62^5
16	20	01^2	28	700	42	61	1.525	91^5	94	2.351	41	800	20.012	»
17	21	26^2	29	725	43^5	62	1.550	93	95	2.376	42^5	825	20.637	37^5
18	22	51^3	30	750	45	63	1.575	94^5	96	2.401	44	850	21.262	75
19	23	76^4	31	775	46^5	64	1.600	96	97	2.426	45^5	875	21.888	12^5
			32	800	48	65	1.625	97^5	98	2.451	47	900	22.513	50
			33	825	49^5	66	1.650	99	99	2.476	48^3	925	23.138	87^5
									100	2.501	50	950	23.764	25
												975	24.389	62^5
												1000	25.015	»

CHANGE : 25.01 ³/₄

D	fr.	c.	£	fr.	c.	£	fr.	c.	£	fr.	c.	£	fr.	c.
1	0	10^4	1	25	$01^{3/4}$	34	850	59^5	67	1.676	17^2	125	3.127	18^7
2	0	20^8	2	50	03^5	35	875	61^2	68	1.701	19	150	3.752	62^5
3	0	31^2	3	75	05^2	36	900	63	69	1.726	20^7	175	4.378	06^2
4	0	41^6	4	100	07	37	925	64^7	70	1.751	22^5	200	5.003	50
5	0	52^1	5	125	08^7	38	950	66^5	71	1.776	24^2	225	5.628	93^7
6	0	62^3	6	150	10^5	39	975	68^2	72	1.801	26	250	6.254	37^5
7	0	72^9	7	175	12^2	40	1.000	70	73	1.826	27^7	275	6.879	81^2
8	0	83^3	8	200	14	41	1.025	71^7	74	1.851	29^5	300	7.505	25
9	0	93^8	9	225	15^7	42	1.050	73^5	75	1.876	31^2	325	8.130	68^7
10	1	04^2	10	250	17^5	43	1.075	75^2	76	1.901	33	350	8.756	12^5
11	1	14^6	11	275	19^2	44	1.100	77	77	1.926	34^7	375	9.381	56^2
S			12	300	21	45	1.125	78^7	78	1.951	36^5	400	10.007	»
1	1	25	13	325	22^7	46	1.150	80^5	79	1.976	38^2	425	10.632	43^7
2	2	50^1	14	350	24^5	47	1.175	82^2	80	2.001	40	450	11.257	87^5
3	3	75^2	15	375	26^2	48	1.200	84	81	2.026	41^7	475	11.883	31^2
4	5	00^3	16	400	28	49	1.225	85^7	82	2.051	43^5	500	12.508	75
5	6	25^4	17	425	29^7	50	1.250	87^5	83	2.076	45^2	525	13.134	18^7
6	7	50^5	18	450	31^5	51	1.275	89^2	84	2.101	47	550	13.759	62^5
7	8	75^6	19	475	33^2	52	1.300	91	85	2.126	48^7	575	14.385	06^2
8	10	00^7	20	500	35	53	1.325	92^7	86	2.151	50^5	600	15.010	50
9	11	25^7	21	525	36^7	54	1.350	94^5	87	2.176	52^2	625	15.635	93^7
10	12	50^8	22	550	38^5	55	1.375	96^2	88	2.201	54	650	16.261	37^5
11	13	75^9	23	575	40^2	56	1.400	98	89	2.226	55^7	675	16.886	81^2
12	15	01	24	600	42	57	1.425	99^7	90	2.251	57^5	700	17.512	25
13	16	26^1	25	625	43^7	58	1.451	01^5	91	2.276	59^2	725	18.137	68^7
14	17	51^2	26	650	45^5	59	1.476	03^2	92	2.301	61	750	18.763	12^5
15	18	76^3	27	675	47^2	60	1.501	05	93	2.326	62^7	775	19.388	56^2
16	20	01^4	28	700	49	61	1.526	06^7	94	2.351	64^5	800	20.014	»
17	21	26^4	29	725	50^7	62	1.551	08^5	95	2.376	66^2	825	20.639	43^7
18	22	51^5	30	750	52^5	63	1.576	10^2	96	2.401	68	850	21.264	87^5
19	23	76^6	31	775	54^2	64	1.601	12	97	2.426	69^7	875	21.890	31^2
			32	800	56	65	1.626	13^7	98	2.451	71^5	900	22.515	75
			33	825	57^7	66	1.651	15^5	99	2.476	73^2	925	23.141	18^7
									100	2.501	75	950	23.766	62^5
												975	24.392	06^2
												1000	25.017	50

CHANGE : 25.02

D	fr.	c.	£	fr.	c.	£	fr.	c.	£	fr.	c.	£	fr.	c.
1	0	10^4	1	25	02	34	850	68	67	1.676	34	125	3.127	50
2	0	20^8	2	50	04	35	875	70	68	1.701	36	150	3.753	»
3	0	31^2	3	75	06	36	900	72	69	1.726	38	175	4.378	50
4	0	41^7	4	100	08	37	925	74	70	1.751	40	200	5.004	»
5	0	52^1	5	125	10	38	950	76	71	1.776	42	225	5.629	50
6	0	62^5	6	150	12	39	975	78	72	1.801	44	250	6.255	»
7	0	72^9	7	175	14	40	1.000	80	73	1.826	46	275	6.880	50
8	0	83^4	8	200	16	41	1.025	82	74	1.851	48	300	7.506	»
9	0	93^8	9	225	18	42	1.050	84	75	1.876	50	325	8.131	50
10	1	04^2	10	250	20	43	1.075	86	76	1.901	52	350	8.757	»
11	1	14^6	11	275	22	44	1.100	88	77	1.926	54	375	9.382	50
S			12	300	24	45	1.125	90	78	1.951	56	400	10.008	»
1	1	25^1	13	325	26	46	1.150	92	79	1.976	58	425	10.633	50
2	2	50^2	14	350	28	47	1.175	94	80	2.001	60	450	11.259	»
3	3	75^3	15	375	30	48	1.200	96	81	2.026	62	475	11.884	50
4	5	00^4	16	400	32	49	1.225	98	82	2.051	64	500	12.510	»
5	6	25^5	17	425	34	50	1.251	»	83	2.076	66	525	13.135	50
6	7	50^6	18	450	36	51	1.276	02	84	2.101	68	550	13.761	»
7	8	75^7	19	475	38	52	1.301	04	85	2.126	70	575	14.386	50
8	10	00^8	20	500	40	53	1.326	06	86	2.151	72	600	15.012	»
9	11	25^9	21	525	42	54	1.351	08	87	2.176	74	625	15.637	50
10	12	51	22	550	44	55	1.376	10	88	2.201	76	650	16.263	»
11	13	76^1	23	575	46	56	1.401	12	89	2.226	78	675	16.888	50
12	15	01^2	24	600	48	57	1.426	14	90	2.251	80	700	17.514	»
13	16	26^3	25	625	50	58	1.451	16	91	2.276	82	725	18.139	50
14	17	51^4	26	650	52	59	1.476	18	92	2.301	84	750	18.765	»
15	18	76^5	27	675	54	60	1.501	20	93	2.326	86	775	19.390	50
16	20	01^6	28	700	56	61	1.526	22	94	2.351	88	800	20.016	»
17	21	26^7	29	725	58	62	1.551	24	95	2.376	90	825	20.641	50
18	22	51^8	30	750	60	63	1.576	26	96	2.401	92	850	21.267	»
19	23	76^9	31	775	62	64	1.601	28	97	2.426	94	875	21.892	50
			32	800	64	65	1.626	30	98	2.451	96	900	22.518	»
			33	825	66	66	1.651	32	99	2.476	98	925	23.143	50
									100	2.502	»	950	23.769	»
												975	24.394	50
												1000	25.020	»

CHANGE : 25.02 ¹/₄

D	fr. c.	£	fr. c.	£	fr. c.	£	fr. c.	£	fr. c.
1	0 10^4	1	25 02¼	34	850 76^5	67	1.676 50^7	125	3.127 81^2
2	0 20^8	2	50 04^5	35	875 78^7	68	1.701 53	150	3.753 37^5
3	0 31^2	3	75 06^7	36	900 81	69	1.726 55^2	175	4.378 93^7
4	0 41^7	4	100 09	37	925 83^2	70	1.751 57^5	200	5.004 50
5	0 52^1	5	125 11^2	38	950 85^5	71	1.776 59^7	225	5.630 06^2
6	0 62^5	6	150 13^5	39	975 87^7	72	1.801 62	250	6.255 62^5
7	0 72^9	7	175 15^7	40	1.000 90	73	1.826 64^2	275	6.881 18^7
8	0 83^4	8	200 18	41	1.025 92^2	74	1.851 66^5	300	7.506 75
9	0 93^8	9	225 20^2	42	1.050 94^5	75	1.876 68^7	325	8.132 31^2
10	1 04^2	10	250 22^5	43	1.075 96^7	76	1.901 71	350	8.757 87^5
11	1 14^6	11	275 24^7	44	1.100 99	77	1.926 73^2	375	9.383 43^7
S		12	300 27	45	1.126 01^2	78	1.951 75^5	400	10.009 »
1	1 25^1	13	325 29^2	46	1.151 03^5	79	1.976 77^7	425	10.634 56^2
2	2 50^2	14	350 31^5	47	1.176 05^7	80	2.001 80	450	11.260 12^5
3	3 75^3	15	375 33^7	48	1.201 08	81	2.026 82^2	475	11.885 68^7
4	5 00^4	16	400 36	49	1.226 10^2	82	2.051 84^5	500	12.511 25
5	6 25^5	17	425 38^2	50	1.251 12^5	83	2.076 86^7	525	13.136 81^2
6	7 50^6	18	450 40^5	51	1.276 14^7	84	2.101 89	550	13.762 37^5
7	8 75^7	19	475 42^7	52	1.301 17	85	2.126 91^2	575	14.387 93^7
8	10 00^9	20	500 45	53	1.326 19^2	86	2.151 93^5	600	15.013 50
9	11 26	21	525 47^2	54	1.351 21^5	87	2.176 95^7	625	15.639 06^2
10	12 51^4	22	550 49^5	55	1.376 23^7	88	2.201 98	650	16.264 62^5
11	13 76^2	23	575 51^7	56	1.401 26	89	2.227 00^2	675	16.890 18^7
12	15 01^3	24	600 54	57	1.426 28^2	90	2.252 02^5	700	17.515 75
13	16 26^4	25	625 56^2	58	1.451 30^5	91	2.277 04^7	725	18.141 31^2
14	17 51^5	26	650 58^5	59	1.476 32^7	92	2.302 07	750	18.766 87^5
15	18 76^6	27	675 60^7	60	1.501 35	93	2.327 09^2	775	19.392 43^7
16	20 01^8	28	700 63	61	1.526 37^2	94	2.352 11^5	800	20.018 »
17	21 26^9	29	725 65^2	62	1.551 39^5	95	2.377 13^7	825	20.643 56^2
18	22 52	30	750 67^5	63	1.576 41^7	96	2.402 16	850	21.269 12^5
19	23 77^1	31	775 69^7	64	1.601 44	97	2.427 18^2	875	21.894 68^7
		32	800 72	65	1.626 46^2	98	2.452 20^5	900	22.520 25
		33	825 74^2	66	1.651 48^5	99	2.477 22^7	925	23.145 81^2
						100	2.502 25	950	23.771 37^5
								975	24.396 93^7
								1000	25.022 50

CHANGE : 25.02 ¹/₂

D	fr.	c.	£	fr.	c.	£	fr.	c.	£	fr.	c.	£	fr.	c.
1	0	10⁴	1	25	02½	34	850	85	67	1.676	67⁵	125	3.128	12⁵
2	0	20⁸	2	50	05	35	875	87⁵	68	1.701	70	150	3.753	75
3	0	31²	3	75	07⁵	36	900	90	69	1.726	72⁵	175	4.379	37⁵
4	0	41⁷	4	100	10	37	925	92⁵	70	1.751	75	200	5.005	»
5	0	52¹	5	125	12⁵	38	950	95	71	1.776	77⁵	225	5.630	62⁵
6	0	62⁵	6	150	15	39	975	97⁵	72	1.801	80	250	6.256	25
7	0	72⁹	7	175	17⁵	40	1.001	»	73	1.826	82⁵	275	6.881	87⁵
8	0	83⁴	8	200	20	41	1.026	02⁵	74	1.851	85	300	7.507	50
9	0	93⁸	9	225	22⁵	42	1.051	05	75	1.876	87⁵	325	8.133	12⁵
10	1	04²	10	250	25	43	1.076	07⁵	76	1.901	90	350	8.758	75
11	1	14⁶	11	275	27⁵	44	1.101	10	77	1.926	92⁵	375	9.384	37⁵
S			12	300	30	45	1.126	12⁵	78	1.951	95	400	10.010	»
1	1	25¹	13	325	32⁵	46	1.151	15	79	1.976	97⁵	425	10.635	62⁵
2	2	50²	14	350	35	47	1.176	17⁵	80	2.002	»	450	11.261	25
3	3	75³	15	375	37⁵	48	1.201	20	81	2.027	02⁵	475	11.886	87⁵
4	5	00⁵	16	400	40	49	1.226	22⁵	82	2.052	05	500	12.512	50
5	6	25⁶	17	425	42⁵	50	1.251	25	83	2.077	07⁵	525	13.138	12⁵
6	7	50⁷	18	450	45	51	1.276	27⁵	84	2.102	10	550	13.763	75
7	8	75⁸	19	475	47⁵	52	1.301	30	85	2.127	12⁵	575	14.389	37⁵
8	10	01	20	500	50	53	1.326	32⁵	86	2.152	15	600	15.015	»
9	11	26¹	21	525	52⁵	54	1.351	35	87	2.177	17⁵	625	15.640	62⁵
10	12	51²	22	550	55	55	1.376	37⁵	88	2.202	20	650	16.266	25
11	13	76³	23	575	57⁵	56	1.401	40	89	2.227	22³	675	16.891	87⁵
12	15	01⁵	24	600	60	57	1.426	42⁵	90	2.252	25	700	17.517	50
13	16	26⁶	25	625	62⁵	58	1.451	45	91	2.277	27⁵	725	18.143	12⁵
14	17	51⁷	26	650	65	59	1.476	47⁵	92	2.302	30	750	18.768	75
15	18	76⁸	27	675	67⁵	60	1.501	50	93	2.327	32⁵	775	19.394	37⁵
16	20	02	28	700	70	61	1.526	52⁵	94	2.352	35	800	20.020	»
17	21	27¹	29	725	72⁵	62	1.551	55	95	2.377	37⁵	825	20.645	62⁵
18	22	52²	30	750	75	63	1.576	57⁵	96	2.402	40	850	21.271	25
19	23	77³	31	775	77⁵	64	1.601	60	97	2.427	42⁵	875	21.896	87⁵
			32	800	80	65	1.626	62⁵	98	2.452	45	900	22.522	50
			33	825	82⁵	66	1.651	65	99	2.477	47⁵	925	23.148	12⁵
									100	2.502	50	950	23.773	75
												975	24.399	37⁵
												1000	25.025	»

CHANGE : 25.02 ³/₄

D	fr. c.	£	fr. c.	£	fr. c.	£	fr. c.	£	fr. c.
1	0 10^4	1	25 02¾	34	850 93^5	67	1.676 84^2	125	3.128 43^7
2	0 20^8	2	50 05^5	35	875 96^2	68	1.701 87	150	3.754 12^5
3	0 31^2	3	75 08^2	36	900 99	69	1.726 89^7	175	4.379 81^2
4	0 41^7	4	100 11	37	926 01^7	70	1.751 92^5	200	5.005 50
5	0.52^1	5	125 13^7	38	951 04^5	71	1.776 95^2	225	5.631 18^7
6	0 62^5	6	150 16^5	39	976 07^2	72	1.801 98	250	6.256 87^5
7	0 72^9	7	175 19^2	40	1.001 10	73	1.827 00^7	275	6.882 56^2
8	0 83^4	8	200 22	41	1.026 12^7	74	1.852 03^5	300	7.508 25
9	0 93^8	9	225 24^7	42	1.051 15^5	75	1.877 06^2	325	8.133 93^7
10	1 04^2	10	250 27^5	43	1.076 18^2	76	1.902 09	350	8.759 62^5
11	1 14^7	11	275 30^2	44	1.101 21	77	1.927 11^7	375	9.385 31^2
S		12	300 33	45	1.126 23^7	78	1.952 14^5	400	10.011 »
1	1 25^1	13	325 35^7	46	1.151 26^5	79	1.977 17^2	425	10.636 68^7
2	2 50^2	14	350 38^5	47	1.176 29^2	80	2.002 20	450	11.262 37^5
3	3 75^4	15	375 41^2	48	1.201 32	81	2.027 22^7	475	11.888 06^2
4	5 00^5	16	400 44	49	1.226 34^7	82	2.052 25^5	500	12.513 75
5	6 25^6	17	425 46^7	50	1.251 37^5	83	2.077 28^2	525	13.139 43^7
6	7 50^8	18	450 49^5	51	1.276 40^2	84	2.102 31	550	13.765 12^5
7	8 75^9	19	475 52^2	52	1.301 43	85	2.127 33^7	575	14.390 81^2
8	10 01^1	20	500 55	53	1.326 45^7	86	2.152 36^5	600	15.016 50
9	11 26^2	21	525 57^7	54	1.351 48^5	87	2.177 39^2	625	15.642 18^7
10	12 51^3	22	550 60^5	55	1.376 51^2	88	2.202 42	650	16.267 87^5
11	13 76^5	23	575 63^2	56	1.401 54	89	2.227 44^7	675	16.893 56^2
12	15 01^6	24	600 66	57	1.426 56^7	90	2.252 47^5	700	17.519 25
13	16 26^7	25	625 68^7	58	1.451 59^5	91	2.277 50^2	725	18.144 93^7
14	17 51^0	26	650 71^5	59	1.476 62^2	92	2.302 53	750	18.770 62^5
15	18 77	27	675 74^2	60	1.501 65	93	2.327 55^7	775	19.396 31^2
16	20 02^2	28	700 77	61	1.526 67^7	94	2.352 58^5	800	20.022 »
17	21 27^3	29	725 79^7	62	1.551 70^5	95	2.377 61^2	825	20.647 68^7
18	22 52^1	30	750 82^5	63	1.576 73^2	96	2.402 64	850	21.273 37^5
19	23 77^6	31	775 85^2	64	1.601 76	97	2.427 66^7	875	21.899 06^2
		32	800 88	65	1.626 78^7	98	2.452 69^3	900	22.524 75
		33	825 90^7	66	1.651 81^5	99	2.477 72^2	925	23.150 43^7
						100	2.502 75	950	23.776 12^5
								975	24.401 81^2
								1000	25.027 50

CHANGE : 25.03

D	fr.	c.
1	0	10^4
2	0	20^8
3	0	31^2
4	0	41^7
5	0	52^1
6	0	62^5
7	0	73
8	0	83^4
9	0	93^8
10	1	04^2
11	1	14^7
S		
1	1	25^1
2	2	50^3
3	3	75^4
4	5	00^6
5	6	25^7
6	7	50^9
7	8	76
8	10	01^2
9	11	26^3
10	12	51^5
11	13	76^6
12	15	01^8
13	16	26^9
14	17	52^1
15	18	77^2
16	20	02^4
17	21	27^5
18	22	52^7
19	23	77^8

£	fr.	c.
1	25	03
2	50	06
3	75	09
4	100	12
5	125	15
6	150	18
7	175	21
8	200	24
9	225	27
10	250	30
11	275	33
12	300	36
13	325	39
14	350	42
15	375	45
16	400	48
17	425	51
18	450	54
19	475	57
20	500	60
21	525	63
22	550	66
23	575	69
24	600	72
25	625	75
26	650	78
27	675	81
28	700	84
29	725	87
30	750	90
31	775	93
32	800	96
33	825	99

£	fr.	c.
34	851	02
35	876	05
36	901	08
37	926	11
38	951	14
39	976	17
40	1.001	20
41	1.026	23
42	1.051	26
43	1.076	29
44	1.101	32
45	1.126	35
46	1.151	38
47	1.176	41
48	1.201	44
49	1.226	47
50	1.251	50
51	1.276	53
52	1.301	56
53	1.326	59
54	1.351	62
55	1.376	65
56	1.401	68
57	1.426	71
58	1.451	74
59	1.476	77
60	1.501	80
61	1.526	83
62	1.551	86
63	1.576	89
64	1.601	92
65	1.626	95
66	1.651	98

£	fr.	c.
67	1.677	01
68	1.702	04
69	1.727	07
70	1.752	10
71	1.777	13
72	1.802	16
73	1.827	19
74	1.852	22
75	1.877	25
76	1.902	28
77	1.927	31
78	1.952	34
79	1.977	37
80	2.002	40
81	2.027	43
82	2.052	46
83	2.077	49
84	2.102	52
85	2.127	55
86	2.152	58
87	2.177	61
88	2.202	64
89	2.227	67
90	2.252	70
91	2.277	73
92	2.302	76
93	2.327	79
94	2.352	82
95	2.377	85
96	2.402	88
97	2.427	91
98	2.452	94
99	2.477	97
100	2.503	»

£	fr.	c.
125	3.128	75
150	3.754	50
175	4.380	25
200	5.006	»
225	5.631	75
250	6.257	50
275	6.883	25
300	7.509	»
325	8.134	75
350	8.760	50
375	9.386	25
400	10.012	»
425	10.637	75
450	11.263	50
475	11.889	25
500	12.515	»
525	13.140	75
550	13.766	50
575	14.392	25
600	15.018	»
625	15.643	75
650	16.269	50
675	16.895	25
700	17.521	»
725	18.146	75
750	18.772	50
775	19.398	25
800	20.024	»
825	20.649	75
850	21.275	50
875	21.901	25
900	22.527	»
925	23.152	75
950	23.778	50
975	24.404	25
1000	25.030	»

CHANGE : 25.03 ¹/₄

D	fr. c.	£	fr. c.	£	fr. c.	£	fr. c.	£	fr. c.
1	0 10^4	1	25 03¼	34	851 10^5	67	1.677 17^7	125	3.129 06^2
2	0 20^8	2	50 06^5	35	876 13^7	68	1.702 21	150	3.754 87^5
3	0 31^2	3	75 09^7	36	901 17	69	1.727 24^2	175	4.380 68^7
4	0 41^7	4	100 13	37	926 20^2	70	1.752 27^5	200	5.006 50
5	0 52^1	5	125 16^2	38	951 23^5	71	1.777 30^7	225	5.632 31^2
6	0 62^5	6	150 19^5	39	976 26^7	72	1.802 34	250	6.258 12^5
7	0 73	7	175 22^7	40	1.001 30	73	1.827 37^2	275	6.883 93^7
8	0 83^4	8	200 26	41	1.026 33^2	74	1.852 40^5	300	7.509 75
9	0 93^8	9	225 29^2	42	1.051 36^5	75	1.877 43^7	325	8.135 56^2
10	1 04^3	10	250 32^5	43	1.076 39^7	76	1.902 47	350	8.761 37^5
11	1 14^7	11	275 35^7	44	1.101 43	77	1.927 50^2	375	9.387 18^7
S		12	300 39	45	1.126 46^2	78	1.952 53^5	400	10.013 »
1	1 25^1	13	325 42^2	46	1.151 49^5	79	1.977 56^7	425	10.638 81^2
2	2 50^3	14	350 45^5	47	1.176 52^7	80	2.002 60	450	11.264 62^5
3	3 75^4	15	375 48^7	48	1.201 56	81	2.027 63^2	475	11.890 43^7
4	5 00^6	16	400 52	49	1.226 59^2	82	2.052 66^5	500	12.516 25
5	6 25^8	17	425 55^2	50	1.251 62^5	83	2.077 69^7	525	13.142 06^2
6	7 50^9	18	450 58^5	51	1.276 65^7	84	2.102 73	550	13.767 87^5
7	8 76^1	19	475 61^7	52	1.301 69	85	2.127 76^2	575	14.393 68^7
8	10 01^3	20	500 65	53	1.326 72^2	86	2.152 79^5	600	15.019 50
9	11 26^4	21	525 68^2	54	1.351 75^5	87	2.177 82^7	625	15.645 31^2
10	12 51^6	22	550 71^5	55	1.376 78^7	88	2.202 86	650	16.271 12^5
11	13 76^7	23	575 74^7	56	1.401 82	89	2.227 89^2	675	16.896 93^7
12	15 01^9	24	600 78	57	1.426 85^2	90	2.252 92^5	700	17.522 75
13	16 27^1	25	625 81^2	58	1.451 88^5	91	2.277 95^7	725	18.148 56^2
14	17 52^2	26	650 84^5	59	1.476 91^7	92	2.302 99	750	18.774 37^5
15	18 77^4	27	675 87^7	60	1.501 95	93	2.328 02^2	775	19.400 18^7
16	20 02^6	28	700 91	61	1.526 98^2	94	2.353 05^5	800	20.026 »
17	21 27^7	29	725 94^2	62	1.552 01^5	95	2.378 08^7	825	20.651 81^2
18	22 52^9	30	750 97^5	63	1.577 04^7	96	2.403 12	850	21.277 62^5
19	23 78	31	776 00^7	64	1.602 08	97	2.428 15^2	875	21.903 43^7
		32	801 04	65	1.627 11^2	98	2.453 18^5	900	22.529 25
		33	826 07^2	66	1.652 14^5	99	2.478 21^7	925	23.155 06^2
						100	2.503 25	950	23.780 87^5
								975	24.406 68^7
								1000	25.032 50

CHANGE : 25.03 ¹/₂

D	fr.	c.	L	fr.	c.	L	fr.	c.	L	fr.	c.	L	fr.	c.
1	0	10^4	1	25	03½	34	851	19	67	1.677	34^5	125	3.129	37^5
2	0	20^8	2	50	07	35	876	22^5	68	1.702	38	150	3.755	25
3	0	31^2	3	75	10^5	36	901	26	69	1.727	41^5	175	4.381	12^5
4	0	41^7	4	100	14	37	926	29^5	70	1.752	45	200	5.007	»
5	0	52^1	5	125	17^5	38	951	33	71	1.777	48^5	225	5.632	87^5
6	0	62^5	6	150	21	39	976	36^5	72	1.802	52	250	6.258	75
7	0	73	7	175	24^5	40	1.001	40	73	1.827	55^5	275	6.884	62^5
8	0	83^4	8	200	28	41	1.026	43^5	74	1.852	59	300	7.510	50
9	0	93^8	9	225	31^5	42	1.051	47	75	1.877	62^5	325	8.136	37^5
10	1	04^3	10	250	35	43	1.076	50^5	76	1.902	66	350	8.762	25
11	1	14^7	11	275	38^5	44	1.101	54	77	1.927	69^5	375	9.388	12^5
S			12	300	42	45	1.126	57^5	78	1.952	73	400	10.014	»
1	1	25^1	13	325	45^5	46	1.151	61	79	1.977	76^5	425	10.639	87^5
2	2	50^3	14	350	49	47	1.176	64^5	80	2.002	80	450	11.265	75
3	3	75^5	15	375	52^5	48	1.201	68	81	2.027	83^5	475	11.891	62^5
4	5	00^7	16	400	56	49	1.226	71^5	82	2.052	87	500	12.517	50
5	6	25^8	17	425	59^5	50	1.251	75	83	2.077	90^5	525	13.143	37^5
6	7	51	18	450	63	51	1.276	78^5	84	2.102	94	550	13.769	25
7	8	76^2	19	475	66^5	52	1.301	82	85	2.127	97^5	575	14.395	12^5
8	10	01^4	20	500	70	53	1.326	85^5	86	2.153	01	600	15.021	»
9	11	26^5	21	525	73^5	54	1.351	89	87	2.178	04^5	625	15.646	87^5
10	12	51^7	22	550	77	55	1.376	92^5	88	2.203	08	650	16.272	75
11	13	76^9	23	575	80^5	56	1.401	96	89	2.228	11^5	675	16.898	62^5
12	15	02^1	24	600	84	57	1.426	99^5	90	2.253	15	700	17.524	50
13	16	27^2	25	625	87^5	58	1.452	03	91	2.278	18^5	725	18.150	37^5
14	17	52^4	26	650	91	59	1.477	06^5	92	2.303	22	750	18.776	25
15	18	77^6	27	675	94^5	60	1.502	10	93	2.328	25^5	775	19.402	12^5
16	20	02^8	28	700	98	61	1.527	13^5	94	2.353	29	800	20.028	»
17	21	27^9	29	726	01^5	62	1.552	17	95	2.378	32^5	825	20.653	87^5
18	22	53^1	30	751	05	63	1.577	20^5	96	2.403	36	850	21.279	75
19	23	78^3	31	776	08^5	64	1.602	24	97	2.428	39^5	875	21.905	62^5
			32	801	12	65	1.627	27^5	98	2.453	43	900	22.531	50
			33	826	15^5	66	1.652	31	99	2.478	46^5	925	23.157	37^5
									100	2.503	50	950	23.783	25
												975	24.409	12^5
												1000	25.035	»

CHANGE : 25.03 ³/₄

D	fr. c.	£	fr. c.	£	fr. c.	£	fr. c.	£	fr. c.
1	0 10^4	1	25 03¾	34	851 27^5	67	1.677 51^2	125	3.129 68^7
2	0 20^8	2	50 07^5	35	876 31^2	68	1.702 55	150	3.755 62^5
3	0 31^2	3	75 11^2	36	901 35	69	1.727 58^7	175	4.381 56^2
4	0 41^7	4	100 15	37	926 38^7	70	1.752 62^5	200	5.007 50
5	0 52^4	5	125 18^7	38	951 42^5	71	1.777 66^2	225	5.633 43^7
6	0 62^5	6	150 22^5	39	976 46^2	72	1.802 70	250	6.259 37^5
7	0 73	7	175 26^2	40	1.001 50	73	1.827 73^7	275	6.885 31^2
8	0 83^4	8	200 30	41	1.026 53^7	74	1.852 77^5	300	7.511 25
9	0 93^8	9	225 33^7	42	1.051 57^5	75	1.877 81^2	325	8.137 18^7
10	1 04^3	10	250 37^5	43	1.076 61^2	76	1.902 85	350	8.763 12^5
11	1 14^7	11	275 41^2	44	1.101 65	77	1.927 88^7	375	9.389 06^2
S		12	300 45	45	1.126 68^7	78	1.952 92^5	400	10.015 »
1	1 25^4	13	325 48^7	46	1.151 72^5	79	1.977 96^2	425	10.640 93^7
2	2 50^3	14	350 52^5	47	1.176 76^2	80	2.003 »	450	11.266 87^5
3	3 75^5	15	375 56^2	48	1.201 80	81	2.028 03^7	475	11.892 81^2
4	5 00^7	16	400 60	49	1.226 83^7	82	2.053 07^5	500	12.518 75
5	6 25^9	17	425 63^7	50	1.251 87^5	83	2.078 11^2	525	13.144 68^7
6	7 51^1	18	450 67^5	51	1.276 91^2	84	2.103 15	550	13.770 62^5
7	8 76^3	19	475 71^2	52	1.301 95	85	2.128 18^7	575	14.396 56^2
8	10 01^5	20	500 75	53	1.326 98^7	86	2.153 22^5	600	15.022 50
9	11 26^6	21	525 78^7	54	1.352 02^5	87	2.178 26^2	625	15.648 43^7
10	12 51^8	22	550 82^5	55	1.377 06^2	88	2.203 30	650	16.274 37^5
11	13 77	23	575 86^2	56	1.402 10	89	2.228 33^7	675	16.900 31^2
12	15 02^2	24	600 90	57	1.427 13^7	90	2.253 37^5	700	17.526 25
13	16 27^4	25	625 93^7	58	1.452 17^5	91	2.278 41^2	725	18.152 18^7
14	17 52^6	26	650 97^5	59	1.477 21^2	92	2.303 45	750	18.778 12^5
15	18 77^8	27	676 01^2	60	1.502 25	93	2.328 48^7	775	19.404 06^2
16	20 03	28	701 05	61	1.527 28^7	94	2.353 52^5	800	20.030 »
17	21 28^4	29	726 08^7	62	1.552 32^5	95	2.378 56^2	825	20.655 93^7
18	22 53^3	30	751 12^5	63	1.577 36^2	96	2.403 60	850	21.281 87^5
19	23 78^5	31	776 16^2	64	1.602 40	97	2.428 63^7	875	21.907 81^2
		32	801 20	65	1.627 43^7	98	2.453 67^5	900	22.533 75
		33	826 23^7	66	1.652 47^5	99	2.478 71^2	925	23.159 68^7
						100	2.503 75	950	23.785 62^5
								975	24.411 56^2
								1000	25.037 50

CHANGE : 25.04

D	fr.	c.	£	fr.	c.	£	fr.	c.	£	fr.	c.	£	fr.	c.
1	0	10^4	1	25	04	34	851	36	67	1.677	68	125	3.130	»
2	0	20^8	2	50	08	35	876	40	68	1.702	72	150	3.756	»
3	0	31^3	3	75	12	36	901	44	69	1.727	76	175	4.382	»
4	0	41^7	4	100	16	37	926	48	70	1.752	80	200	5.008	»
5	0	52^1	5	125	20	38	951	52	71	1.777	84	225	5.634	»
6	0	62^6	6	150	24	39	976	56	72	1.802	88	250	6.260	»
7	0	73	7	175	28	40	1.001	60	73	1.827	92	275	6.886	»
8	0	83^4	8	200	32	41	1.026	64	74	1.852	96	300	7.512	»
9	0	93^9	9	225	36	42	1.051	68	75	1.878	»	325	8.138	»
10	1	04^4	10	250	40	43	1.076	72	76	1.903	04	350	8.764	»
11	1	14^7	11	275	44	44	1.101	76	77	1.928	08	375	9.390	»
S			12	300	48	45	1.126	80	78	1.953	12	400	10.016	»
1	1	25^2	13	325	52	46	1.151	84	79	1.978	16	425	10.642	»
2	2	50^4	14	350	56	47	1.176	88	80	2.003	20	450	11.268	»
3	3	75^6	15	375	60	48	1.201	92	81	2.028	24	475	11.894	»
4	5	00^8	16	400	64	49	1.226	96	82	2.053	28	500	12.520	»
5	6	26	17	425	68	50	1.252	»	83	2.078	32	525	13.146	»
6	7	51^2	18	450	72	51	1.277	04	84	2.103	36	550	13.772	»
7	8	76^4	19	475	76	52	1.302	08	85	2.128	40	575	14.398	»
8	10	01^6	20	500	80	53	1.327	12	86	2.153	44	600	15.024	»
9	11	26^8	21	525	84	54	1.352	16	87	2.178	48	625	15.650	»
10	12	52	22	550	88	55	1.377	20	88	2.203	52	650	16.276	»
11	13	77^2	23	575	92	56	1.402	24	89	2.228	56	675	16.902	»
12	15	02^4	24	600	96	57	1.427	28	90	2.253	60	700	17.528	»
13	16	27^6	25	626	»	58	1.452	32	91	2.278	64	725	18.154	»
14	17	52^8	26	651	04	59	1.477	36	92	2.303	68	750	18.780	»
15	18	78	27	676	08	60	1.502	40	93	2.328	72	775	19.406	»
16	20	03^2	28	701	12	61	1.527	44	94	2.353	76	800	20.032	»
17	21	28^4	29	726	16	62	1.552	48	95	2.378	80	825	20.658	»
18	22	53^6	30	751	20	63	1.577	52	96	2.403	84	850	21.284	»
19	23	78^8	31	776	24	64	1.602.56		97	2.428	88	875	21.910	»
			32	801	28	65	1.627	60	98	2.453	92	900	22.536	»
			33	826	32	66	1.652	64	99	2.478	96	925	23.162	»
									100	2.504	»	950	23.788	»
												975	24.414	»
												1000	25.040	»

CHANGE : 25.04 ¼

D	fr.	c.
1	0	10^{4}
2	0	20^{8}
3	0	31^{3}
4	0	41^{7}
5	0	52^{1}
6	0	62^{6}
7	0	73
8	0	83^{4}
9	0	93^{9}
10	1	04^{3}
11	1	14^{7}
S		
1	1	25^{2}
2	2	50^{4}
3	3	75^{6}
4	5	00^{8}
5	6	26
6	7	51^{2}
7	8	76^{4}
8	10	01^{7}
9	11	26^{9}
10	12	52^{1}
11	13	77^{3}
12	15	02^{5}
13	16	27^{7}
14	17	52^{9}
15	18	78^{1}
16	20	03^{4}
17	21	28^{6}
18	22	53^{8}
19	23	79

£	fr.	c.
1	25	04¼
2	50	08^{5}
3	75	12^{7}
4	100	17
5	125	21^{2}
6	150	25^{5}
7	175	29^{7}
8	200	34
9	225	38^{2}
10	250	42^{5}
11	275	46^{7}
12	300	51
13	325	55^{2}
14	350	59^{5}
15	375	63^{7}
16	400	68
17	425	72^{2}
18	450	76^{5}
19	475	80^{7}
20	500	85
21	525	89^{2}
22	550	93^{5}
23	575	97^{7}
24	601	02
25	626	06^{2}
26	651	10^{5}
27	676	14^{7}
28	701	19
29	726	23^{2}
30	751	27^{5}
31	776	31^{7}
32	801	36
33	826	40^{2}

£	fr.	c.
34	851	44^{5}
35	876	48^{7}
36	901	53
37	926	57^{2}
38	951	61^{5}
39	976	65^{7}
40	1.001	70
41	1.026	74^{2}
42	1.051	78^{5}
43	1.076	82^{7}
44	1.101	87
45	1.126	91^{2}
46	1.151	95^{5}
47	1.176	99^{7}
48	1.202	04
49	1.227	08^{2}
50	1.252	12^{5}
51	1.277	16^{7}
52	1.302	21
53	1.327	25^{2}
54	1.352	29^{5}
55	1.377	33^{7}
56	1.402	38
57	1.427	42^{2}
58	1.452	46^{5}
59	1.477	50^{7}
60	1.502	55
61	1.527	59^{2}
62	1.552	63^{5}
63	1.577	67^{7}
64	1.602	72
65	1.627	76^{2}
66	1.652	80^{5}

£	fr.	c.
67	1.677	84^{7}
68	1.702	89
69	1.727	93^{2}
70	1.752	97^{5}
71	1.778	01^{7}
72	1.803	06
73	1.828	10^{2}
74	1.853	14^{5}
75	1.878	18^{7}
76	1.903	23
77	1.928	27^{2}
78	1.953	31^{5}
79	1.978	35^{7}
80	2.003	40
81	2.028	44^{2}
82	2.053	48^{5}
83	2.078	52^{7}
84	2.103	57
85	2.128	61^{2}
86	2.153	65^{5}
87	2.178	69^{7}
88	2.203	74
89	2.228	78^{2}
90	2.253	82^{5}
91	2.278	86^{7}
92	2.303	91
93	2.328	95^{2}
94	2.353	99^{5}
95	2.379	03^{7}
96	2.404	08
97	2.429	12^{2}
98	2.454	16^{5}
99	2.479	20^{7}
100	2.504	25

£	fr.	c.
125	3.130	31^{2}
150	3.756	37^{5}
175	4.382	43^{7}
200	5.008	50
225	5.634	56^{2}
250	6.260	62^{5}
275	6.886	68^{7}
300	7.512	75
325	8.138	81^{2}
350	8.764	87^{5}
375	9.390	93^{7}
400	10.017	»
425	10.643	06^{2}
450	11.269	12^{5}
475	11.895	18^{7}
500	12.521	25
525	13.147	31^{2}
550	13.773	37^{5}
575	14.399	43^{7}
600	15.025	50
625	15.651	56^{2}
650	16.277	62^{5}
675	16.903	68^{7}
700	17.529	75
725	18.155	81^{2}
750	18.781	87^{5}
775	19.407	93^{7}
800	20.034	»
825	20.660	06^{2}
850	21.286	12^{5}
875	21.912	18^{7}
900	22.538	25
925	23.164	31^{2}
950	23.790	37^{5}
975	24.416	43^{7}
1000	25.042	50

CHANGE : 25.04 ¹/₂

D	fr.	c.	£	fr.	c.	£	fr.	c.	£	fr.	c.	£	fr.	c.
1	0	10^4	1	25	04½	34	851	53	67	1.678	01^5	125	3.130	62^5
2	0	20^8	2	50	09	35	876	57^5	68	1.703	06	150	3.756	75
3	0	31^3	3	75	13^5	36	901	62	69	1.728	10^5	175	4.382	87^5
4	0	41^7	4	100	18	37	926	66^5	70	1.753	15	200	5.009	»
5	0	52^1	5	125	22^7	38	951	71	71	1.778	19^5	225	5.635	12^5
6	0	62^6	6	150	27	39	976	75^5	72	1.803	24	250	6.261	25
7	0	73	7	175	31^5	40	1.001	80	73	1.828	28^5	275	6.887	37^5
8	0	83^4	8	200	36	41	1.026	84^5	74	1.853	33	300	7.513	50
9	0	93^9	9	225	40^5	42	1.051	89	75	1.878	37^5	325	8.139	62^5
10	1	04^1	10	250	45	43	1.076	93^5	76	1.903	42	350	8.765	75
11	1	14^7	11	275	49^5	44	1.101	98	77	1.928	46^5	375	9.391	87^5
S			12	300	54	45	1.127	02^5	78	1.953	51	400	10.018	»
1	1	25^2	13	325	58^5	46	1.152	07	79	1.978	55^5	425	10.644	12^5
2	2	50^4	14	350	63	47	1.177	11^5	80	2.003	60	450	11.270	25
3	3	75^6	15	375	67^5	48	1.202	16	81	2.028	64^5	475	11.896	37^5
4	5	00^9	16	400	72	49	1.227	20^5	82	2.053	69	500	12.522	50
5	6	26^1	17	425	76^5	50	1.252	25	83	2.078	73^5	525	13.148	62^5
6	7	51^4	18	450	81	51	1.277	29^5	84	2.103	78	550	13.774	75
7	8	76^5	19	475	85^5	52	1.302	34	85	2.128	82^5	575	14.400	87^5
8	10	01^8	20	500	90	53	1.327	38^5	86	2.153	87	600	15.027	»
9	11	27	21	525	94^5	54	1.352	43	87	2.178	91^5	625	15.653	12^5
10	12	52^2	22	550	99	55	1.377	47^5	88	2.203	96	650	16.279	25
11	13	77^4	23	576	03^5	56	1.402	52	89	2.229	00^5	675	16.905	37^5
12	15	02^7	24	601	08	57	1.427	56^5	90	2.254	05	700	17.531	50
13	16	27^9	25	626	12^5	58	1.452	61	91	2.279	09^5	725	18.157	62^5
14	17	53^1	26	651	17	59	1.477	65^5	92	2.304	14	750	18.783	75
15	18	78^3	27	676	21^5	60	1.502	70	93	2.329	18^5	775	19.409	87^5
16	20	03^6	28	701	26	61	1.527	74^5	94	2.354	23	800	20.036	»
17	21	28^8	29	726	30^5	62	1.552	79	95	2.379	27^5	825	20.662	12^5
18	22	54	30	751	35	63	1.577	83^5	96	2.404	32	850	21.288	25
19	23	79^2	31	776	39^5	64	1.602	88	97	2.429	36^5	875	21.914	37^5
			32	801	44	65	1.627	92^5	98	2.454	41	900	22.540	50
			33	826	48^5	66	1.652	97	99	2.479	45^5	925	23.166	62^5
									100	2.504	50	950	23.792	75
												975	24.418	87^5
												1000	25.045	»

CHANGE : 25.04 ³/₄

D	fr.	c.	£	fr.	c.	£	fr.	c.	£	fr.	c.	£	fr.	c.
1	0	10^4	1	25	04¾	34	851	61^5	67	1.678	18^2	125	3.130	93^7
2	0	20^8	2	50	09^5	35	876	66^2	68	1.703	23	150	3.757	12^5
3	0	31^3	3	75	14^2	36	901	71	69	1.728	27^7	175	4.383	31^2
4	0	41^7	4	100	19	37	926	75^7	70	1.753	32^5	200	5.009	50
5	0	52^1	5	125	23^7	38	951	80^5	71	1.778	37^2	225	5.635	68^7
6	0	62^6	6	150	28^5	39	976	85^2	72	1.803	42	250	6.261	87^5
7	0	73	7	175	33^2	40	1.001	90	73	1.828	46^7	275	6.888	06^2
8	0	83^4	8	200	38	41	1.026	94^7	74	1.853	51^5	300	7.514	25
9	0	93^9	9	225	42^7	42	1.051	99^5	75	1.878	56^2	325	8.140	43^7
10	1	04^3	10	250	47^5	43	1.077	04^2	76	1.903	61	350	8.766	62^5
11	1	14^8	11	275	52^2	44	1.102	09	77	1.928	65^7	375	9.392	81^2
S			12	300	57	45	1.127	13^7	78	1.953	70^5	400	10.019	»
1	1	25^2	13	325	61^7	46	1.152	18^5	79	1.978	75^2	425	10.645	18^7
2	2	50^4	14	350	66^5	47	1.177	23^2	80	2.003	80	450	11.271	37^5
3	3	75^7	15	375	71^2	48	1.202	28	81	2.028	84^7	475	11.897	56^2
4	5	00^9	16	400	76	49	1.227	32^7	82	2.053	89^5	500	12.523	75
5	6	26^1	17	425	80^7	50	1.252	37^5	83	2.078	94^2	525	13.149	93^7
6	7	51^4	18	450	85^5	51	1.277	42^2	84	2.103	99	550	13.776	12^5
7	8	76^6	19	475	90^2	52	1.302	47	85	2.129	03^7	575	14.402	31^2
8	10	01^9	20	500	95	53	1.327	51^7	86	2.154	08^5	600	15.028	50
9	11	27^1	21	525	99^7	54	1.352	56^5	87	2.179	13^2	625	15.654	68^7
10	12	52^3	22	551	04^5	55	1.377	61^2	88	2.204	18	650	16.280	87^5
11	13	77^6	23	576	09^2	56	1.402	66	89	2.229	22^7	675	16.907	06^2
12	15	02^8	24	601	14	57	1.427	70^7	90	2.254	27^5	700	17.533	25
13	16	28	25	626	18^7	58	1.452	75^5	91	2.279	32^2	725	18.159	43^7
14	17	53^3	26	651	23^5	59	1.477	80^2	92	2.304	37	750	18.785	62^5
15	18	78^5	27	676	28^2	60	1.502	85	93	2.329	41^7	775	19.411	81^2
16	20	03^8	28	701	33	61	1.527	89^7	94	2.354	46^5	800	20.038	»
17	21	29	29	726	37^7	62	1.552	94^5	95	2.379	51^2	825	20.664	18^7
18	22	54^2	30	751	42^5	63	1.577	99^2	96	2.404	56	850	21.290	37^5
19	23	79^5	31	776	47^2	64	1.603	04	97	2.429	60^7	875	21.916	56^2
			32	801	52	65	1.628	08^7	98	2.454	65^5	900	22.542	75
			33	826	56^7	66	1.653	13^5	99	2.479	70^2	925	23.168	93^7
									100	2.504	75	950	23.795	12^5
												975	24.421	31^2
												1000	25.047	50

CHANGE : 25.05

D	fr.	c.	£	fr.	c.	£	fr.	c.	£	fr.	c.	£	fr.	c.
1	0	10^{4}	1	25	05	34	851	70	67	1.678	35	125	3.131	25
2	0	20^{8}	2	50	10	35	876	75	68	1.703	40	150	3.757	50
3	0	31^{3}	3	75	15	36	901	80	69	1.728	45	175	4.383	75
4	0	41^{7}	4	100	20	37	926	85	70	1.753	50	200	5.010	»
5	0	52^{1}	5	125	25	38	951	90	71	1.778	55	225	5.636	25
6	0	62^{6}	6	150	30	39	976	95	72	1.803	60	250	6.262	50
7	0	73	7	175	35	40	1.002	»	73	1.828	65	275	6.888	75
8	0	83^{5}	8	200	40	41	1.027	05	74	1.853	70	300	7.515	»
9	0	93^{9}	9	225	45	42	1.052	10	75	1.878	75	325	8.141	25
10	1	04^{3}	10	250	50	43	1.077	15	76	1.903	80	350	8.767	50
11	1	14^{8}	11	275	55	44	1.102	20	77	1.928	85	375	9.393	75
S			12	300	60	45	1.127	25	78	1.953	90	400	10.020	»
1	1	25^{2}	13	325	65	46	1.152	30	79	1.978	95	425	10.646	25
2	2	50^{5}	14	350	70	47	1.177	35	80	2.004	»	450	11.272	50
3	3	75^{7}	15	375	75	48	1.202	40	81	2.029	05	475	11.898	75
4	5	01	16	400	80	49	1.227	45	82	2.054	10	500	12.525	»
5	6	26^{2}	17	425	85	50	1.252	50	83	2.079	15	525	13.151	25
6	7	51^{5}	18	450	90	51	1.277	55	84	2.104	20	550	13.777	50
7	8	76^{7}	19	475	95	52	1.302	60	85	2.129	25	575	14.403	75
8	10	02	20	501	»	53	1.327	65	86	2.154	30	600	15.030	»
9	11	27^{2}	21	526	05	54	1.352	70	87	2.179	35	625	15.656	25
10	12	52^{5}	22	551	10	55	1.377	75	88	2.204	40	650	16.282	50
11	13	77^{7}	23	576	15	56	1.402	80	89	2.229	45	675	16.908	75
12	15	03	24	601	20	57	1.427	85	90	2.254	50	700	17.535	»
13	16	28^{2}	25	626	25	58	1.452	90	91	2.279	55	725	18.161	25
14	17	53^{5}	26	651	30	59	1.477	95	92	2.304	60	750	18.787	50
15	18	78^{7}	27	676	35	60	1.503	»	93	2.329	65	775	19.413	75
16	20	04	28	701	40	61	1.528	05	94	2.354	70	800	20.040	»
17	21	29^{2}	29	726	45	62	1.553	10	95	2.379	75	825	20.666	25
18	22	54^{5}	30	751	50	63	1.578	15	96	2.404	80	850	21.292	50
19	23	79^{7}	31	776	55	64	1.603	20	97	2.429	85	875	21.918	75
			32	801	60	65	1.628	25	98	2.454	90	900	22.545	»
			33	826	65	66	1.653	30	99	2.479	95	925	23.171	25
									100	2.505	»	950	23.797	50
												975	24.423	75
												1000	25.050	»

CHANGE : 25.05 ¹/₄

D	fr.	c.	£	fr.	c.	£	fr.	c.	£	fr.	c.	£	fr.	c.
1	0	10^{4}	1	25	05¼	34	851	78^{5}	67	1.678	51^{7}	125	3.131	56^{2}
2	0	20^{8}	2	50	10^{5}	35	876	83^{7}	68	1.703	57	150	3.757	87^{5}
3	0	31^{3}	3	75	15^{7}	36	901	89	69	1.728	62^{2}	175	4.384	18^{7}
4	0	41^{7}	4	100	21	37	926	94^{2}	70	1.753	67^{5}	200	5.010	50
5	0	52^{1}	5	125	26^{2}	38	951	99^{5}	71	1.778	72^{7}	225	5.636	81^{2}
6	0	62^{6}	6	150	31^{5}	39	977	04^{7}	72	1.803	78	250	6.263	12^{5}
7	0	73	7	175	36^{7}	40	1.002	10	73	1.828	83^{2}	275	6.889	43^{7}
8	0	83^{5}	8	200	42	41	1.027	15^{2}	74	1.853	88^{5}	300	7.515	75
9	0	93^{9}	9	225	47^{2}	42	1.052	20^{5}	75	1.878	93^{7}	325	8.142	06^{2}
10	1	04^{3}	10	250	52^{5}	43	1.077	25^{7}	76	1.903	99	350	8.768	37^{5}
11	1	14^{8}	11	275	57^{7}	44	1.102	31	77	1.929	04^{2}	375	9.394	68^{7}
S			12	300	63	45	1.127	36^{2}	78	1.954	09^{5}	400	10.021	»
1	1	25^{2}	13	325	68^{2}	46	1.152	41^{5}	79	1.979	14^{7}	425	10.647	31^{2}
2	2	50^{5}	14	350	73^{5}	47	1.177	46^{7}	80	2.004	20	450	11.273	62^{5}
3	3	75^{7}	15	375	78^{7}	48	1.202	52	81	2.029	25^{2}	475	11.899	93^{7}
4	5	01	16	400	84	49	1.227	57^{2}	82	2.054	30^{5}	500	12.526	25
5	6	26^{3}	17	425	89^{2}	50	1.252	62^{5}	83	2.079	35^{7}	525	13.152	56^{2}
6	7	51^{5}	18	450	94^{5}	51	1.277	67^{7}	84	2.104	41	550	13.778	87^{5}
7	8	76^{8}	19	475	99^{7}	52	1.302	73	85	2.129	46^{2}	575	14.405	18^{7}
8	10	02^{1}	20	501	05	53	1.327	78^{2}	86	2.154	51^{5}	600	15.031	50
9	11	27^{3}	21	526	10^{2}	54	1.352	83^{5}	87	2.179	56^{7}	625	15.657	81^{2}
10	12	52^{6}	22	551	15^{5}	55	1.377	88^{7}	88	2.204	62	650	16.284	12^{5}
11	13	77^{8}	23	576	20^{7}	56	1.402	94	89	2.229	67^{2}	675	16.910	43^{7}
12	15	03^{1}	24	601	26	57	1.427	99^{3}	90	2.254	72^{5}	700	17.536	75
13	16	28^{4}	25	626	31^{2}	58	1.453	04^{5}	91	2.279	77^{7}	725	18.163	06^{2}
14	17	53^{6}	26	651	36^{5}	59	1.478	09^{7}	92	2.304	83	750	18.789	37^{5}
15	18	78^{9}	27	676	41^{7}	60	1.503	15	93	2.329	88^{2}	775	19.415	68^{7}
16	20	04^{2}	28	701	47	61	1.528	20^{2}	94	2.354	93^{5}	800	20.042	»
17	21	29^{4}	29	726	52^{2}	62	1.553	25^{5}	95	2.379	98^{7}	825	20.668	31^{2}
18	22	54^{7}	30	751	57^{5}	63	1.578	30^{7}	96	2.405	04	850	21.294	62^{5}
19	23	79^{9}	31	776	62^{7}	64	1.603	36	97	2.430	09^{2}	875	21.920	93^{7}
			32	801	68	65	1.628	41^{2}	98	2.455	14^{5}	900	22.547	25
			33	826	73^{2}	66	1.653	46^{5}	99	2.480	19^{7}	925	23.173	56^{2}
									100	2.505	25	950	23.799	87^{5}
												975	24.426	18^{7}
												1000	25.052	50

CHANGE : 25.05 ¹/₂

D	fr.	c.	£	fr.	c.	£	fr.	c.	£	fr.	c.	£	fr.	c.
1	0	10^4	1	25	05½	34	851	87	67	1.678	68^5	125	3.131	87^5
2	0	20^8	2	50	11	35	876	92^5	68	1.703	74	150	3.758	25
3	0	31^3	3	75	16^5	36	901	98	69	1.728	79^5	175	4.384	62^5
4	0	41^7	4	100	22	37	927	03^5	70	1.753	85	200	5.011	»
5	0	52^1	5	125	27^5	38	952	09	71	1.778	90^5	225	5.637	37^5
6	0	62^6	6	150	33	39	977	14^5	72	1.803	96	250	6.263	75
7	0	73	7	175	38^5	40	1.002	20	73	1.829	01^5	275	6.890	12^5
8	0	83^5	8	200	44	41	1.027	25^5	74	1.854	07	300	7.516	50
9	0	93^9	9	225	49^5	42	1.052	31	75	1.879	12^5	325	8.142	87^5
10	1	04^3	10	250	55	43	1.077	36^5	76	1.904	18	350	8.769	25
11	1	14^8	11	275	60^5	44	1.102	42	77	1.929	23^5	375	9.395	62^5
S			12	300	66	45	1.127	47^5	78	1.954	29	400	10.022	»
1	1	25^2	13	325	71^5	46	1.152	53	79	1.979	34^5	425	10.648	37^5
2	2	50^5	14	350	77	47	1.177	58^5	80	2.004	40	450	11.274	75
3	3	75^8	15	375	82^5	48	1.202	64	81	2.029	45^5	475	11.901	12^5
4	5	01^1	16	400	88	49	1.227	69^5	82	2.054	51	500	12.527	50
5	6	26^3	17	425	93^5	50	1.252	75	83	2.079	56^5	525	13.153	87^5
6	7	51^9	18	450	99	51	1.277	80^5	84	2.104	62	550	13.780	25
7	8	76^9	19	476	04^5	52	1.302	86	85	2.129	67^5	575	14.406	62^5
8	10	02^2	20	501	10	53	1.327	91^5	86	2.154	73	600	15.033	»
9	11	27^4	21	526	15^5	54	1.352	97	87	2.179	78^5	625	15.659	37^5
10	12	52^7	22	551	21	55	1.378	02^5	88	2.204	84	650	16.285	75
11	13	78	23	576	26^5	56	1.403	08	89	2.229	89^5	675	16.912	12^5
12	15	03^3	24	601	32	57	1.428	13^5	90	2.254	95	700	17.538	50
13	16	28^5	25	626	37^5	58	1.453	19	91	2.280	00^5	725	18.164	87^5
14	17	53^8	26	651	43	59	1.478	24^5	92	2.305	06	750	18.791	25
15	18	79^1	27	676	48^5	60	1.503	30	93	2.330	11^5	775	19.417	62^5
16	20	04^4	28	701	54	61	1.528	35^5	94	2.355	17	800	20.044	»
17	21	29^6	29	726	59^5	62	1.553	41	95	2.380	22^5	825	20.670	37^5
18	22	54^9	30	751	65	63	1.578	46^5	96	2.405	28	850	21.296	75
19	23	80^2	31	776	70^5	64	1.603	52	97	2.430	33^5	875	21.923	12^5
			32	801	76	65	1.628	57^5	98	2.455	39	900	22.549	50
			33	826	81^5	66	1.653	63	99	2.480	44^5	925	23.175	87^5
									100	2.505	50	950	23.802	25
												975	24.428	62^5
												1000	25.055	»

CHANGE : 25.05 ³/₄

D	fr.	c.	£	fr.	c.	£	fr.	c.	£	fr.	c.	£	fr.	c.
1	0	10^4	1	25	05¾	34	851	95^5	67	1.678	85^2	125	3.132	18^7
2	0	20^8	2	50	11^5	35	877	01^2	68	1.703	91	150	3.758	62^5
3	0	31^3	3	75	17^2	36	902	07	69	1.728	96^7	175	4.385	06^2
4	0	41^7	4	100	23	37	927	12^7	70	1.754	02^5	200	5.011	50
5	0	52^2	5	125	28^7	38	952	18^5	71	1.779	08^2	225	5.637	93^7
6	0	62^6	6	150	34^5	39	977	24^2	72	1.804	14	250	6.264	37^5
7	0	73	7	175	40^2	40	1.002	30	73	1.829	19^7	275	6.890	81^2
8	0	83^5	8	200	46	41	1.027	35^7	74	1.854	25^5	300	7.517	25
9	0	93^9	9	225	51^7	42	1.052	41^5	75	1.879	31^2	325	8.143	68^7
10	1	04^4	10	250	57^5	43	1.077	47^2	76	1.904	37	350	8.770	12^5
11	1	14^8	11	275	63^2	44	1.102	53	77	1.929	42^7	375	9.396	56^2
S			12	300	69	45	1.127	58^7	78	1.954	48^5	400	10.023	»
1	1	25^2	13	325	74^7	46	1.152	64^5	79	1.979	54^2	425	10.649	43^7
2	2	50^5	14	350	80^5	47	1.177	70^2	80	2.004	60	450	11.275	87^5
3	3	75^8	15	375	86^2	48	1.202	76	81	2.029	65^7	475	11.902	31^2
4	5	01^1	16	400	92	49	1.227	81^7	82	2.054	71^5	500	12.528	75
5	6	26^4	17	425	97^7	50	1.252	87^5	83	2.079	77^2	525	13.155	18^7
6	7	51^7	18	451	03^5	51	1.277	93^2	84	2.104	83	550	13.781	62^5
7	8	77	19	476	09^2	52	1.302	99	85	2.129	88^7	575	14.408	06^2
8	10	02^3	20	501	15	53	1.328	04^7	86	2.154	94^5	600	15.034	50
9	11	27^5	21	526	20^7	54	1.353	10^5	87	2.180	00^2	625	15.660	93^7
10	12	52^8	22	551	26^5	55	1.378	16^2	88	2.205	06	650	16.287	37^5
11	13	78^1	23	576	32^2	56	1.403	22	89	2.230	11^7	675	16.913	81^2
12	15	03^4	24	601	38	57	1.428	27^7	90	2.255	17^5	700	17.540	25
13	16	28^7	25	626	43^7	58	1.453	33^5	91	2.280	23^2	725	18.166	68^7
14	17	54	26	651	49^5	59	1.478	39^2	92	2.305	29	750	18.793	12^5
15	18	79^3	27	676	55^2	60	1.503	45	93	2.330	34^7	775	19.419	56^2
16	20	04^6	28	701	61	61	1.528	50^7	94	2.355	40^5	800	20.046	»
17	21	29^8	29	726	66^7	62	1.553	56^5	95	2.380	46^2	825	20.672	43^7
18	22	55^1	30	751	72^5	63	1.578	62^2	96	2.405	52	850	21.298	87^5
19	23	80^4	31	776	78^2	64	1.603	68	97	2.430	57^7	875	21.925	31^2
			32	801	84	65	1.628	73^7	98	2.455	63^5	900	22.551	75
			33	826	89^7	66	1.653	79^5	99	2.480	69^2	925	23.178	18^7
									100	2.505	75	950	23.804	62^5
												975	24.431	06^2
												1000	25.057	50

CHANGE : 25.06

D	fr.	c.	£	fr.	c.	£	fr.	c.	£	fr.	c.	£	fr.	c.
1	0	10⁴	1	25	06	34	852	04	67	1.679	02	125	3.132	50
2	0	20⁸	2	50	12	35	877	10	68	1.704	08	150	3.759	»
3	0	31³	3	75	18	36	902	16	69	1.729	14	175	4.385	50
4	0	41⁷	4	100	24	37	927	22	70	1.754	20	200	5.012	»
5	0	52²	5	125	30	38	952	28	71	1.779	26	225	5.638	50
6	0	62⁶	6	150	36	39	977	34	72	1.804	32	250	6.265	»
7	0	73	7	175	42	40	1.002	40	73	1.829	38	275	6.891	50
8	0	83⁵	8	200	48	41	1.027	46	74	1.854	44	300	7.518	»
9	0	93⁹	9	225	54	42	1.052	52	75	1.879	50	325	8.144	50
10	1	04⁴	10	250	60	43	1.077	58	76	1.904	56	350	8.771	»
11	1	14⁸	11	275	66	44	1.102	64	77	1.929	62	375	9.397	50
S			12	300	72	45	1.127	70	78	1.954	68	400	10.024	»
1	1	25³	13	325	78	46	1.152	76	79	1.979	74	425	10.650	50
2	2	50⁶	14	350	84	47	1.177	82	80	2.004	80	450	11.277	»
3	3	75⁹	15	375	90	48	1.202	88	81	2.029	86	475	11.903	50
4	5	01²	16	400	96	49	1.227	94	82	2.054	92	500	12.530	»
5	6	26⁵	17	426	02	50	1.253	»	83	2.079	98	525	13.156	50
6	7	51⁸	18	451	08	51	1.278	06	84	2.105	04	550	13.783	»
7	8	77¹	19	476	14	52	1.303	12	85	2.130	10	575	14.409	50
8	10	02⁴	20	501	20	53	1.328	18	86	2.155	16	600	15.036	»
9	11	27⁷	21	526	26	54	1.353	24	87	2.180	22	625	15.662	50
10	12	53	22	551	32	55	1.378	30	88	2.205	28	650	16.289	»
11	13	78³	23	576	38	56	1.403	36	89	2.230	34	675	16.915	50
12	15	03⁶	24	601	44	57	1.428	42	90	2.255	40	700	17.542	»
13	16	28⁹	25	626	50	58	1.453	48	91	2.280	46	725	18.168	50
14	17	54²	26	651	56	59	1.478	54	92	2.305	52	750	18.795	»
15	18	79⁵	27	676	62	60	1.503	60	93	2.330	58	775	19.421	50
16	20	04⁸	28	701	68	61	1.528	66	94	2.355	64	800	20.048	»
17	21	30¹	29	726	74	62	1.553	72	95	2.380	70	825	20.674	50
18	22	55⁴	30	751	80	63	1.578	78	96	2.405	76	850	21.301	»
19	23	80⁷	31	776	86	64	1.603	84	97	2.430	82	875	21.927	50
			32	801	92	65	1.628	90	98	2.455	88	900	22.554	»
			33	826	98	66	1.653	96	99	2.480	94	925	23.180	50
									100	2.506	»	950	23.807	»
												975	24.433	50
												1000	25.060	»

CHANGE : 25.06 ¹/₄

D	fr.	c.
1	0	10^4
2	0	20^8
3	0	31^3
4	0	41^7
5	0	52^2
6	0	62^6
7	0	73
8	0	83^5
9	0	93^9
10	1	04^4
11	1	14^8
S		
1	1	25^3
2	2	50^6
3	3	75^9
4	5	01^2
5	6	26^5
6	7	51^8
7	8	77^1
8	10	02^5
9	11	27^8
10	12	53^1
11	13	78^4
12	15	03^7
13	16	29
14	17	54^3
15	18	79^6
16	20	05
17	21	30^3
18	22	55^6
19	23	80^9

£	fr.	c.
1	25	06¼
2	50	12^5
3	75	18^7
4	100	25
5	125	31^2
6	150	37^5
7	175	43^7
8	200	50
9	225	56^2
10	250	62^5
11	275	68^7
12	300	75
13	325	81^2
14	350	87^5
15	375	93^7
16	401	»
17	426	06^2
18	451	12^5
19	476	18^7
20	501	25
21	526	31^2
22	551	37^5
23	576	43^7
24	601	50
25	626	56^2
26	651	62^5
27	676	68^7
28	701	75
29	726	81^2
30	751	87^5
31	776	93^7
32	802	»
33	827	06^2

£	fr.	c.
34	852	12^5
35	877	18^7
36	902	25
37	927	31^2
38	952	37^5
39	977	43^7
40	1.002	50
41	1.027	56^2
42	1.052	62^5
43	1.077	68^7
44	1.102	75
45	1.127	81^2
46	1.152	87^5
47	1.177	93^7
48	1.203	»
49	1.228	06^2
50	1.253	12^5
51	1.278	18^7
52	1.303	25
53	1.328	31^2
54	1.353	37^5
55	1.378	43^7
56	1.403	50
57	1.428	56^2
58	1.453	62^5
59	1.478	68^7
60	1.503	75
61	1.528	81^2
62	1.553	87^5
63	1.578	93^7
64	1.604	»
65	1.629	06^2
66	1.654	12^5

£	fr.	c.
67	1.679	18^7
68	1.704	25
69	1.729	31^2
70	1.754	37^5
71	1.779	43^7
72	1.804	50
73	1.829	56^2
74	1.854	62^5
75	1.879	68^7
76	1.904	75
77	1.929	81^2
78	1.954	87^5
79	1.979	93^7
80	2.005	»
81	2.030	06^2
82	2.055	12^5
83	2.080	18^7
84	2.105	25
85	2.130	31^2
86	2.155	37^5
87	2.180	43^7
88	2.205	50
89	2.230	56^2
90	2.255	62^5
91	2.280	68^7
92	2.305	75
93	2.330	81^2
94	2.355	87^5
95	2.380	93^7
96	2.406	»
97	2.431	06^2
98	2.456	12^5
99	2.481	18^7
100	2.506	25

£	fr.	c.
125	3.132	81^2
150	3.759	37^5
175	4.385	93^7
200	5.012	50
225	5.639	06^2
250	6.265	62^5
275	6.892	18^7
300	7.518	75
325	8.145	31^2
350	8.771	87^5
375	9.398	43^7
400	10.025	»
425	10.651	56^2
450	11.278	12^5
475	11.904	68^7
500	12.531	25
525	13.157	81^2
550	13.784	37^5
575	14.410	93^7
600	15.037	50
625	15.664	06^2
650	16.290	62^5
675	16.917	18^7
700	17.543	75
725	18.170	31^2
750	18.796	87^5
775	19.423	43^7
800	20.050	»
825	20.676	56^2
850	21.303	12^5
875	21.929	68^7
900	22.556	25
925	23.182	81^2
950	23.809	37^5
975	24.435	93^7
1000	25.062	50

CHANGE : 25.06 $^{1}/_{2}$

D	fr.	c.
1	0	10^4
2	0	20^8
3	0	31^3
4	0	41^7
5	0	52^2
6	0	62^6
7	0	73^1
8	0	83^5
9	0	93^9
10	1	04^4
11	1	14^8

S	fr.	c.
1	1	25^3
2	2	50^6
3	3	75^9
4	5	01^3
5	6	26^6
6	7	51^9
7	8	77^2
8	10	02^6
9	11	27^9
10	12	53^2
11	13	78^5
12	15	03^9
13	16	29^2
14	17	54^5
15	18	79^8
16	20	05^2
17	21	30^5
18	22	55^8
19	23	81^4

£	fr.	c.
1	25	06½
2	50	13
3	75	19^5
4	100	26
5	125	32^5
6	150	39
7	175	45^5
8	200	52
9	225	58^5
10	250	65
11	275	71^5
12	300	78
13	325	84^5
14	350	91
15	375	97^5
16	401	04
17	426	10^5
18	451	17
19	476	23^5
20	501	30
21	526	36^5
22	551	43
23	576	49^5
24	601	56
25	626	62^5
26	651	69
27	676	75^5
28	701	82
29	726	88^5
30	751	95
31	777	01^5
32	802	08
33	827	14^5

£	fr.	c.
34	852	21
35	877	27^5
36	902	34
37	927	40^3
38	952	47
39	977	53^5
40	1.002	60
41	1.027	66^5
42	1.052	73
43	1.077	79^5
44	1.102	86
45	1.127	92^5
46	1.152	99
47	1.178	05^5
48	1.203	12
49	1.228	18^5
50	1.253	25
51	1.278	31^5
52	1.303	38
53	1.328	44^5
54	1.353	51
55	1.378	57^5
56	1.403	64
57	1.428	70^5
58	1.453	77
59	1.478	83^5
60	1.503	90
61	1.528	96^5
62	1.554	03
63	1.579	09^5
64	1.604	16
65	1.629	22^5
66	1.654	29

£	fr.	c.
67	1.679	35^5
68	1.704	42
69	1.729	48^5
70	1.754	55
71	1.779	61^5
72	1.804	68
73	1.829	74^5
74	1.854	81
75	1.879	87^5
76	1.904	94
77	1.930	00^5
78	1.955	07
79	1.980	13^5
80	2.005	20
81	2.030	26^5
82	2.055	33
83	2.080	39^5
84	2.105	46
85	2.130	52^5
86	2.155	59
87	2.180	65^5
88	2.205	72
89	2.230	78^5
90	2.255	85
91	2.280	91^5
92	2.305	98
93	2.331	04^5
94	2.356	11
95	2.381	17^5
96	2.406	24
97	2.431	30^5
98	2.456	37
99	2.481	43^5
100	2.506	50

£	fr.	c.
125	3.133	12^5
150	3.759	75
175	4.386	37^5
200	5.013	»
225	5.639	62^5
250	6.266	25
275	6.892	87^5
300	7.519	50
325	8.146	12^5
350	8.772	75
375	9.399	37^5
400	10.026	»
425	10.652	62^5
450	11.279	25
475	11.905	87^5
500	12.532	50
525	13.159	12^5
550	13.785	75
575	14.412	37^5
600	15.039	»
625	15.665	62^5
650	16.292	25
675	16.918	87^5
700	17.545	50
725	18.172	12^5
750	18.798	75
775	19.425	37^5
800	20.052	»
825	20.678	62^5
850	21.305	25
875	21.931	87^5
900	22.558	50
925	23.185	12^5
950	23.811	75
975	24.438	37^5
1000	25.065	»

CHANGE : 25.06 ³/₄

D	fr.	c.	£	fr.	c.	£	fr.	c.	£	fr.	c.	£	fr.	c.
1	0	10⁵	1	25	06₄	34	852	29⁵	67	1.679	52²	125	3.133	43⁷
2	0	20⁸	2	50	13⁵	35	877	36²	68	1.704	59	150	3.760	12⁵
3	0	31³	3	75	20²	36	902	43	69	1.729	65⁷	175	4.386	81²
4	0	41⁷	4	100	27	37	927	49⁷	70	1.754	72⁵	200	5.013	50
5	0	52²	5	125	33⁷	38	952	56⁵	71	1.779	79²	225	5.640	18⁷
6	0	62⁶	6	150	40⁵	39	977	63²	72	1.804	86	250	6.266	87⁵
7	0	73¹	7	175	47²	40	1.002	70	73	1.829	92⁷	275	6.893	56²
8	0	83⁵	8	200	54	41	1.027	76⁷	74	1.854	99⁵	300	7.520	25
9	0	94	9	225	60⁷	42	1.052	83⁵	75	1.880	06²	325	8.146	93⁷
10	1	04⁴	10	250	67⁵	43	1.077	90²	76	1.905	13	350	8.773	62⁵
11	1	14⁸	11	275	74²	44	1.102	97	77	1.930	19⁷	375	9.400	31²
S			12	300	81	45	1.128	03⁷	78	1.955	26⁵	400	10.027	»
1	1	25³	13	325	87⁷	46	1.153	10⁵	79	1.980	33²	425	10.653	68⁷
2	2	50⁶	14	350	94⁵	47	1.178	17²	80	2.005	40	450	11.280	37⁵
3	3	76	15	376	01²	48	1.203	24	81	2.030	46⁷	475	11.907	06²
4	5	01³	16	401	08	49	1.228	30⁷	82	2.055	53⁵	500	12.533	75
5	6	26⁶	17	426	14⁷	50	1.253	37⁵	83	2.080	60²	525	13.160	43⁷
6	7	52	18	451	21⁵	51	1.278	44²	84	2.105	67	550	13.787	12⁵
7	8	77³	19	476	28²	52	1.303	51	85	2.130	73⁷	575	14.413	81²
8	10	02⁷	20	501	35	53	1.328	57⁷	86	2.155	80⁵	600	15.040	50
9	11	28	21	526	41⁷	54	1.353	64⁵	87	2.180	87²	625	15.667	18⁷
10	12	53³	22	551	48⁵	55	1.378	71²	88	2.205	94	650	16.293	87⁵
11	13	78⁷	23	576	55²	56	1.403	78	89	2.231	00⁷	675	16.920	56²
12	15	04	24	601	62	57	1.428	84⁷	90	2.256	67⁵	700	17.547	25
13	16	29³	25	626	68⁷	58	1.453	91⁵	91	2.281	14²	725	18.173	93⁷
14	17	54⁷	26	651	75⁵	59	1.478	98²	92	2.306	21	750	18.800	62⁵
15	18	80	27	676	82²	60	1.504	05	93	2.331	27⁷	775	19.427	31²
16	20	05⁴	28	701	89	61	1.529	11⁷	94	2.356	34⁵	800	20.054	»
17	21	30⁷	29	726	95⁷	62	1.554	18⁵	95	2.381	41²	825	20.680	68⁷
18	22	56	30	752	02³	63	1.579	25²	96	2.406	48	850	21.307	37⁵
19	23	81⁴	31	777	09²	64	1.604	32	97	2.431	54⁷	875	21.934	06²
			32	802	16	65	1.629	38⁷	98	2.456	61⁵	900	22.560	75
			33	827	22⁷	66	1.654	45⁵	99	2.481	68²	925	23.187	43⁷
									100	2.506	75	950	23.814	12⁵
												975	24.440	81²
												1000	25.067	50

CHANGE : 25.07

D	fr.	c.	£	fr.	c.	£	fr.	c.	£	fr.	c.	£	fr.	c.
1	0	10^4	1	25	07	34	852	38	67	1.679	69	125	3.133	75
2	0	20^8	2	50	14	35	877	45	68	1.704	76	150	3.760	50
3	0	31^3	3	75	21	36	902	52	69	1.729	83	175	4.387	25
4	0	41^7	4	100	28	37	927	59	70	1.754	90	200	5.014	»
5	0	52^2	5	125	35	38	952	66	71	1.779	97	225	5.640	75
6	0	62^6	6	150	42	39	977	73	72	1.805	04	250	6.267	50
7	0	73^1	7	175	49	40	1.002	80	73	1.830	11	275	6.894	25
8	0	83^5	8	200	56	41	1.027	87	74	1.855	18	300	7.521	»
9	0	94	9	225	63	42	1.052	94	75	1.880	25	325	8.147	75
10	1	04^4	10	250	70	43	1.078	01	76	1.905	32	350	8.774	50
11	1	14^9	11	275	77	44	1.103	08	77	1.930	39	375	9.401	25
S			12	300	84	45	1.128	15	78	1.955	46	400	10.028	»
1	1	25^3	13	325	91	46	1.153	22	79	1.980	53	425	10.654	75
2	2	50^7	14	350	98	47	1.178	29	80	2.005	60	450	11.281	50
3	3	76	15	376	05	48	1.203	36	81	2.030	67	475	11.908	25
4	5	01^4	16	401	12	49	1.228	43	82	2.055	74	500	12.535	»
5	6	26^7	17	426	19	50	1.253	50	83	2.080	81	525	13.161	75
6	7	52^1	18	451	26	51	1.278	57	84	2.105	88	550	13.788	50
7	8	77^4	19	476	33	52	1.303	64	85	2.130	95	575	14.415	25
8	10	02^8	20	501	40	53	1.328	71	86	2.156	02	600	15.042	»
9	11	28^1	21	526	47	54	1.353	78	87	2.181	09	625	15.668	75
10	12	53^5	22	551	54	55	1.378	85	88	2.206	16	650	16.295	50
11	13	78^8	23	576	61	56	1.403	92	89	2.231	23	675	16.922	25
12	15	04^2	24	601	68	57	1.428	99	90	2.256	30	700	17.549	»
13	16	29^5	25	626	75	58	1.454	06	91	2.281	37	725	18.175	75
14	17	54^9	26	651	82	59	1.479	13	92	2.306	44	750	18.802	50
15	18	80^2	27	676	89	60	1.504	20	93	2.331	51	775	19.429	25
16	20	05^6	28	701	96	61	1.529	27	94	2.356	58	800	20.056	»
17	21	30^9	29	727	03	62	1.554	34	95	2.381	65	825	20.682	75
18	22	56^3	30	752	10	63	1.579	41	96	2.406	72	850	21.309	50
19	23	81^6	31	777	17	64	1.604	48	97	2.431	79	875	21.936	25
			32	802	24	65	1.629	55	98	2.456	86	900	22.563	»
			33	827	31	66	1.654	62	99	2.481	93	925	23.189	75
									100	2.507	»	950	23.816	50
												975	24.443	25
												1000	25.070	»

CHANGE : 25.07 ¹/₄

D	fr.	c.	ℒ	fr.	c.	ℒ	fr.	c.	ℒ	fr.	c.	ℒ	fr.	c.
1	0	10^4	1	25	07¼	34	852	46^5	67	1.679	85^7	125	3.134	06^2
2	0	20^8	2	50	14^7	35	877	53^7	68	1.704	93	150	3.760	87^5
3	0	31^3	3	75	21^7	36	902	61	69	1.730	00^2	175	4.387	68^7
4	0	41^7	4	100	29	37	927	68^2	70	1.755	07^5	200	5.014	50
5	0	52^2	5	125	36^2	38	952	75^5	71	1.780	14^7	225	5.641	31^2
6	0	62^6	6	150	43^5	39	977	82^7	72	1.805	22	250	6.268	12^5
7	0	73^1	7	175	50^7	40	1.002	90	73	1.830	29^2	275	6.894	93^7
8	0	83^5	8	200	58	41	1.027	97^2	74	1.855	36^5	300	7.521	75
9	0	94	9	225	65^2	42	1.053	04^5	75	1.880	43^7	325	8.148	56^2
10	1	04^4	10	250	72^5	43	1.078	11^7	76	1.905	51	350	8.775	37^5
11	1	14^9	11	275	79^7	44	1.103	19	77	1.930	58^2	375	9.402	18^7
S			12	300	87	45	1.128	26^2	78	1.955	65^5	400	10.029	»
1	1	25^3	13	325	94^2	46	1.153	33^5	79	1.980	72^7	425	10.655	81^2
2	2	50^7	14	351	01^5	47	1.178	40^7	80	2.005	80	450	11.282	62^5
3	3	76	15	376	08^7	48	1.203	48	81	2.030	87^2	475	11.909	43^7
4	5	01^4	16	401	16	49	1.228	55^2	82	2.055	94^5	500	12.536	25
5	6	26^8	17	426	23^2	50	1.253	62^5	83	2.081	01^7	525	13.163	06^2
6	7	52^1	18	451	30^5	51	1.278	69^7	84	2.106	09	550	13.789	87^5
7	8	77^5	19	476	37^7	52	1.303	77	85	2.131	16^2	575	14.416	68^7
8	10	02^9	20	501	45	53	1.328	84^2	86	2.156	23^5	600	15.043	50
9	11	28^2	21	526	52^2	54	1.353	91^5	87	2.181	30^7	625	15.670	31^2
10	12	53^6	22	551	59^5	55	1.378	98^7	88	2.206	38	650	16.297	12^5
11	13	78^9	23	576	66^7	56	1.404	06	89	2.231	45^2	675	16.923	93^7
12	15	04^3	24	601	74	57	1.429	13^2	90	2.256	52^5	700	17.550	75
13	16	29^7	25	626	81^2	58	1.454	20^5	91	2.281	59^7	725	18.177	56^2
14	17	55	26	651	88^5	59	1.479	27^7	92	2.306	67	750	18.804	37^5
15	18	80^4	27	676	95^7	60	1.504	35	93	2.331	74^2	775	19.431	18^7
16	20	05^8	28	702	03	61	1.529	42^2	94	2.356	81^5	800	20.058	»
17	21	31^1	29	727	10^2	62	1.554	49^5	95	2.381	88^7	825	20.684	81^2
18	22	56^5	30	752	17^5	63	1.579	56^7	96	2.406	96	850	21.311	62^5
19	23	81^8	31	777	24^7	64	1.604	64	97	2.432	03^2	875	21.938	43^7
			32	802	32	65	1.629	71^2	98	2.457	10^5	900	22.565	25
			33	827	39^2	66	1.654	78^5	99	2.482	17^7	925	23.192	06^2
									100	2.507	25	950	23.818	87^5
												975	24.445	68^7
												1000	25.072	50

CHANGE : 25.07 ¹/₂

D	fr.	c.
1	0	10^4
2	0	20^8
3	0	31^3
4	0	41^7
5	0	52^2
6	0	62^6
7	0	73^1
8	0	83^5
9	0	94
10	1	04^4
11	1	14^9

S	fr.	c.
1	1	25^3
2	2	50^7
3	3	76^1
4	5	01^5
5	6	26^8
6	7	52^2
7	8	77^6
8	10	03
9	11	28^3
10	12	53^7
11	13	79^1
12	15	04^5
13	16	29^8
14	17	55^2
15	18	80^6
16	20	06
17	21	31^3
18	22	56^7
19	23	82^1

£	fr.	c.
1	25	07½
2	50	15
3	75	22^5
4	100	30
5	125	37^5
6	150	45
7	175	52^5
8	200	60
9	225	67^5
10	250	75
11	275	82^5
12	300	90
13	325	97^5
14	351	05
15	376	12^5
16	401	20
17	426	27^5
18	451	35
19	476	42^5
20	501	50
21	526	57^5
22	551	65
23	576	72^5
24	601	80
25	626	87^5
26	651	95
27	677	02^5
28	702	10
29	727	17^5
30	752	25
31	777	32^5
32	802	40
33	827	47^5
34	852	55
35	877	62^5
36	902	70
37	927	77^5
38	952	85
39	977	92^5
40	1.003	»
41	1.028	07^5
42	1.053	15
43	1.078	22^5
44	1.103	30
45	1.128	37^5
46	1.153	45
47	1.178	52^5
48	1.203	60
49	1.228	67^5
50	1.253	75
51	1.278	82^5
52	1.303	90
53	1.328	97^5
54	1.354	05
55	1.379	12^5
56	1.404	20
57	1.429	27^5
58	1.454	35
59	1.479	42^5
60	1.504	50
61	1.529	57^5
62	1.554	65
63	1.579	72^5
64	1.604	80
65	1.629	87^5
66	1.654	95
67	1.680	02^5
68	1.705	10
69	1.730	17^5
70	1.755	25
71	1.780	32^5
72	1.805	40
73	1.830	47^5
74	1.855	55
75	1.880	62^5
76	1.905	70
77	1.930	77^5
78	1.955	85
79	1.980	92^5
80	2.006	»
81	2.031	07^5
82	2.056	15
83	2.081	22^5
84	2.106	30
85	2.131	37^5
86	2.156	45
87	2.181	52^5
88	2.206	60
89	2.231	67^5
90	2.256	75
91	2.281	82^5
92	2.306	90
93	2.331	97^5
94	2.357	05
95	2.382	12^5
96	2.407	20
97	2.432	27^5
98	2.457	35
99	2.482	42^5
100	2.507	50
125	3.134	37^5
150	3.761	25
175	4.388	12^5
200	5.015	»
225	5.641	87^5
250	6.268	75
275	6.895	62^5
300	7.522	50
325	8.149	37^5
350	8.776	25
375	9.403	12^5
400	10.030	»
425	10.656	87^5
450	11.283	75
475	11.910	62^5
500	12.537	50
525	13.164	37^5
550	13.791	25
575	14.418	12^5
600	15.045	»
625	15.671	87^5
650	16.298	75
675	16.925	62^5
700	17.552	50
725	18.179	37^5
750	18.806	25
775	19.433	12^5
800	20.060	»
825	20.686	87^5
850	21.313	75
875	21.940	62^5
900	22.567	50
925	23.194	37^5
950	23.821	25
975	24.448	12^5
1000	25.075	»

CHANGE : 25.07 ³⁄₄

D	fr. c.	ℒ	fr. c.	ℒ	fr. c.	ℒ	fr. c.	ℒ	fr. c.
1	0 10^4	1	25 07¾	34	852 63^5	67	1.680 19^2	125	3.134 68^7
2	0 20^8	2	50 15^5	35	877 71^2	68	1.705 27	150	3.761 62^5
3	0 31^3	3	75 23^2	36	902 79	69	1.730 34^7	175	4.388 56^2
4	0 41^7	4	100 31	37	927 86^7	70	1.755 42^5	200	5.015 50
5	0.52^2	5	125 38^7	38	952 94^5	71	1.780 50^2	225	5.642 43^7
6	0 62^6	6	150 46^5	39	978 02^2	72	1.805 58	250	6.269 37^5
7	0 73^1	7	175 54^2	40	1.003 10	73	1.830 65^7	275	6.896 31^2
8	0 83^5	8	200 62	41	1.028 17^7	74	1.855 73^5	300	7.523 25
9	0 94	9	225 69^7	42	1.053 25^5	75	1.880 81^2	325	8.150 18^7
10	1 04^4	10	250 77^5	43	1.078 33^2	76	1.905 89	350	8.777 12^5
11	1 14^9	11	275 85^2	44	1.103 41	77	1.930 96^7	375	9.404 06^2
S		12	300 93	45	1.128 48^7	78	1.956 04^5	400	10.031 »
1	1 25^3	13	326 00^7	46	1.153 56^5	79	1.981 12^2	425	10.657 93^7
2	2 50^7	14	351 08^5	47	1.178 64^2	80	2.006 20	450	11.284 87^5
3	3 76^1	15	376 16^2	48	1.203 72	81	2.031 27^7	475	11.911 81^2
4	5 01^5	16	401 24	49	1.228 79^7	82	2.056 35^5	500	12.538 75
5	6 26^9	17	426 31^7	50	1.253 87^5	83	2.081 43^2	525	13.165 68^7
6	7 52^3	18	451 39^5	51	1.278 95^2	84	2.106 51	550	13.792 62^5
7	8 77^7	19	476 47^2	52	1.304 03	85	2.131 58^7	575	14.419 56^2
8	10 03^1	20	501 55	53	1.329 10^7	86	2.156 66^5	600	15.046 50
9	11 28^4	21	526 62^7	54	1.354 18^5	87	2.181 74^2	625	15.673 43^7
10	12 53^8	22	551 70^5	55	1.379 26^2	88	2.206 82	650	16.300 37^5
11	13 79^2	23	576 78^2	56	1.404 34	89	2.231 89^7	675	16.927 31^2
12	15 04^6	24	601 86	57	1.429 41^7	90	2.256 97^5	700	17.554 25
13	16 30	25	626 93^7	58	1.454 49^5	91	2.282 05^2	725	18.181 18^7
14	17 55^4	26	652 01^5	59	1.479 57^2	92	2.307 13	750	18.808 12^5
15	18 80^8	27	677 09^2	60	1.504 65	93	2.332 20^7	775	19.435 06^2
16	20 06^2	28	702 17	61	1.529 72^7	94	2.357 28^5	800	20.062 »
17	21 31^5	29	727 24^7	62	1.554 80^5	95	2.382 36^2	825	20.688 93^7
18	22 56^9	30	752 32^5	63	1.579 88^2	96	2.407 44	850	21.315 87^5
19	23 82^3	31	777 40^2	64	1.604 96	97	2.432 51^7	875	21.942 81^2
		32	802 48	65	1.630 03^7	98	2.457 59^5	900	22.569 75
		33	827 55^7	66	1.655 11^5	99	2.482 67^2	925	23.196 68^7
						100	2.507 75	950	23.823 62^5
								975	24.450 56^2
								1000	25.077 50

CHANGE : 25.08

D	fr.	c.	£	fr.	c.	£	fr.	c.	£	fr.	c.	£	fr.	c.
1	0	10^4	1	25	08	34	852	72	67	1.680	36	125	3.135	»
2	0	20^9	2	50	16	35	877	80	68	1.705	44	150	3.762	»
3	0	31^3	3	75	24	36	902	88	69	1.730	52	175	4.389	»
4	0	41^8	4	100	32	37	927	96	70	1.755	60	200	5.016	»
5	0	52^2	5	125	40	38	953	04	71	1.780	68	225	5.643	»
6	0	62^7	6	150	48	39	978	12	72	1.805	76	250	6.270	»
7	0	73^1	7	175	56	40	1.003	20	73	1.830	84	275	6.897	»
8	0	83^6	8	200	64	41	1.028	28	74	1.855	92	300	7.524	»
9	0	94	9	225	72	42	1.053	36	75	1.881	»	325	8.151	»
10	1	04^5	10	250	80	43	1.078	44	76	1.906	08	350	8.778	»
11	1	14^9	11	275	88	44	1.103	52	77	1.931	16	375	9.405	»
S			12	300	96	45	1.128	60	78	1.956	24	400	10.032	»
1	1	25^4	13	326	04	46	1.153	68	79	1.981	32	425	10.659	»
2	2	50^8	14	351	12	47	1.178	76	80	2.006	40	450	11.286	»
3	3	76^2	15	376	20	48	1.203	84	81	2.031	48	475	11.913	»
4	5	01^6	16	401	28	49	1.228	92	82	2.056	56	500	12.540	»
5	6	27	17	426	36	50	1.254	»	83	2.081	64	525	13.167	»
6	7	52^4	18	451	44	51	1.279	08	84	2.106	72	550	13.794	»
7	8	77^8	19	476	52	52	1.304	16	85	2.131	80	575	14.421	»
8	10	03^2	20	501	60	53	1.329	24	86	2.156	88	600	15.048	»
9	11	28^6	21	526	68	54	1.354	32	87	2.181	96	625	15.675	»
10	12	54	22	551	76	55	1.379	40	88	2.207	04	650	16.302	»
11	13	79^4	23	576	84	56	1.404	48	89	2.232	12	675	16.929	»
12	15	04^8	24	601	92	57	1.429	56	90	2.257	20	700	17.556	»
13	16	30^2	25	627	»	58	1.454	64	91	2.282	28	725	18.183	»
14	17	55^6	26	652	08	59	1.479	72	92	2.307	36	750	18.810	»
15	18	81	27	677	16	60	1.504	80	93	2.332	44	775	19.437	»
16	20	06^4	28	702	24	61	1.529	88	94	2.357	52	800	20.064	»
17	21	31^8	29	727	32	62	1.554	96	95	2.382	60	825	20.691	»
18	22	57^2	30	752	40	63	1.580	04	96	2.407	68	850	21.318	»
19	23	82^6	31	777	48	64	1.605	12	97	2.432	76	875	21.945	»
			32	802	56	65	1.630	20	98	2.457	84	900	22.572	»
			33	827	64	66	1.655	28	99	2.482	92	925	23.199	»
									100	2.508	»	950	23.826	»
												975	24.453	»
												1000	25.080	»

CHANGE : 25.08 ¹/₄

D	fr.	c.	£	fr.	c.	£	fr.	c.	£	fr.	c.	£	fr.	c.
1	0	10^4	1	25	08¼	34	852	80^5	67	1.680	52^7	125	3.135	31^2
2	0	20^9	2	50	16^5	35	877	88^7	68	1.705	61	150	3.762	37^5
3	0	31^3	3	75	24^7	36	902	97	69	1.730	69^2	175	4.389	43^7
4	0	41^8	4	100	33	37	928	05^2	70	1.755	77^5	200	5.016	50
5	0	52^2	5	125	41^2	38	953	13^5	71	1.780	85^7	225	5.643	56^2
6	0	62^7	6	150	49^5	39	978	21^7	72	1.805	94	250	6.270	62^5
7	0	73^1	7	175	57^7	40	1.003	30	73	1.831	02^2	275	6.897	68^7
8	0	83^6	8	200	66	41	1.028	38^2	74	1.856	10^5	300	7.524	75
9	0	94	9	225	74^2	42	1.053	46^5	75	1.881	18^7	325	8.151	81^2
10	1	04^5	10	250	82^5	43	1.078	54^7	76	1.906	27	350	8.778	87^5
11	1	14^9	11	275	90^7	44	1.103	63	77	1.931	35^2	375	9.405	93^7
S			12	300	99	45	1.128	71^2	78	1.956	43^5	400	10.033	»
1	1	25^4	13	326	07^2	46	1.153	79^5	79	1.981	51^7	425	10.660	06^2
2	2	50^8	14	351	15^5	47	1.178	87^7	80	2.006	60	450	11.287	12^5
3	3	76^2	15	376	23^7	48	1.203	96	81	2.031	68^2	475	11.914	18^7
4	5	01^6	16	401	32	49	1.229	04^2	82	2.056	76^5	500	12.541	25
5	6	27	17	426	40^2	50	1.254	12^5	83	2.081	84^7	525	13.168	31^2
6	7	52^4	18	451	48^5	51	1.279	20^7	84	2.106	93	550	13.795	37^5
7	8	77^8	19	476	56^7	52	1.304	29	85	2.132	01^2	575	14.422	43^7
8	10	03^3	20	501	65	53	1.329	37^2	86	2.157	09^5	600	15.049	50
9	11	28^7	21	526	73^2	54	1.354	45^5	87	2.182	17^7	625	15.676	56^2
10	12	54^1	22	551	81^5	55	1.379	53^7	88	2.207	26	650	16.303	62^5
11	13	79^5	23	576	89^7	56	1.404	62	89	2.232	34^2	675	16.930	68^7
12	15	04^9	24	601	98	57	1.429	70^2	90	2.257	42^5	700	17.557	75
13	16	30^3	25	627	06^2	58	1.454	78^5	91	2.282	50^7	725	18.184	81^2
14	17	55^7	26	652	14^5	59	1.479	86^7	92	2.307	59	750	18.811	87^5
15	18	81^1	27	677	22^7	60	1.504	95	93	2.332	67^2	775	19.438	93^7
16	20	06^6	28	702	31	61	1.530	03^2	94	2.357	75^5	800	20.066	»
17	21	32	29	727	39^2	62	1.555	11^5	95	2.382	83^7	825	20.693	06^2
18	22	57^1	30	752	47^5	63	1.580	19^7	96	2.407	92	850	21.320	12^5
19	23	82^5	31	777	55^7	64	1.605	28	97	2.433	00^2	875	21.947	18^7
			32	802	64	65	1.630	36^2	98	2.458	08^5	900	22.574	25
			33	827	72^2	66	1.655	44^5	99	2.483	16^7	925	23.201	31^2
									100	2.508	25	950	23.828	37^5
												975	24.455	43^7
												1000	25.082	50

CHANGE : 25.08 ½

D	fr.	c.	L	fr.	c.	L	fr.	c.	L	fr.	c.	L	fr.	c.
1	0	10^4	1	25	08½	34	852	89	67	1.680	69^5	125	3.135	62^5
2	0	20^9	2	50	17	35	877	97^5	68	1.705	78	150	3.762	75
3	0	31^3	3	75	25^5	36	903	06	69	1.730	86^5	175	4.389	87^5
4	0	41^8	4	100	34	37	928	14^5	70	1.755	95	200	5.017	»
5	0	52^2	5	125	42^5	38	953	23	71	1.781	03^5	225	5.644	12^5
6	0	62^7	6	150	51	39	978	31^5	72	1.806	12	250	6.271	25
7	0	73^1	7	175	59^5	40	1.003	40	73	1.831	20^5	275	6.898	37^5
8	0	83^6	8	200	68	41	1.028	48^5	74	1.856	29	300	7.525	50
9	0	94	9	225	76^5	42	1.053	57	75	1.881	37^5	325	8.152	62^5
10	1	04^3	10	250	85	43	1.078	65^5	76	1.906	46	350	8.779	75
11	1	14^9	11	275	93^5	44	1.103	74	77	1.931	54^5	375	9.406	87^5
S			12	301	02	45	1.128	82^5	78	1.956	63	400	10.034	»
1	1	25^4	13	326	10^5	46	1.153	91	79	1.981	71^5	425	10.661	12^5
2	2	50^8	14	351	19	47	1.178	99^5	80	2.006	80	450	11.288	25
3	3	76^2	15	376	27^5	48	1.204	08	81	2.031	88^5	475	11.915	37^5
4	5	01^7	16	401	36	49	1.229	16^5	82	2.056	97	500	12.542	50
5	6	27^1	17	426	44^5	50	1.254	25	83	2.082	05^5	525	13.169	62^5
6	7	52^5	18	451	53	51	1.279	33^5	84	2.107	14	550	13.796	75
7	8	77^9	19	476	61^5	52	1.304	42	85	2.132	22^5	575	14.423	87^5
8	10	03^4	20	501	70	53	1.329	50^5	86	2.157	31	600	15.051	»
9	11	28^8	21	526	78^5	54	1.354	59	87	2.182	39^5	625	15.678	12^5
10	12	54^2	22	551	87	55	1.379	67^5	88	2.207	48	650	16.305	25
11	13	79^6	23	576	95^5	56	1.404	76	89	2.232	56^5	675	16.932	37^5
12	15	05^4	24	602	04	57	1.429	84^5	90	2.257	65	700	17.559	50
13	16	30^5	25	627	12^5	58	1.454	93	91	2.282	73^5	725	18.186	62^5
14	17	55^9	26	652	21	59	1.480	01^5	92	2.307	82	750	18.813	75
15	18	81^3	27	677	29^5	60	1.505	10	93	2.332	90^5	775	19.440	87^5
16	20	06^8	28	702	38	61	1.530	18^5	94	2.357	99	800	20.068	»
17	21	32^2	29	727	46^5	62	1.555	27	95	2.383	07^5	825	20.695	12^5
18	22	57^6	30	752	55	63	1.580	35^5	96	2.408	16	850	21.322	25
19	23	83	31	777	63^5	64	1.605	44	97	2.433	24^5	875	21.949	37^5
			32	802	72	65	1.630	52^5	98	2.458	33	900	22.576	50
			33	827	80^5	66	1.655	61	99	2.483	41^5	925	23.203	62^5
									100	2.508	50	950	23.830	75
												975	24.457	87^5
												1000	25.085	»

CHANGE : 25.08 ³/₄

D	fr.	c.	£	fr.	c.	£	fr.	c.	£	fr.	c.	£	fr.	c.
1	0	10^4	1	25	08^8	34	852	97^5	67	1.680	86^2	125	3.135	93^7
2	0	20^9	2	50	17^5	35	878	06^2	68	1.705	95	150	3.763	12^5
3	0	31^3	3	75	26^2	36	903	15	69	1.731	03^7	175	4.390	31^2
4	0	41^8	4	100	35	37	928	23^7	70	1.756	12^5	200	5.017	50
5	0	52^2	5	125	43^7	38	953	32^5	71	1.781	21^2	225	5.644	68^7
6	0	62^7	6	150	52^5	39	978	41^2	72	1.806	30	250	6.271	87^5
7	0	73^1	7	175	61^2	40	1.003	50	73	1.831	38^7	275	6.899	06^2
8	0	83^6	8	200	70	41	1.028	58^7	74	1.856	47^5	300	7.526	25
9	0	94	9	225	78^7	42	1.053	67^5	75	1.881	56^2	325	8.153	43^7
10	1	04^5	10	250	87^5	43	1.078	76^2	76	1.906	65	350	8.780	62^5
11	1	14^9	11	275	96^2	44	1.103	85	77	1.931	73^7	375	9.407	81^2
S			12	301	05	45	1.128	93^7	78	1.956	82^5	400	10.035	»
1	1	25^4	13	326	13^7	46	1.154	02^5	79	1.981	91^2	425	10.662	18^7
2	2	50^8	14	351	22^5	47	1.179	11^2	80	2.007	»	450	11.289	37^5
3	3	76^3	15	376	31^2	48	1.204	20	81	2.032	08^7	475	11.916	56^2
4	5	01^7	16	401	40	49	1.229	28^7	82	2.057	17^5	500	12.543	75
5	6	27^1	17	426	48^7	50	1.254	37^5	83	2.082	26^2	525	13.170	93^7
6	7	52^6	18	451	57^5	51	1.279	46^2	84	2.107	35	550	13.798	12^5
7	8	78	19	476	66^2	52	1.304	55	85	2.132	43^7	575	14.425	31^2
8	10	03^5	20	501	75	53	1.329	63^7	86	2.157	52^5	600	15.052	50
9	11	28^9	21	526	83^7	54	1.354	72^5	87	2.182	61^2	625	15.679	68^7
10	12	54^3	22	551	92^5	55	1.379	81^2	88	2.207	70	650	16.306	87^5
11	13	79^8	23	577	01^2	56	1.404	90	89	2.232	78^7	675	16.934	06^2
12	15	05^2	24	602	10	57	1.429	98^7	90	2.257	87^5	700	17.561	25
13	16	30^6	25	627	18^7	58	1.455	07^5	91	2.282	96^2	725	18.188	43^7
14	17	56^1	26	652	27^5	59	1.480	16^2	92	2.308	05	750	18.815	62^5
15	18	81^5	27	677	36^2	60	1.505	25	93	2.333	13^7	775	19.442	81^2
16	20	07	28	702	45	61	1.530	33^7	94	2.358	22^5	800	20.070	»
17	21	32^4	29	727	53^7	62	1.555	42^5	95	2.383	31^2	825	20.697	18^7
18	22	57^8	30	752	62^5	63	1.580	51^2	96	2.408	40	850	21.324	37^5
19	23	83^3	31	777	71^2	64	1.605	60	97	2.433	48^7	875	21.951	56^2
			32	802	80	65	1.630	68^7	98	2.458	57^5	900	22.578	75
			33	827	88^7	66	1.655	77^5	99	2.483	66^2	925	23.205	93^7
									100	2.508	75	950	23.833	12^5
												975	24.460	31^2
												1000	25.087	50

CHANGE : 25.09

D	fr.	c.	£	fr.	c.	£	fr.	c.	£	fr.	c.	£	fr.	c.
1	0	10^4	1	25	09	34	853	06	67	1.681	03	125	3.136	25
2	0	20^9	2	50	18	35	878	15	68	1.706	12	150	3.763	50
3	0	31^3	3	75	27	36	903	24	69	1.731	21	175	4.390	75
4	0	41^8	4	100	36	37	928	33	70	1.756	30	200	5.018	»
5	0	52^2	5	125	45	38	953	42	71	1.781	39	225	5.645	25
6	0	62^7	6	150	54	39	978	51	72	1.806	48	250	6.272	50
7	0	73^1	7	175	63	40	1.003	60	73	1.831	57	275	6.899	75
8	0	83^6	8	200	72	41	1.028	69	74	1.856	66	300	7.527	»
9	0	94	9	225	81	42	1.053	78	75	1.881	75	325	8.154	25
10	1	04^5	10	250	90	43	1.078	87	76	1.906	84	350	8.781	50
11	1	14^9	11	275	99	44	1.103	96	77	1.931	93	375	9.408	75
S			12	301	08	45	1.129	05	78	1.957	02	400	10.036	»
1	1	25^4	13	326	17	46	1.154	14	79	1.982	11	425	10.663	25
2	2	50^9	14	351	26	47	1.179	23	80	2.007	20	450	11.290	50
3	3	76^3	15	376	35	48	1.204	32	81	2.032	29	475	11.917	75
4	5	01^8	16	401	44	49	1.229	41	82	2.057	38	500	12.545	»
5	6	27^2	17	426	53	50	1.254	50	83	2.082	47	525	13.172	25
6	7	52^7	18	451	62	51	1.279	59	84	2.107	56	550	13.799	50
7	8	78^1	19	476	71	52	1.304	68	85	2.132	65	575	14.426	75
8	10	03^6	20	501	80	53	1.329	77	86	2.157	74	600	15.054	»
9	11	29	21	526	89	54	1.354	86	87	2.182	83	625	15.681	25
10	12	54^5	22	551	98	55	1.379	95	88	2.207	92	650	16.308	50
11	13	79^9	23	577	07	56	1.405	04	89	2.233	01	675	16.935	75
12	15	05^4	24	602	16	57	1.430	13	90	2.258	10	700	17.563	»
13	16	30^8	25	627	25	58	1.455	22	91	2.283	19	725	18.190	25
14	17	56^3	26	652	34	59	1.480	31	92	2.308	28	750	18.817	50
15	18	81^7	27	677	43	60	1.505	40	93	2.333	37	775	19.444	75
16	20	07^2	28	702	52	61	1.530	49	94	2.358	46	800	20.072	»
17	21	32^6	29	727	61	62	1.555	58	95	2.383	55	825	20.699	25
18	22	58^4	30	752	70	63	1.580	67	96	2.408	64	850	21.326	50
19	23	83^5	31	777	79	64	1.605	76	97	2.433	73	875	21.953	75
			32	802	88	65	1.630	85	98	2.458	82	900	22.581	»
			33	827	97	66	1.655	94	99	2.483	91	925	23.208	25
									100	2.509	»	950	23.835	50
												975	24.462	75
												1000	25.090	»

CHANGE : 25.09 ¹/₄

D	fr.	c.	L	fr.	c.	L	fr.	c.	L	fr.	c.	L	fr.	c.
1	0	10^4	1	25	09¼	34	853	14^5	67	1.681	19^7	125	3.136	56^2
2	0	20^0	2	50	18^5	35	878	23^7	68	1.706	29	150	3.763	87^5
3	0	31^3	3	75	27^7	36	903	33	69	1.731	38^2	175	4.391	18^7
4	0	41^8	4	100	37	37	928	42^2	70	1.756	47^5	200	5.018	50
5	0	52^2	5	125	46^2	38	953	51^5	71	1.781	56^7	225	5.645	81^2
6	0	62^7	6	150	55^5	39	978	60^7	72	1.806	66	250	6.273	12^5
7	0	73^1	7	175	64^7	40	1.003	70	73	1.831	75^2	275	6.900	43^7
8	0	83^6	8	200	74	41	1.028	79^2	74	1.856	84^5	300	7.527	75
9	0	94	9	225	83^2	42	1.053	88^5	75	1.881	93^7	325	8.155	06^2
10	1	04^5	10	250	92^5	43	1.078	97^7	76	1.907	03	350	8.782	37^5
11	1	15	11	276	01^7	44	1.104	07	77	1.932	12^2	375	9.409	68^7
S			12	301	11	45	1.129	16^2	78	1.957	21^5	400	10.037	»
1	1	25^4	13	326	20^2	46	1.154	25^5	79	1.982	30^7	425	10.664	31^2
2	2	50^9	14	351	29^5	47	1.179	34^7	80	2.007	40	450	11.291	62^5
3	3	76^3	15	376	38^7	48	1.204	44	81	2.032	49^2	475	11.918	93^7
4	5	01^8	16	401	48	49	1.229	53^2	82	2.057	58^5	500	12.546	25
5	6	27^3	17	426	57^2	50	1.254	62^5	83	2.082	67^7	525	13.173	56^2
6	7	52^7	18	451	66^5	51	1.279	71^7	84	2.107	77	550	13.800	87^5
7	8	78^2	19	476	75^7	52	1.304	81	85	2.132	86^2	575	14.428	18^7
8	10	03^7	20	501	85	53	1.329	96^2	86	2.157	95^5	600	15.055	50
9	11	29^1	21	526	94^2	54	1.354	99^5	87	2.183	04^7	625	15.682	81^2
10	12	54^6	22	552	03^5	55	1.380	08^7	88	2.208	14	650	16.310	12^5
11	13	80	23	577	12^7	56	1.405	18	89	2.233	23^2	675	16.937	43^7
12	15	05^5	24	602	22	57	1.430	27^2	90	2.258	32^5	700	17.564	75
13	16	31	25	627	31^2	58	1.455	36^5	91	2.283	41^7	725	18.192	06^2
14	17	56^4	26	652	40^5	59	1.480	45^7	92	2.308	51	750	18.819	37^5
15	18	81^9	27	677	49^7	60	1.505	55	93	2.333	60^2	775	19.446	68^7
16	20	07^4	28	702	59	61	1.530	64^2	94	2.358	69^5	800	20.074	»
17	21	32^8	29	727	68^2	62	1.555	73^5	95	2.383	78^7	825	20.701	31^2
18	22	58^3	30	752	77^5	63	1.580	82^7	96	2.408	88	850	21.328	62^5
19	23	83^7	31	777	86^7	64	1.605	92	97	2.433	97^2	875	21.955	93^7
			32	802	96	65	1.631	01^2	98	2.459	06^5	900	22.583	25
			33	828	05^2	66	1.656	10^7	99	2.484	15^7	925	23.210	56^2
									100	2.509	25	950	23.837	87^5
												975	24.465	18^7
												1000	25.092	50

CHANGE : 25.09 ¹/₂

D	fr.	c.	£	fr.	c.	£	fr.	c.	£	fr.	c.	£	fr.	c.
1	0	10⁴	1	25	09½	34	853	23	67	1.681	36⁵	125	3.136	87⁵
2	0	20⁹	2	50	19	35	878	32⁵	68	1.706	46	150	3.764	25
3	0	31³	3	75	28⁵	36	903	42	69	1.731	55⁵	175	4.391	62⁵
4	0	41⁸	4	100	38	37	928	51⁵	70	1.756	65	200	5.019	»
5	0	52²	5	125	47⁵	38	953	61	71	1.781	74⁵	225	5.646	37⁵
6	0	62⁷	6	150	57	39	978	70⁵	72	1.806	84	250	6.273	75
7	0	73¹	7	175	66⁵	40	1.003	80	73	1.831	93⁵	275	6.901	12⁵
8	0	83⁶	8	200	76	41	1.028	89⁵	74	1.857	03	300	7.528	50
9	0	94¹	9	225	85⁵	42	1.053	99	75	1.882	12⁵	325	8.155	87⁵
10	1	04⁵	10	250	95	43	1.079	08⁵	76	1.907	22	350	8.783	25
11	1	15	11	276	04⁵	44	1.104	18	77	1.932	31⁵	375	9.410	62⁵
S			12	301	14	45	1.129	27⁵	78	1.957	41	400	10.038	»
1	1	25⁴	13	326	23⁵	46	1.154	37	79	1.982	50⁵	425	10.665	37⁵
2	2	50⁹	14	351	33	47	1.179	46⁵	80	2.007	60	450	11.292	75
3	3	76⁴	15	376	42⁵	48	1.204	56	81	2.032	69⁵	475	11.920	12⁵
4	5	01⁹	16	401	52	49	1.229	65⁵	82	2.057	79	500	12.547	50
5	6	27³	17	426	61⁵	50	1.254	75	83	2.082	88⁵	525	13.174	87⁵
6	7	52⁸	18	451	71	51	1.279	84⁵	84	2.107	98	550	13.802	25
7	8	78³	19	476	80⁵	52	1.304	94	85	2.133	07⁵	575	14.429	62⁵
8	10	03⁸	20	501	90	53	1.330	03⁵	86	2.158	17	600	15.057	»
9	11	29³	21	526	99⁵	54	1.355	13	87	2.183	26⁵	625	15.684	37⁵
10	12	54⁷	22	552	09	55	1.380	22⁵	88	2.208	36	650	16.311	75
11	13	80²	23	577	18⁵	56	1.405	32	89	2.233	45⁵	675	16.939	12⁵
12	15	05⁷	24	602	28	57	1.430	41⁵	90	2.258	55	700	17.566	50
13	16	31⁴	25	627	37⁵	58	1.455	51	91	2.283	64⁵	725	18.193	87⁵
14	17	56⁵	26	652	47	59	1.480	60⁵	92	2.308	74	750	18.821	25
15	18	82¹	27	677	56⁵	60	1.505	70	93	2.333	83⁵	775	19.448	62⁵
16	20	07⁶	28	702	66	61	1.530	79⁵	94	2.358	93	800	20.076	»
17	21	33	29	727	75⁵	62	1.555	89	95	2.384	02⁵	825	20.703	37⁵
18	22	58⁵	30	752	85	63	1.580	98⁵	96	2.409	12	850	21.330	75
19	23	84	31	777	94⁵	64	1.606	08	97	2.434	21⁵	875	21.958	12⁵
			32	803	04	65	1.631	17⁵	98	2.459	31	900	22.585	50
			33	828	13⁵	66	1.656	27	99	2.484	40⁵	925	23.212	87⁵
									100	2.509	50	950	23.840	25
												975	24.467	62⁵
												1000	25.095	»

CHANGE : 25.09 ¾

D	fr.	c.
1	0	10^4
2	0	20^9
3	0	31^3
4	0	41^8
5	0.	52^2
6	0.	62^7
7	0	73^2
8	0	83^6
9	0	94^1
10	1	04^5
11	1	15
S		
1	1	25^4
2	2	50^9
3	3	76^4
4	5	01^9
5	6	27^4
6	7	52^9
7	8	78^4
8	10	03^9
9	11	29^3
10	12	54^8
11	13	80^3
12	15	05^8
13	16	31^3
14	17	56^8
15	18	82^3
16	20	07^8
17	21	33^2
18	22	58^7
19	23	84^2

£	fr.	c.
1	25	09¾
2	50	19^7
3	75	29^2
4	100	39
5	125	48^7
6	150	58^5
7	175	68^2
8	200	78
9	225	87^7
10	250	97^5
11	276	07^2
12	301	17
13	326	26^7
14	351	36^5
15	376	46^2
16	401	56
17	426	65^7
18	451	75^5
19	476	85^2
20	501	95
21	527	04^7
22	552	14^5
23	577	24^2
24	602	34
25	627	43^7
26	652	53^5
27	677	63^2
28	702	73
29	727	82^7
30	752	92^5
31	778	02^2
32	803	12
33	828	21^7

£	fr.	c.
34	853	31^5
35	878	41^2
36	903	51
37	928	60^7
38	953	70^5
39	978	80^2
40	1.003	90
41	1.028	99^7
42	1.054	09^5
43	1.079	19^2
44	1.104	29
45	1.129	38^7
46	1.154	48^5
47	1.179	58^2
48	1.204	68
49	1.229	77^7
50	1.254	87^5
51	1.279	97^2
52	1.305	07
53	1.330	16^7
54	1.355	26^5
55	1.380	36^2
56	1.405	46
57	1.430	55^7
58	1.455	65^5
59	1.480	75^2
60	1.505	85
61	1.530	94^7
62	1.556	04^5
63	1.581	14^2
64	1.606	24
65	1.631	33^7
66	1.656	43^5

£	fr.	c.
67	1.681	53^2
68	1.706	63
69	1.731	72^7
70	1.756	82^5
71	1.781	92^2
72	1.807	02
73	1.832	11^7
74	1.857	21^5
75	1.882	31^2
76	1.907	41
77	1.932	50^7
78	1.957	60^5
79	1.982	70^2
80	2.007	80
81	2.032	89^7
82	2.057	99^5
83	2.083	09^2
84	2.108	19
85	2.133	28^7
86	2.158	38^5
87	2.183	48^2
88	2.208	58
89	2.233	67^7
90	2.258	77^5
91	2.283	87^2
92	2.308	97
93	2.334	06^7
94	2.359	16^5
95	2.384	26^2
96	2.409	36
97	2.434	45^7
98	2.459	55^5
99	2.484	65^2
100	2.509	75

£	fr.	c.
125	3.137	18^7
150	3.764	62^5
175	4.392	06^2
200	5.019	50
225	5.646	93^7
250	6.274	37^5
275	6.901	81^2
300	7.529	25
325	8.156	68^7
350	8.784	12^5
375	9.411	56^2
400	10.039	»
425	10.666	43^7
450	11.293	87^5
475	11.921	31^2
500	12.548	75
525	13.176	18^7
550	13.803	62^5
575	14.431	06^2
600	15.058	50
625	15.685	93^7
650	16.313	37^5
675	16.940	81^2
700	17.568	25
725	18.195	68^7
750	18.823	12^5
775	19.450	56^2
800	20.078	»
825	20.705	43^7
850	21.332	87^5
875	21.960	31^2
900	22.587	75
925	23.215	18^7
950	23.842	62^5
975	24.470	06^2
1000	25.097	50

CHANGE : 25,10

D	fr.	c.	£	fr.	c.	£	fr.	c.	£	fr.	c.	£	fr.	c.
1	0	10^4	1	25	10	34	853	40	67	1.681	70	125	3.137	50
2	0	20^9	2	50	20	35	878	50	68	1.706	80	150	3.765	»
3	0	31^3	3	75	30	36	903	60	69	1.731	90	175	4.392	50
4	0	41^8	4	100	40	37	928	70	70	1.757	»	200	5.020	»
5	0	52^2	5	125	50	38	953	80	71	1.782	10	225	5.647	50
6	0	62^7	6	150	60	39	978	90	72	1.807	20	250	6.275	»
7	0	73^2	7	175	70	40	1.004	»	73	1.832	30	275	6.902	50
8	0	83^6	8	200	80	41	1.029	10	74	1.857	40	300	7.530	»
9	0	94^1	9	225	90	42	1.054	20	75	1.882	50	325	8.157	50
10	1	04^5	10	251	»	43	1.079	30	76	1.907	60	350	8.785	»
11	1	15	11	276	10	44	1.104	40	77	1.932	70	375	9.412	50
S			12	301	20	45	1.129	50	78	1.957	80	400	10.040	»
1	1	25^5	13	326	30	46	1.154	60	79	1.982	90	425	10.667	50
2	2	51	14	351	40	47	1.179	70	80	2.008	»	450	11.295	»
3	3	76^5	15	376	50	48	1.204	80	81	2.033	10	475	11.922	50
4	5	02	16	401	60	49	1.229	90	82	2.058	20	500	12.550	»
5	6	27^5	17	426	70	50	1.255	»	83	2.083	30	525	13.177	50
6	7	53	18	451	80	51	1.280	10	84	2.108	40	550	13.805	»
7	8	78^5	19	476	90	52	1.305	20	85	2.133	50	575	14.432	50
8	10	04	20	502	»	53	1.330	30	86	2.158	60	600	15.060	»
9	11	29^5	21	527	10	54	1.355	40	87	2.183	70	625	15.687	50
10	12	55	22	552	20	55	1.380	50	88	2.208	80	650	16.315	»
11	13	80^5	23	577	30	56	1.405	60	89	2.233	90	675	16.942	50
12	15	06	24	602	40	57	1.430	70	90	2.259	»	700	17.570	»
13	16	31^5	25	627	50	58	1.455	80	91	2.284	10	725	18.197	50
14	17	57	26	652	60	59	1.480	90	92	2.309	20	750	18.825	»
15	18	82^5	27	677	70	60	1.506	»	93	2.334	30	775	19.452	50
16	20	08	28	702	80	61	1.531	10	94	2.359	40	800	20.080	»
17	21	33^5	29	727	90	62	1.556	20	95	2.384	50	825	20.707	50
18	22	59	30	753	»	63	1.581	30	96	2.409	60	850	21.335	»
19	23	84^5	31	778	10	64	1.606	40	97	2.434	70	875	21.962	50
			32	803	20	65	1.631	50	98	2.459	80	900	22.590	»
			33	828	30	66	1.656	60	99	2.484	90	925	23.217	50
									100	2.510	»	950	23.845	»
												975	24.472	50
												1000	25.100	»

CHANGE : 25.10 ¹/₄

D	fr.	c.
1	0	10^4
2	0	20^9
3	0	31^3
4	0	41^8
5	0	52^2
6	0	62^7
7	0	73^2
8	0	83^6
9	0	94^1
10	1	04^5
11	1	15
S		
1	1	25^5
2	2	51
3	3	76^5
4	5	02
5	6	27^5
6	7	53
7	8	78^5
8	10	04^1
9	11	29^6
10	12	55^1
11	13	80^6
12	15	06^1
13	16	31^6
14	17	57^1
15	18	82^6
16	20	08^2
17	21	33^7
18	22	59^2
19	23	84^7

£	fr.	c.
1	25	10¾
2	50	20^5
3	75	30^7
4	100	41
5	125	51^2
6	150	61^5
7	175	71^7
8	200	82
9	225	92^2
10	251	02^5
11	276	12^7
12	301	23
13	326	33^2
14	351	43^5
15	376	53^7
16	401	64
17	426	74^2
18	451	84^5
19	476	94^7
20	502	05
21	527	15^2
22	552	25^5
23	577	35^7
24	602	46
25	627	56^2
26	652	66^5
27	677	76^7
28	702	87
29	727	97^2
30	753	07^5
31	778	17^7
32	803	28
33	828	38^2

£	fr.	c.
34	853	48^5
35	878	58^7
36	903	69
37	928	79^2
38	953	89^5
39	978	99^7
40	1.004	10
41	1.029	20^2
42	1.054	30^5
43	1.079	40^7
44	1.104	51
45	1.129	61^2
46	1.154	71^5
47	1.179	81^7
48	1.204	92
49	1.230	02^2
50	1.255	12^5
51	1.280	22^7
52	1.305	33
53	1.330	43^2
54	1.355	53^5
55	1.380	63^7
56	1.405	74
57	1.430	84^2
58	1.455	94^5
59	1.481	04^7
60	1.506	15
61	1.531	25^2
62	1.556	35^5
63	1.581	45^7
64	1.606	56
65	1.631	66^2
66	1.656	76^5

£	fr.	c.
67	1.681	86^7
68	1.706	97
69	1.732	07^2
70	1.757	17^5
71	1.782	27^7
72	1.807	38
73	1.832	48^2
74	1.857	58^5
75	1.882	68^7
76	1.907	79
77	1.932	89^2
78	1.957	99^5
79	1.983	09^7
80	2.008	20
81	2.033	30^2
82	2.058	40^5
83	2.083	50^7
84	2.108	61
85	2.133	71^2
86	2.158	81^5
87	2.183	91^7
88	2.209	02
89	2.234	12^2
90	2.259	22^5
91	2.284	32^7
92	2.309	43
93	2.334	53^2
94	2.359	63^5
95	2.384	73^7
96	2.409	84
97	2.434	94^2
98	2.460	04^5
99	2.485	14^7
100	2.510	25

£	fr.	c.
125	3.137	81^2
150	3.765	37^5
175	4.392	93^7
200	5.020	50
225	5.648	06^2
250	6.275	62^5
275	6.903	18^7
300	7.530	75
325	8.158	31^2
350	8.785	87^5
375	9.413	43^7
400	10.041	»
425	10.668	56^2
450	11.296	12^5
475	11.923	68^7
500	12.551	25
525	13.178	81^2
550	13.806	37^5
575	14.433	93^7
600	15.061	50
625	15.689	06^2
650	16.316	62^5
675	16.944	18^7
700	17.571	75
725	18.199	31^2
750	18.826	87^5
775	19.454	43^7
800	20.082	»
825	20.709	56^2
850	21.337	12^5
875	21.964	68^7
900	22.592	25
925	23.219	81^2
950	23.847	37^5
975	24.474	93^7
1000	25.102	50

CHANGE : 25.10 ¹/₂

D	fr.	c.	£	fr.	c.	£	fr.	c.	£	fr.	c.	£	fr.	c.
1	0	10⁴	1	25	10½	34	853	57	67	1.682	03⁵	125	3.138	12⁵
2	0	20⁹	2	50	21	35	878	67⁵	68	1.707	14	150	3.765	75
3	0	31³	3	75	31⁵	36	903	78	69	1.732	24⁵	175	4.393	37⁵
4	0	41⁸	4	100	42	37	928	88⁵	70	1.757	35	200	5.021	»
5	0	52³	5	125	52⁵	38	953	99	71	1.782	45⁵	225	5.648	62⁵
6	0	62⁷	6	150	63	39	979	09⁵	72	1.807	56	250	6.276	25
7	0	73²	7	175	73⁵	40	1.004	20	73	1.832	66⁵	275	6.903	87⁵
8	0	83⁶	8	200	84	41	1.029	30⁵	74	1.857	77	300	7.531	50
9	0	94¹	9	225	94⁵	42	1.054	41	75	1.882	87⁵	325	8.159	12⁵
10	1	04⁶	10	251	05	43	1.079	51⁵	76	1.907	98	350	8.786	75
11	1	15	11	276	15⁵	44	1.104	62	77	1.933	08⁵	375	9.414	37⁵
S			12	301	26	45	1.129	72⁵	78	1.958	19	400	10.042	»
1	1	25⁵	13	326	36⁵	46	1.154	83	79	1.983	29⁵	425	10.669	62⁵
2	2	51	14	351	47	47	1.179	93⁵	80	2.008	40	450	11.297	25
3	3	76⁵	15	376	57⁵	48	1.205	04	81	2.033	50⁵	475	11.924	87⁵
4	5	02¹	16	401	68	49	1.230	14⁵	82	2.058	61	500	12.552	50
5	6	27⁶	17	426	78⁵	50	1.255	25	83	2.083	71⁵	525	13.180	12⁵
6	7	53¹	18	451	89	51	1.280	35⁵	84	2.108	82	550	13.807	75
7	8	78⁶	19	476	99⁵	52	1.305	46	85	2.133	92⁵	575	14.435	37⁵
8	10	04²	20	502	10	53	1.330	56⁵	86	2.159	03	600	15.063	»
9	11	29⁷	21	527	20⁵	54	1.355	67	87	2.184	13⁵	625	15.690	62⁵
10	12	55²	22	552	31	55	1.380	77⁵	88	2.209	24	650	16.318	25
11	13	80⁷	23	577	41⁵	56	1.405	88	89	2.234	34⁵	675	16.945	87⁵
12	15	06³	24	602	52	57	1.430	98⁵	90	2.259	45	700	17.573	50
13	16	31⁸	25	627	62⁵	58	1.456	09	91	2.284	55⁵	725	18.201	12⁵
14	17	57³	26	652	73	59	1.481	19⁵	92	2.309	66	750	18.828	75
15	18	82⁸	27	677	83⁵	60	1.506	30	93	2.334	76⁵	775	19.456	37⁵
16	20	08⁴	28	702	94	61	1.531	40⁵	94	2.359	87	800	20.084	»
17	21	33⁹	29	728	04⁵	62	1.556	51	95	2.384	97⁵	825	20.711	62⁵
18	22	59⁴	30	753	15	63	1.581	61⁵	96	2.410	08	850	21.339	25
19	23	84⁹	31	778	25⁵	64	1.606	72	97	2.435	18⁵	875	21.966	87⁵
			32	803	36	65	1.631	82⁵	98	2.460	29	900	22.594	50
			33	828	46⁵	66	1.656	93	99	2.485	39⁵	925	23.222	12⁵
									100	2.510	50	950	23.849	75
												975	24.477	37⁵
												1000	25.105	»

CHANGE : 25.10 ¾

D	fr.	c.	£	fr.	c.	£	fr.	c.	£	fr.	c.	£	fr.	c.
1	0	10^4	1	25	10¾	34	853	65^5	67	1.682	20^2	125	3.138	43^7
2	0	20^9	2	50	21^5	35	878	76^2	68	1.707	31	150	3.766	12^5
3	0	31^3	3	75	32^2	36	903	87	69	1.732	41^7	175	4.393	81^2
4	0	41^8	4	100	43	37	928	97^7	70	1.757	52^5	200	5.021	50
5	0	52^3	5	125	53^7	38	954	08^5	71	1.782	63^2	225	5.649	18^7
6	0	62^7	6	150	64^5	39	979	19^2	72	1.807	74	250	6.276	87^5
7	0	73^2	7	175	75^2	40	1.004	30	73	1.832	84^7	275	6.904	56^2
8	0	83^6	8	200	86	41	1.029	40^7	74	1.857	95^5	300	7.532	25
9	0	94^1	9	225	96^7	42	1.054	51^5	75	1.883	06^2	325	8.159	93^7
10	1	04^6	10	251	07^5	43	1.079	62^2	76	1.908	17	350	8.787	62^5
11	1	15	11	276	18^2	44	1.104	73	77	1.933	27^7	375	9.415	31^2
S			12	301	29	45	1.129	83^7	78	1.958	38^5	400	10.043	»
1	1	25^5	13	326	39^7	46	1.154	94^5	79	1.983	49^2	425	10.670	68^7
2	2	51	14	351	50^5	47	1.180	05^2	80	2.008	60	450	11.298	37^5
3	3	76^6	15	376	61^2	48	1.205	16	81	2.033	70^7	475	11.926	06^2
4	5	02^1	16	401	72	49	1.230	26^7	82	2.058	81^5	500	12.553	75
5	6	27^6	17	426	82^7	50	1.255	37^5	83	2.083	92^2	525	13.181	43^7
6	7	53^2	18	451	93^5	51	1.280	48^2	84	2.109	03	550	13.809	12^5
7	8	78^7	19	477	04^2	52	1.305	59	85	2.134	13^7	575	14.436	81^2
8	10	04^3	20	502	15	53	1.330	69^7	86	2.159	24^5	600	15.064	50
9	11	29^8	21	527	25^7	54	1.355	80^5	87	2.184	35^2	625	15.692	18^7
10	12	55^3	22	552	36^5	55	1.380	91^2	88	2.209	46	650	16.319	87^5
11	13	80^9	23	577	47^2	56	1.406	02	89	2.234	56^7	675	16.947	56^2
12	15	06^4	24	602	58	57	1.431	12^7	90	2.259	67^5	700	17.575	25
13	16	31^9	25	627	68^7	58	1.456	23^5	91	2.284	78^2	725	18.202	93^7
14	17	57^5	26	652	79^5	59	1.481	34^2	92	2.309	89	750	18.830	62^5
15	18	83	27	677	90^2	60	1.506	45	93	2.334	99^7	775	19.458	31^2
16	20	08^6	28	703	01	61	1.531	55^7	94	2.360	10^5	800	20.086	»
17	21	34^4	29	728	11^7	62	1.556	66^5	95	2.385	21^2	825	20.713	68^7
18	22	59^6	30	753	22^5	63	1.581	77^2	96	2.410	32	850	21.341	37^5
19	23	85^2	31	778	33^2	64	1.606	88	97	2.435	42^7	875	21.969	06^2
			32	803	44	65	1.631	98^7	98	2.460	53^5	900	22.596	75
			33	828	54^7	66	1.657	09^5	99	2.485	64^2	925	23.224	43^7
									100	2.510	75	950	23.852	12^5
												975	24.479	81^2
												1000	25.107	50

CHANGE : 25.11

D	fr.	c.	£	fr.	c.	£	fr.	c.	£	fr.	c.	£	fr.	c.
1	0	10⁴	1	25	11	34	853	74	67	1.682	37	125	3.138	75
2	0	20⁹	2	50	22	35	878	85	68	1.707	48	150	3.766	50
3	0	31³	3	75	33	36	903	96	69	1.732	59	175	4.394	25
4	0	41ˣ	4	100	44	37	929	07	70	1.757	70	200	5.022	»
5	0	52³	5	125	55	38	954	18	71	1.782	81	225	5.649	75
6	0	62⁷	6	150	66	39	979	29	72	1.807	92	250	6.277	50
7	0	73²	7	175	77	40	1.004	40	73	1.833	03	275	6.905	25
8	0	83⁷	8	200	88	41	1.029	51	74	1.858	14	300	7.533	»
9	0	94¹	9	225	99	42	1.054	62	75	1.883	25	325	8.160	75
10	1	04⁶	10	251	10	43	1.079	73	76	1.908	36	350	8.788	50
11	1	15	11	276	21	44	1.104	84	77	1.933	47	375	9.416	25
S			12	301	32	45	1.129	95	78	1.958	58	400	10.044	»
1	1	25³	13	326	43	46	1.155	06	79	1.983	69	425	10.671	75
2	2	51¹	14	351	54	47	1.180	17	80	2.008	80	450	11.299	50
3	3	76⁶	15	376	65	48	1.205	28	81	2.033	91	475	11.927	25
4	5	02²	16	401	76	49	1.230	39	82	2.059	02	500	12.555	»
5	6	27⁷	17	426	87	50	1.255	50	83	2.084	13	525	13.182	75
6	7	53³	18	451	98	51	1.280	61	84	2.109	24	550	13.810	50
7	8	78⁸	19	477	09	52	1.305	72	85	2.134	35	575	14.438	25
8	10	04⁴	20	502	20	53	1.330	83	86	2.159	46	600	15.066	»
9	11	29⁹	21	527	31	54	1.355	94	87	2.184	57	625	15.693	75
10	12	55⁵	22	552	42	55	1.381	05	88	2.209	68	650	16.321	50
11	13	81	23	577	53	56	1.406	16	89	2.234	79	675	16.949	25
12	15	06⁶	24	602	64	57	1.431	27	90	2.259	90	700	17.577	»
13	16	32¹	25	627	75	58	1.456	38	91	2.285	01	725	18.204	75
14	17	57⁷	26	652	86	59	1.481	49	92	2.310	12	750	18.832	50
15	18	83²	27	677	97	60	1.506	60	93	2.335	23	775	19.460	25
16	20	08⁸	28	703	08	61	1.531	71	94	2.360	34	800	20.088	»
17	21	34³	29	728	19	62	1.556	82	95	2.385	45	825	20.715	75
18	22	59⁹	30	753	30	63	1.581	93	96	2.410	56	850	21.343	50
19	23	85⁴	31	778	41	64	1.607	04	97	2.435	67	875	21.971	25
			32	803	52	65	1.632	15	98	2.460	78	900	22.599	»
			33	828	63	66	1.657	26	99	2.485	89	925	23.226	75
									100	2.511	»	950	23.854	50
												975	24.482	25
												1000	25.110	»

CHANGE : 25.11 ¹/₄

D	fr.	c.	£	fr.	c.	£	fr.	c.	£	fr.	c.	£	fr.	c.
1	0	10^5	1	25	11¼	34	853	82^5	67	1.682	53^7	125	3.139	06^2
2	0	20^9	2	50	22^5	35	878	93^7	68	1.707	65	150	3.766	87^5
3	0	31^3	3	75	33^7	36	904	05	69	1.732	76^2	175	4.394	68^7
4	0	41^8	4	100	45	37	929	16^2	70	1.757	87^5	200	5.022	50
5	0	52^3	5	125	56^2	38	954	27^5	71	1.782	98^7	225	5.650	31^2
6	0	62^7	6	150	67^5	39	979	38^7	72	1.808	10	250	6.278	12^5
7	0	73^2	7	175	78^7	40	1.004	50	73	1.833	21^2	275	6.905	93^7
8	0	83^7	8	200	90	41	1.029	61^2	74	1.858	32^5	300	7.533	75
9	0	94^1	9	226	01^2	42	1.054	72^5	75	1.883	43^7	325	8.161	56^2
10	1	04^6	10	251	12^5	43	1.079	83^7	76	1.908	55	350	8.789	37^5
11	1	15	11	276	23^7	44	1.104	95	77	1.933	66^2	375	9.417	18^7
S			12	301	35	45	1.130	06^2	78	1.958	77^5	400	10.045	»
1	1	25^5	13	326	46^2	46	1.155	17^5	79	1.983	88^7	425	10.672	81^2
2	2	51^1	14	351	57^5	47	1.180	28^7	80	2.009	»	450	11.300	62^5
3	3	76^6	15	376	68^7	48	1.205	40	81	2.034	11^2	475	11.928	43^7
4	5	02^2	16	401	80	49	1.230	51^2	82	2.059	22^5	500	12.556	25
5	6	27^8	17	426	91^2	50	1.255	62^5	83	2.084	33^7	525	13.184	06^2
6	7	53^3	18	452	02^5	51	1.280	73^7	84	2.109	45	550	13.811	87^5
7	8	78^9	19	477	13^7	52	1.305	85	85	2.134	56^2	575	14.439	68^7
8	10	04^5	20	502	25	53	1.330	96^2	86	2.159	67^5	600	15.067	50
9	11	30	21	527	36^2	54	1.356	07^5	87	2.184	78^7	625	15.695	31^2
10	12	55^6	22	552	47^5	55	1.381	18^7	88	2.209	90	650	16.323	12^5
11	13	81^1	23	577	58^7	56	1.406	30	89	2.235	01^2	675	16.950	93^7
12	15	06^7	24	602	70	57	1.431	41^2	90	2.260	12^5	700	17.578	75
13	16	32^3	25	627	81^2	58	1.456	52^5	91	2.285	23^7	725	18.206	56^2
14	17	57^8	26	652	92^5	59	1.481	63^7	92	2.310	35	750	18.834	37^5
15	18	83^4	27	678	03^7	60	1.506	75	93	2.335	46^2	775	19.462	18^7
16	20	09	28	703	15	61	1.531	86^2	94	2.360	57^5	800	20.090	»
17	21	34^5	29	728	26^2	62	1.556	97^5	95	2.385	68^7	825	20.717	81^2
18	22	60^4	30	753	37^5	63	1.582	08^7	96	2.410	80	850	21.345	62^5
19	23	85^6	31	778	48^7	64	1.607	20	97	2.435	91^2	875	21.973	43^7
			32	803	60	65	1.632	31^2	98	2.461	02^5	900	22.601	25
			33	828	71^2	66	1.657	42^5	99	2.486	13^7	925	23.229	06^2
									100	2.511	25	950	23.856	87^5
												975	24.484	68^7
												1000	25.112	50

CHANGE : 25.11 ¹/₂

D	fr. c.	£	fr. c.	£	fr. c.	£	fr. c.	£	fr. c.
1	0 10^4	1	25 11½	34	853 91	67	1.682 70^5	125	3.139 37^5
2	0 20^9	2	50 23	35	879 02^5	68	1.707 82	150	3.767 25
3	0 31^3	3	75 34^5	36	904 14	69	1.732 93^5	175	4.395 12^5
4	0 41^8	4	100 46	37	929 25^5	70	1.758 05	200	5.023 »
5	0 52^3	5	125 57^5	38	954 37	71	1.783 16^5	225	5.650 87^5
6	0 62^7	6	150 69	39	979 48^5	72	1.808 28	250	6.278 75
7	0 73^2	7	175 80^5	40	1.004 60	73	1.833 39^5	275	6.906 62^5
8	0 83^7	8	200 92	41	1.029 71^5	74	1.858 51	300	7.534 50
9	0 94^1	9	226 03^5	42	1.054 83	75	1.883 62^5	325	8.162 37^5
10	1 04^6	10	251 15	43	1.079 94^5	76	1.908 74	350	8.790 25
11	1 15^1	11	276 26^5	44	1.105 06	77	1.933 85^5	375	9.418 12^5
S		12	301 38	45	1.130 17^5	78	1.958 97	400	10.046 »
1	1 25^5	13	326 49^5	46	1.155 29	79	1.984 08^5	425	10.673 87^5
2	2 51^1	14	351 61	47	1.180 40^5	80	2.009 20	450	11.301 75
3	3 76^7	15	376 72^5	48	1.205 52	81	2.034 31^5	475	11.929 62^5
4	5 02^3	16	401 84	49	1.230 63^5	82	2.059 43	500	12.557 50
5	6 27^8	17	426 95^5	50	1.255 75	83	2.084 54^5	525	13.185 37^5
6	7 53^4	18	452 07	51	1.280 86^5	84	2.109 66	550	13.813 25
7	8 79	19	477 18^5	52	1.305 98	85	2.134 77^5	575	14.441 12^5
8	10 04^6	20	502 30	53	1.331 09^5	86	2.159 89	600	15.069 »
9	11 30^4	21	527 41^5	54	1.356 21	87	2.185 00^5	625	15.696 87^5
10	12 55^7	22	552 53	55	1.381 32^5	88	2.210 12	650	16.324 75
11	13 81^3	23	577 64^5	56	1.406 44	89	2.235 23^5	675	16.952 62^5
12	15 06^9	24	602 76	57	1.431 55^5	90	2.260 35	700	17.580 50
13	16 32^4	25	627 87^5	58	1.456 67	91	2.285 46^5	725	18.208 37^5
14	17 58	26	652 99	59	1.481 78^5	92	2.310 58	750	18.836 25
15	18 83^6	27	678 10^5	60	1.506 90	93	2.335 69^5	775	19.464 12^5
16	20 09^2	28	703 22	61	1.532 01^5	94	2.360 81	800	20.092 »
17	21 34^7	29	728 33^5	62	1.557 13	95	2.385 92^5	825	20.719 87^5
18	22 60^3	30	753 45	63	1.582 24^5	96	2.411 04	850	21.347 75
19	23 85^9	31	778 56^5	64	1.607 36	97	2.436 15^5	875	21.975 62^5
		32	803 68	65	1.632 47^5	98	2.461 27	900	22.603 50
		33	828 79^5	66	1.657 59	99	2.486 38^5	925	23.231 37^5
						100	2.511 50	950	23.859 25
								975	24.487 12^5
								1000	25.115 »

CHANGE : 25.11 ³/₄

D	fr.	c.	£	fr.	c.	£	fr.	c.	£	fr.	c.	£	fr.	c.
1	0	10^4	1	25	11¾	34	853	99^5	67	1.682	87^2	125	3.139	68^7
2	0	20^9	2	50	23^5	35	879	11^2	68	1.707	99	150	3.767	62^5
3	0	31^3	3	75	35^2	36	904	23	69	1.733	10^7	175	4.395	56^2
4	0	41^8	4	100	47	37	929	34^7	70	1.758	22^5	200	5.023	50
5	0	52^3	5	125	58^7	38	954	46^5	71	1.783	34^2	225	5.651	43^7
6	0	62^7	6	150	70^5	39	979	58^2	72	1.808	46	250	6.279	37^5
7	0	73^2	7	175	82^2	40	1.004	70	73	1.833	57^7	275	6.907	31^2
8	0	83^7	8	200	94	41	1.029	81^7	74	1.858	69^5	300	7.535	25
9	0	94^1	9	226	05^7	42	1.054	93^5	75	1.883	81^2	325	8.163	18^7
10	1	04^6	10	251	17^5	43	1.080	05^2	76	1.908	93	350	8.791	12^5
11	1	15^1	11	276	29^2	44	1.105	17	77	1.934	04^7	375	9.419	06^2
S			12	301	41	45	1.130	28^7	78	1.959	16^5	400	10.047	»
1	1	25^5	13	326	52^7	46	1.155	40^5	79	1.984	28^2	425	10.674	93^7
2	2	51^1	14	351	64^5	47	1.180	52^2	80	2.009	40	450	11.302	87^5
3	3	76^7	15	376	76^2	48	1.205	64	81	2.034	51^7	475	11.930	81^2
4	5	02^3	16	401	88	49	1.230	75^7	82	2.059	63^5	500	12.558	75
5	6	27^9	17	426	99^7	50	1.255	87^5	83	2.084	75^2	525	13.186	68^7
6	7	53^5	18	452	11^3	51	1.280	99^2	84	2.109	87	550	13.814	62^5
7	8	79^1	19	477	23^2	52	1.306	11	85	2.134	98^7	575	14.442	56^2
8	10	04^7	20	502	35	53	1.331	22^7	86	2.160	10^5	600	15.070	50
9	11	30^2	21	527	46^7	54	1.356	34^5	87	2.185	22^2	625	15.698	43^7
10	12	55^8	22	552	58^5	55	1.381	46^2	88	2.210	34	650	16.326	37^5
11	13	81^4	23	577	70^2	56	1.406	58	89	2.235	45^7	675	16.954	31^2
12	15	07	24	602	82	57	1.431	69^7	90	2.260	57^5	700	17.582	25
13	16	32^6	25	627	93^7	58	1.456	81^5	91	2.285	69^2	725	18.210	18^7
14	17	58^2	26	653	05^5	59	1.481	93^2	92	2.310	81	750	18.838	12^5
15	18	83^8	27	678	17^2	60	1.507	05	93	2.335	92^7	775	19.466	06^2
16	20	09^4	28	703	29	61	1.532	16^7	94	2.361	04^5	800	20.094	»
17	21	34^9	29	728	40^7	62	1.557	28^5	95	2.386	16^2	825	20.721	93^7
18	22	60^5	30	753	52^5	63	1.582	40^2	96	2.411	28	850	21.349	87^5
19	23	86^1	31	778	64^2	64	1.607	52	97	2.436	39^7	875	21.977	81^2
			32	803	76	65	1.632	63^7	98	2.461	51^5	900	22.605	75
			33	828	87^7	66	1.657	75^5	99	2.486	63^2	925	23.233	68^7
									100	2.511	75	950	23.861	62^5
												975	24.489	56^2
												1000	25.117	50

CHANGE : 25.12

D	fr.	c.	£	fr.	c.	£	fr.	c.	£	fr.	c.	£	fr.	c.
1	0	10^4	1	25	12	34	854	08	67	1.683	04	125	3.140	»
2	0	20^9	2	50	24	35	879	20	68	1.708	16	150	3.768	»
3	0	31^4	3	75	36	36	904	32	69	1.733	28	175	4.396	»
4	0	41^8	4	100	48	37	929	44	70	1.758	40	200	5.024	»
5	0	52^3	5	125	60	38	954	56	71	1.783	52	225	5.652	»
6	0	62^8	6	150	72	39	979	68	72	1.808	64	250	6.280	»
7	0	73^2	7	175	84	40	1.004	80	73	1.833	76	275	6.908	»
8	0	83^7	8	200	96	41	1.029	92	74	1.858	88	300	7.536	»
9	0	94^2	9	226	08	42	1.055	04	75	1.884	»	325	8.164	»
10	1	04^6	10	251	20	43	1.080	16	76	1.909	12	350	8.792	»
11	1	15^1	11	276	32	44	1.105	28	77	1.934	24	375	9.420	»
S			12	301	44	45	1.130	40	78	1.959	36	400	10.048	»
1	1	25^6	13	326	56	46	1.155	52	79	1.984	48	425	10.676	»
2	2	51^2	14	351	68	47	1.180	64	80	2.009	60	450	11.304	»
3	3	76^8	15	376	80	48	1.205	76	81	2.034	72	475	11.932	»
4	5	02^4	16	401	92	49	1.230	88	82	2.059	84	500	12.560	»
5	6	28	17	427	04	50	1.256	»	83	2.084	96	525	13.188	»
6	7	53^6	18	452	16	51	1.281	12	84	2.110	08	550	13.816	»
7	8	79^2	19	477	28	52	1.306	24	85	2.135	20	575	14.444	»
8	10	04^8	20	502	40	53	1.331	36	86	2.160	32	600	15.072	»
9	11	30^4	21	527	52	54	1.356	48	87	2.185	44	625	15.700	»
10	12	56	22	552	64	55	1.381	60	88	2.210	56	650	16.328	»
11	13	81^6	23	577	76	56	1.406	72	89	2.235	68	675	16.956	»
12	15	07^2	24	602	88	57	1.431	84	90	2.260	80	700	17.584	»
13	16	32^8	25	628	»	58	1.456	96	91	2.285	92	725	18.212	»
14	17	58^4	26	653	12	59	1.482	08	92	2.311	04	750	18.840	»
15	18	84	27	678	24	60	1.507	20	93	2.336	16	775	19.468	»
16	20	09^6	28	703	36	61	1.532	32	94	2.361	28	800	20.096	»
17	21	35^2	29	728	48	62	1.557	44	95	2.386	40	825	20.724	»
18	22	60^8	30	753	60	63	1.582	56	96	2.411	52	850	21.352	»
19	23	86^4	31	778	72	64	1.607	68	97	2.436	64	875	21.980	»
			32	803	84	65	1.632	80	98	2.461	76	900	22.608	»
			33	828	96	66	1.657	92	99	2.486	88	925	23.236	»
									100	2.512	»	950	23.864	»
												975	24.492	»
												1000	25.120	»

CHANGE : 25.12 ¹/₄

D	fr.	c.
1	0	10^4
2	0	20^9
3	0	31^4
4	0	41^8
5	0	52^3
6	0	62^8
7	0	73^2
8	0	83^7
9	0	94^2
10	1	04^6
11	1	15^1
S		
1	1	25^6
2	2	51^2
3	3	76^8
4	5	02^4
5	6	28
6	7	53^6
7	8	79^2
8	10	04^9
9	11	30^5
10	12	56^4
11	13	81^7
12	15	07^3
13	16	32^9
14	17	58^5
15	18	84^1
16	20	09^8
17	21	35^4
18	22	61
19	23	86^6

£	fr.	c.
1	25	12¼
2	50	24^5
3	75	36^7
4	100	49
5	125	61^2
6	150	73^5
7	175	85^7
8	200	98
9	226	10^2
10	251	22^5
11	276	34^7
12	301	47
13	326	59^2
14	351	71^5
15	376	83^7
16	401	96
17	427	08^2
18	452	20^5
19	477	32^7
20	502	45
21	527	57^2
22	552	69^5
23	577	81^7
24	602	94
25	628	06^2
26	653	18^5
27	678	30^7
28	703	43
29	728	55^2
30	753	67^5
31	778	79^7
32	803	92
33	829	04^2

£	fr.	c.
34	854	16^5
35	879	28^7
36	904	41
37	929	53^2
38	954	65^5
39	979	77^7
40	1.004	90
41	1.030	02^2
42	1.055	14^5
43	1.080	26^7
44	1.105	39
45	1.130	51^2
46	1.155	63^5
47	1.180	75^7
48	1.205	88
49	1.231	00^2
50	1.256	12^5
51	1.281	24^7
52	1.306	37
53	1.331	49^2
54	1.356	61^5
55	1.381	73^7
56	1.406	86
57	1.431	98^2
58	1.457	10^5
59	1.482	22^7
60	1.507	35
61	1.532	47^2
62	1.557	59^5
63	1.582	71^7
64	1.607	84
65	1.632	96^2
66	1.658	08^5

£	fr.	c.
67	1.683	20^7
68	1.708	33
69	1.733	45^2
70	1.758	57^5
71	1.783	69^7
72	1.808	82
73	1.833	94^2
74	1.859	06^5
75	1.884	18^7
76	1.909	31
77	1.934	43^2
78	1.959	55^5
79	1.984	67^7
80	2.009	80
81	2.034	92^2
82	2.060	04^5
83	2.085	16^7
84	2.110	29
85	2.135	41^2
86	2.160	53^5
87	2.185	65^7
88	2.210	78
89	2.235	90^2
90	2.261	02^7
91	2.286	14^7
92	2.311	27
93	2.336	39^2
94	2.361	51^5
95	2.386	63^7
96	2.411	76
97	2.436	88^2
98	2.462	00^5
99	2.487	12^7
100	2.512	25

£	fr.	c.
125	3.140	31^2
150	3.768	37^5
175	4.396	43^7
200	5.024	50
225	5.652	56^2
250	6.280	62^5
275	6.908	68^7
300	7.536	75
325	8.164	81^2
350	8.792	87^5
375	9.420	93^7
400	10.049	»
425	10.677	06^2
450	11.305	12^5
475	11.933	18^7
500	12.561	25
525	13.189	31^2
550	13.817	37^5
575	14.445	43^7
600	15.073	50
625	15.701	56^2
650	16.329	62^5
675	16.957	68^7
700	17.585	75
725	18.213	81^2
750	18.841	87^5
775	19.469	93^7
800	20.098	»
825	20.726	06^2
850	21.354	12^5
875	21.982	18^7
900	22.610	25
925	23.238	31^2
950	23.866	37^5
975	24.494	43^7
1000	25.122	50

CHANGE : 25.12 ¹/₂

D	fr.	c.	$\mathcal{L}$	fr.	c.	$\mathcal{L}$	fr.	c.	$\mathcal{L}$	fr.	c.	$\mathcal{L}$	fr.	c.
1	0	10^4	1	25	$12\frac{1}{2}$	34	854	25	67	1.683	37^5	125	3.140	62^5
2	0	20^9	2	50	25	35	879	37^5	68	1.708	50	150	3.768	75
3	0	31^4	3	75	37^5	36	904	50	69	1.733	62^5	175	4.396	87^5
4	0	41^8	4	100	50	37	929	62^5	70	1.758	75	200	5.025	»
5	0	52^3	5	125	62^5	38	954	75	71	1.783	87^5	225	5.653	12^5
6	0	62^8	6	150	75	39	979	87^5	72	1.809	»	250	6.281	25
7	0	73^2	7	175	87^5	40	1.005	»	73	1.834	12^5	275	6.909	37^5
8	0	83^7	8	201	»	41	1.030	12^5	74	1.859	25	300	7.537	50
9	0	94^2	9	226	12^5	42	1.055	25	75	1.884	37^5	325	8.165	62^5
10	1	04^6	10	251	25	43	1.080	37^5	76	1.909	50	350	8.793	75
11	1	15^1	11	276	37^5	44	1.105	50	77	1.934	62^5	375	9.421	87^5
S			12	301	50	45	1.130	62^5	78	1.959	75	400	10.050	»
1	1	25^6	13	326	62^5	46	1.155	75	79	1.984	87^5	425	10.678	12^5
2	2	51^2	14	351	75	47	1.180	87^5	80	2.010	»	450	11.306	25
3	3	76^8	15	376	87^5	48	1.206	»	81	2.035	12^5	475	11.934	37^5
4	5	02^5	16	402	»	49	1.231	12^5	82	2.060	25	500	12.562	50
5	6	28^4	17	427	12^5	50	1.256	25	83	2.085	37^5	525	13.190	62^5
6	7	53^7	18	452	25	51	1.281	37^5	84	2.110	50	550	13.818	75
7	8	79^3	19	477	37^5	52	1.306	50	85	2.135	62^5	575	14.446	87^5
8	10	05	20	502	50	53	1.331	62^5	86	2.160	75	600	15.075	»
9	11	30^6	21	527	62^5	54	1.356	75	87	2.185	87^5	625	15.703	12^5
10	12	56^2	22	552	75	55	1.381	87^5	88	2.211	»	650	16.331	25
11	13	81^8	23	577	87^5	56	1.407	»	89	2.236	12^5	675	16.959	37^5
12	15	07^5	24	603	»	57	1.432	12^5	90	2.261	25	700	17.587	50
13	16	33^1	25	628	12^5	58	1.457	25	91	2.286	37^5	725	18.215	62^5
14	17	58^7	26	653	25	59	1.482	37^5	92	2.311	50	750	18.843	75
15	18	84^3	27	678	37^5	60	1.507	50	93	2.336	62^5	775	19.471	87^5
16	20	10	28	703	50	61	1.532	62^5	94	2.361	75	800	20.100	»
17	21	35^6	29	728	62^5	62	1.557	75	95	2.386	87^5	825	20.728	12^5
18	22	61^2	30	753	75	63	1.582	87^5	96	2.412	»	850	21.356	25
19	23	86^8	31	778	87^5	64	1.608	»	97	2.437	12^5	875	21.984	37^5
			32	804	»	65	1.633	12^5	98	2.462	25	900	22.612	50
			33	829	12^5	66	1.658	25	99	2.487	37^5	925	23.240	62^5
									100	2.512	50	950	23.868	75
												975	24.496	87^5
												1000	25.125	»

CHANGE : 25.12 ¾

D	fr.	c.	£	fr.	c.	£	fr.	c.	£	fr.	c.	£	fr.	c.
1	0	10^{4}	1	25	12¾	34	854	33^{5}	67	1.683	54^{2}	125	3.140	93^{7}
2	0	20^{9}	2	50	25^{5}	35	879	46^{2}	68	1.708	67	150	3.769	12^{5}
3	0	31^{4}	3	75	38^{2}	36	904	59	69	1.733	79^{7}	175	4.397	31^{2}
4	0	41^{8}	4	100	51	37	929	71^{7}	70	1.758	92^{5}	200	5.025	50
5	0	52^{3}	5	125	63^{7}	38	954	84^{5}	71	1.784	05^{2}	225	5.653	68^{7}
6	0	62^{8}	6	150	76^{5}	39	979	97^{2}	72	1.809	18	250	6.281	87^{5}
7	0	73^{2}	7	175	89^{2}	40	1.005	10	73	1.834	30^{7}	275	6.910	06^{2}
8	0	83^{7}	8	201	02	41	1.030	22^{7}	74	1.859	43^{5}	300	7.538	25
9	0	94^{2}	9	226	14^{7}	42	1.055	35^{5}	75	1.884	56^{2}	325	8.166	43^{7}
10	1	04^{6}	10	251	27^{5}	43	1.080	48^{2}	76	1.909	69	350	8.794	62^{5}
11	1	15^{1}	11	276	40^{2}	44	1.105	61	77	1.934	81^{7}	375	9.422	81^{2}
S			12	301	53	45	1.130	73^{7}	78	1.959	94^{5}	400	10.051	»
1	1	25^{6}	13	326	65^{7}	46	1.155	86^{5}	79	1.985	07^{2}	425	10.679	18^{7}
2	2	51^{2}	14	351	78^{5}	47	1.180	99^{2}	80	2.010	20	450	11.307	37^{5}
3	3	76^{9}	15	376	91^{2}	48	1.206	12	81	2.035	32^{7}	475	11.935	56^{2}
4	5	02^{5}	16	402	04	49	1.231	24^{7}	82	2.060	45^{5}	500	12.563	75
5	6	28^{1}	17	427	16^{7}	50	1.256	37^{5}	83	2.085	58^{2}	525	13.191	93^{7}
6	7	53^{8}	18	452	29^{5}	51	1.281	50^{2}	84	2.110	71	550	13.820	12^{5}
7	8	79^{4}	19	477	42^{2}	52	1.306	63	85	2.135	83^{7}	575	14.448	31^{2}
8	10	05^{1}	20	502	55	53	1.331	75^{7}	86	2.160	96^{5}	600	15.076	50
9	11	30^{7}	21	527	67^{7}	54	1.356	88^{5}	87	2.186	09^{2}	625	15.704	68^{7}
10	12	56^{3}	22	552	80^{5}	55	1.382	01^{2}	88	2.211	22	650	16.332	87^{5}
11	13	82	23	577	93^{2}	56	1.407	14	89	2.236	34^{7}	675	16.961	06^{2}
12	15	07^{6}	24	603	06	57	1.432	26^{7}	90	2.261	47^{5}	700	17.589	25
13	16	33^{2}	25	628	18^{7}	58	1.457	39^{5}	91	2.286	60^{2}	725	18.217	43^{7}
14	17	58^{9}	26	653	31^{5}	59	1.482	52^{2}	92	2.311	73	750	18.845	62^{5}
15	18	84^{5}	27	678	44^{2}	60	1.507	65	93	2.336	85^{7}	775	19.473	81^{2}
16	20	10^{2}	28	703	57	61	1.532	77^{7}	94	2.361	98^{5}	800	20.102	»
17	21	35^{8}	29	728	69^{7}	62	1.557	90^{5}	95	2.387	11^{2}	825	20.730	18^{7}
18	22	61^{4}	30	753	82^{5}	63	1.583	03^{2}	96	2.412	24	850	21.358	37^{5}
19	23	87^{1}	31	778	95^{2}	64	1.608	16	97	2.437	36^{7}	875	21.986	56^{2}
			32	804	08	65	1.633	28^{7}	98	2.462	49^{5}	900	22.614	75
			33	829	20^{7}	66	1.658	41^{5}	99	2.487	62^{2}	925	23.242	93^{7}
									100	2.512	75	950	23.871	12^{5}
												975	24.499	31^{2}
												1000	25.127	50

CHANGE : 25.13

D	fr.	c.
1	0	10^4
2	0	20^9
3	0	31^4
4	0	41^8
5	0	52^3
6	0	62^8
7	0	73^2
8	0	83^7
9	0	94^2
10	1	04^7
11	1	15^1
S		
1	1	25^6
2	2	51^3
3	3	76^9
4	5	02^6
5	6	28^2
6	7	53^9
7	8	79^5
8	10	05^2
9	11	30^8
10	12	56^5
11	13	82^1
12	15	07^8
13	16	33^4
14	17	59^1
15	18	84^7
16	20	10^4
17	21	36
18	22	61^7
19	23	87^3

£	fr.	c.
1	25	13
2	50	26
3	75	39
4	100	52
5	125	65
6	150	78
7	175	91
8	201	04
9	226	17
10	251	30
11	276	43
12	301	56
13	326	69
14	351	82
15	376	95
16	402	08
17	427	21
18	452	34
19	477	47
20	502	60
21	527	73
22	552	86
23	577	99
24	603	12
25	628	25
26	653	38
27	678	51
28	703	64
29	728	77
30	753	90
31	779	03
32	804	16
33	829	29

£	fr.	c.
34	854	42
35	879	55
36	904	68
37	929	81
38	954	94
39	980	07
40	1.005	20
41	1.030	33
42	1.055	46
43	1.080	59
44	1.105	72
45	1.130	85
46	1.155	98
47	1.181	11
48	1.206	24
49	1.231	37
50	1.256	50
51	1.281	63
52	1.306	76
53	1.331	89
54	1.357	02
55	1.382	15
56	1.407	28
57	1.432	41
58	1.457	54
59	1.482	67
60	1.507	80
61	1.532	93
62	1.558	06
63	1.583	19
64	1.608	32
65	1.633	45
66	1.658	58

£	fr.	c.
67	1.683	71
68	1.708	84
69	1.733	97
70	1.759	10
71	1.784	23
72	1.809	36
73	1.834	49
74	1.859	62
75	1.884	75
76	1.909	88
77	1.935	01
78	1.960	14
79	1.985	27
80	2.010	40
81	2.035	53
82	2.060	66
83	2.085	79
84	2.110	92
85	2.136	05
86	2.161	18
87	2.186	31
88	2.211	44
89	2.236	57
90	2.261	70
91	2.286	83
92	2.311	96
93	2.337	09
94	2.362	22
95	2.387	35
96	2.412	48
97	2.437	61
98	2.462	74
99	2.487	87
100	2.513	»

£	fr.	c.
125	3.141	25
150	3.769	50
175	4.397	75
200	5.026	»
225	5.654	25
250	6.282	50
275	6.910	75
300	7.539	»
325	8.167	25
350	8.795	50
375	9.423	75
400	10.052	»
425	10.680	25
450	11.308	50
475	11.936	75
500	12.565	»
525	13.193	25
550	13.821	50
575	14.449	75
600	15.078	»
625	15.706	25
650	16.334	50
675	16.962	75
700	17.591	»
725	18.219	25
750	18.847	50
775	19.475	75
800	20.104	»
825	20.732	25
850	21.360	50
875	21.988	75
900	22.617	»
925	23.245	25
950	23.873	50
975	24.501	75
1000	25.130	»

CHANGE : 25.13 ¹/₄

D	fr.	c.
1	0	10^4
2	0	20^9
3	0	31^4
4	0	41^8
5	0	52^3
6	0	62^8
7	0	73^3
8	0	83^7
9	0	94^2
10	1	04^7
11	1	15^1
S		
1	1	25^6
2	2	51^3
3	3	76^9
4	5	02^6
5	6	28^3
6	7	53^9
7	8	79^6
8	10	05^3
9	11	30^9
10	12	56^6
11	13	82^2
12	15	07^9
13	16	33^6
14	17	59^2
15	18	84^9
16	20	10^6
17	21	36^2
18	22	61^9
19	23	87^5

£	fr.	c.
1	25	13¼
2	50	26^5
3	75	39^7
4	100	53
5	125	66^2
6	150	79^5
7	175	92^7
8	201	06
9	226	19^2
10	251	32^5
11	276	45^7
12	301	59
13	326	72^2
14	351	85^5
15	376	98^7
16	402	12
17	427	25^2
18	452	38^5
19	477	51^7
20	502	65
21	527	78^2
22	552	91^5
23	578	04^7
24	603	18
25	628	31^2
26	653	44^5
27	678	57^7
28	703	71
29	728	84^2
30	753	97^5
31	779	10^7
32	804	24
33	829	37^2

£	fr.	c.
34	854	50^5
35	879	63^7
36	904	77
37	929	90^2
38	955	03^5
39	980	16^7
40	1.005	30
41	1.030	43^2
42	1.055	56^5
43	1.080	69^7
44	1.105	83
45	1.130	96^2
46	1.156	09^5
47	1.181	22^7
48	1.206	36
49	1.231	49^2
50	1.256	62^5
51	1.281	75^7
52	1.306	89
53	1.332	02^2
54	1.357	15^5
55	1.382	28^7
56	1.407	42
57	1.432	55^2
58	1.457	68^5
59	1.482	81^7
60	1.507	95
61	1.533	08^2
62	1.558	21^5
63	1.583	34^7
64	1.608	48
65	1.633	61^2
66	1.658	74^5

£	fr.	c.
67	1.683	87^7
68	1.709	01
69	1.734	14^2
70	1.759	27^5
71	1.784	40^7
72	1.809	54
73	1.834	67^2
74	1.859	80^5
75	1.884	93^7
76	1.910	07
77	1.935	20^2
78	1.960	33^5
79	1.985	46^7
80	2.010	60
81	2.035	73^2
82	2.060	86^5
83	2.085	99^7
84	2.111	13
85	2.136	26^2
86	2.161	39^5
87	2.186	52^7
88	2.211	66
89	2.236	79^2
90	2.261	92^5
91	2.287	05^7
92	2.312	19
93	2.337	32^2
94	2.362	45^5
95	2.387	58^7
96	2.412	72
97	2.437	85^2
98	2.462	98^5
99	2.488	11^7
100	2.513	25

£	fr.	c.
125	3.141	56^2
150	3.769	87^5
175	4.398	18^7
200	5.026	50
225	5.654	81^2
250	6.283	12^5
275	6.911	43^7
300	7.539	75
325	8.168	06^2
350	8.796	37^5
375	9.424	68^7
400	10.053	»
425	10.681	31^2
450	11.309	62^5
475	11.937	93^7
500	12.566	25
525	13.194	56^2
550	13.822	87^5
575	14.451	18^7
600	15.079	50
625	15.707	81^2
650	16.336	12^5
675	16.964	43^7
700	17.592	75
725	18.221	06^2
750	18.849	37^5
775	19.477	68^7
800	20.106	»
825	20.734	31^2
850	21.362	62^5
875	21.990	93^7
900	22.619	25
925	23.247	56^2
950	23.875	87^5
975	24.504	18^7
1000	25.132	50

CHANGE : 25.13 $^{1}/_{2}$

D	fr. c.	£	fr. c.	£	fr. c.	£	fr. c.	£	fr. c.
1	0 10^4	1	25 13½	34	854 59	67	1.684 04^5	125	3.141 87^5
2	0 20^9	2	50 27	35	879 72^3	68	1.709 18	150	3.770 25
3	0 31^1	3	75 40^5	36	904 86	69	1.734 31^5	175	4.398 62^5
4	0 41^8	4	100 54	37	929 99^5	70	1.759 45	200	5.027 »
5	0 52^3	5	125 67^5	38	955 13	71	1.784 58^5	225	5.655 37^5
6	0 62^8	6	150 81	39	980 26^5	72	1.809 72	250	6.283 75
7	0 73^3	7	175 94^5	40	1.005 40	73	1.834 85^5	275	6.912 12^5
8	0 83^7	8	201 08	41	1.030 53^5	74	1.859 99	300	7.540 50
9	0 94^2	9	226 21^5	42	1.055 67	75	1.885 12^5	325	8.168 87^5
10	1 04^7	10	251 35	43	1.080 80^5	76	1.910 26	350	8.797 25
11	1 15^2	11	276 48^5	44	1.105 94	77	1.935 39^5	375	9.425 62^5
S		12	301 62	45	1.131 07^5	78	1.960 53	400	10.054 »
1	1 25^6	13	326 75^5	46	1.156 21	79	1.985 66^5	425	10.682 37^5
2	2 51^3	14	351 89	47	1.181 34^5	80	2.010 80	450	11.310 75
3	3 77	15	377 02^5	48	1.206 48	81	2.035 93^5	475	11.939 12^5
4	5 02^7	16	402 16	49	1.231 61^5	82	2.061 07	500	12.567 50
5	6 28^3	17	427 29^5	50	1.256 75	83	2.086 20^5	525	13.195 87^5
6	7 54	18	452 43	51	1.281 88^5	84	2.111 34	550	13.824 25
7	8 79^7	19	477 56^5	52	1.307 02	85	2.136 47^5	575	14.452 62^5
8	10 05^4	20	502 70	53	1.332 15^5	86	2.161 61	600	15.081 »
9	11 31	21	527 83^5	54	1.357 29	87	2.186 74^5	625	15.709 37^5
10	12 56^7	22	552 97	55	1.382 42^5	88	2.211 88	650	16.337 75
11	13 82^4	23	578 10^5	56	1.407 56	89	2.237 01^5	675	16.966 12^5
12	15 08^1	24	603 24	57	1.432 69^5	90	2.262 15	700	17.594 50
13	16 33^7	25	628 37^5	58	1.457 83	91	2.287 28^5	725	18.222 87^5
14	17 59^4	26	653 51	59	1.482 96^5	92	2.312 42	750	18.851 25
15	18 85^1	27	678 64^5	60	1.508 10	93	2.337 55^5	775	19.479 62^5
16	20 10^8	28	703 78	61	1.533 23^5	94	2.362 69	800	20.108 »
17	21 36^4	29	728 91^5	62	1.558 37	95	2.387 82^5	825	20.736 37^5
18	22 62^1	30	754 05	63	1.583 50^5	96	2.412 96	850	21.364 75
19	23 87^8	31	779 18^5	64	1.608 64	97	2.438 09^5	875	21.993 12^5
		32	804 32	65	1.633 77^5	98	2.463 23	900	22.621 50
		33	829 45^5	66	1.658 91	99	2.488 36^5	925	23.249 87^5
						100	2.513 50	950	23.878 25
								975	24.506 62^5
								1000	25.135 »

CHANGE : 25.13 ³/₄

D / S	fr.	c.	£	fr.	c.	£	fr.	c.	£	fr.	c.	£	fr.	c.
1	0	10^4	1	25	13¾	34	854	67^5	67	1.684	21^2	125	3.142	18^7
2	0	20^9	2	50	27^5	35	879	81^2	68	1.709	35	150	3.770	62^5
3	0	31^4	3	75	41^2	36	904	95	69	1.734	48^7	175	4.399	06^2
4	0	41^8	4	100	55	37	930	08^7	70	1.759	62^5	200	5.027	50
5	0	52^3	5	125	68^7	38	955	22^5	71	1.784	76^2	225	5.655	93^7
6	0	62^8	6	150	82^5	39	980	36^2	72	1.809	90	250	6.284	37^5
7	0	73^3	7	175	96^2	40	1.005	50	73	1.835	03^7	275	6.912	81^2
8	0	83^7	8	201	10	41	1.030	63^7	74	1.860	17^5	300	7.541	25
9	0	94^2	9	226	23^7	42	1.055	77^5	75	1.885	31^2	325	8.169	68^7
10	1	04^7	10	251	37^5	43	1.080	91^2	76	1.910	45	350	8.798	12^5
11	1	15^2	11	276	51^2	44	1.106	05	77	1.935	58^7	375	9.426	56^2
S			12	301	65	45	1.131	18^7	78	1.960	72^5	400	10.055	»
1	1	25^6	13	326	78^7	46	1.156	32^5	79	1.985	86^2	425	10.683	43^7
2	2	51^3	14	351	92^5	47	1.181	46^2	80	2.011	»	450	11.311	87^5
3	3	77	15	377	06^2	48	1.206	60	81	2.036	13^7	475	11.910	31^2
4	5	02^7	16	402	20	49	1.231	73^7	82	2.061	27^5	500	12.568	75
5	6	28^4	17	427	33^7	50	1.256	87^5	83	2.086	41^2	525	13.197	18^7
6	7	54^1	18	452	47^5	51	1.282	01^2	84	2.111	55	550	13.825	62^5
7	8	79^8	19	477	61^2	52	1.307	15	85	2.136	68^7	575	14.454	06^2
8	10	05^5	20	502	75	53	1.332	28^7	86	2.161	82^5	600	15.082	50
9	11	31^1	21	527	88^7	54	1.357	42^5	87	2.186	96^2	625	15.710	93^7
10	12	56^8	22	553	02^5	55	1.382	56^2	88	2.212	10	650	16.339	37^5
11	13	82^5	23	578	16^2	56	1.407	70	89	2.237	23^7	675	16.967	81^2
12	15	08^2	24	603	30	57	1.432	83^7	90	2.262	37^5	700	17.596	25
13	16	33^9	25	628	43^7	58	1.457	97^5	91	2.287	51^2	725	18.224	68^7
14	17	59^6	26	653	57^5	59	1.483	11^2	92	2.312	65	750	18.853	12^5
15	18	85^3	27	678	71^2	60	1.508	25	93	2.337	78^7	775	19.481	56^2
16	20	11	28	703	85	61	1.533	38^7	94	2.362	92^5	800	20.110	»
17	21	36^6	29	728	98^7	62	1.558	52^5	95	2.388	06^2	825	20.738	43^7
18	22	62^3	30	754	12^5	63	1.583	66^2	96	2.413	20	850	21.366	87^5
19	23	88	31	779	26^2	64	1.608	80	97	2.438	33^7	875	21.995	31^2
			32	804	40	65	1.633	93^7	98	2.463	47^5	900	22.623	75
			33	829	53^7	66	1.659	07^5	99	2.488	61^2	925	23.252	18^7
									100	2.513	75	950	23.880	62^5
												975	24.509	06^2
												1000	25.137	50

CHANGE : 25.14

D	fr.	c.	£	fr.	c.	£	fr.	c.	£	fr.	c.	£	fr.	c.
1	0	10^4	1	25	14	34	854	76	67	1.684	38	125	3.142	50
2	0	20^9	2	50	28	35	879	90	68	1.709	52	150	3.771	»
3	0	31^4	3	75	42	36	905	04	69	1.734	66	175	4.399	50
4	0	41^9	4	100	56	37	930	18	70	1.759	80	200	5.028	»
5	0	52^3	5	125	70	38	955	32	71	1.784	94	225	5.656	50
6	0	62^8	6	150	84	39	980	46	72	1.810	08	250	6.285	»
7	0	73^3	7	175	98	40	1.005	60	73	1.835	22	275	6.913	50
8	0	83^8	8	201	12	41	1.030	74	74	1.860	36	300	7.542	»
9	0	94^2	9	226	26	42	1.055	88	75	1.885	50	325	8.170	50
10	1	04^7	10	251	40	43	1.081	02	76	1.910	64	350	8.799	»
11	1	15^2	11	276	54	44	1.106	16	77	1.935	78	375	9.427	50
S			12	301	68	45	1.131	30	78	1.960	92	400	10.056	»
1	1	25^7	13	326	82	46	1.156	44	79	1.986	06	425	10.684	50
2	2	51^4	14	351	96	47	1.181	58	80	2.011	20	450	11.313	»
3	3	77^1	15	377	10	48	1.206	72	81	2.036	34	475	11.941	50
4	5	02^8	16	402	24	49	1.231	86	82	2.061	48	500	12.570	»
5	6	28^5	17	427	38	50	1.257	»	83	2.086	62	525	13.198	50
6	7	54^2	18	452	52	51	1.282	14	84	2.111	76	550	13.827	»
7	8	79^9	19	477	66	52	1.307	28	85	2.136	90	575	14.455	50
8	10	05^6	20	502	80	53	1.332	42	86	2.162	04	600	15.084	»
9	11	31^3	21	527	94	54	1.357	56	87	2.187	18	625	15.712	50
10	12	57	22	553	08	55	1.382	70	88	2.212	32	650	16.341	»
11	13	82^7	23	578	22	56	1.407	84	89	2.237	46	675	16.969	50
12	15	08^4	24	603	36	57	1.432	98	90	2.262	60	700	17.598	»
13	16	34^1	25	628	50	58	1.458	12	91	2.287	74	725	18.226	50
14	17	59^8	26	653	64	59	1.483	26	92	2.312	88	750	18.855	»
15	18	85^5	27	678	78	60	1.508	40	93	2.338	02	775	19.483	50
16	20	11^2	28	703	92	61	1.533	54	94	2.363	16	800	20.112	»
17	21	36^9	29	729	06	62	1.558	68	95	2.388	30	825	20.740	50
18	22	62^6	30	754	20	63	1.583	82	96	2.413	44	850	21.369	»
19	23	88^3	31	779	34	64	1.608	96	97	2.438	58	875	21.997	50
			32	804	48	65	1.634	10	98	2.463	72	900	22.626	»
			33	829	62	66	1.659	24	99	2.488	86	925	23.254	50
									100	2.514	»	950	23.883	»
												975	24.511	50
												1000	25.140	»

CHANGE : 25.14 ¹/₄

D	fr. c.	£	fr. c.	£	fr. c.	£	fr. c.	£	fr. c.
1	0 10^4	1	25 14¼	34	854 84^5	67	1.684 54^7	125	3.142 81^2
2	0 20^9	2	50 28^5	35	879 98^7	68	1.709 69	150	3.771 37^5
3	0 31^4	3	75 42^7	36	905 13	69	1.734 83^2	175	4.399 93^7
4	0 41^9	4	100 57	37	930 27^2	70	1.759 97^5	200	5.028 50
5	0 52^3	5	125 71^2	38	955 41^5	71	1.785 11^7	225	5.657 06^2
6	0 62^8	6	150 85^5	39	980 55^7	72	1.810 26	250	6.285 62^5
7	0 73^3	7	175 99^7	40	1.005 70	73	1.835 40^2	275	6.914 18^7
8	0 83^8	8	201 14	41	1.030 84^2	74	1.860 54^5	300	7.542 75
9	0 94^2	9	226 28^2	42	1.055 98^5	75	1.885 68^7	325	8.171 31^2
10	1 04^7	10	251 42^5	43	1.081 12^7	76	1.910 83	350	8.799 87^5
11	1 15^2	11	276 56^7	44	1.106 27	77	1.935 97^2	375	9.428 43^7
S		12	301 71	45	1.131 41^2	78	1.961 11^5	400	10.057 »
1	1 25^7	13	326 85^2	46	1.156 55^5	79	1.986 25^7	425	10.685 56^2
2	2 51^4	14	351 99^5	47	1.181 69^7	80	2.011 40	450	11.314 12^5
3	3 77^1	15	377 13^7	48	1.206 84	81	2.036 54^2	475	11.942 68^7
4	5 02^8	16	402 28	49	1.231 98^2	82	2.061 68^5	500	12.571 25
5	6 28^5	17	427 42^2	50	1.257 12^5	83	2.086 82^7	525	13.199 81^2
6	7 54^2	18	452 56^5	51	1.282 26^7	84	2.111 97	550	13.828 37^5
7	8 79^9	19	477 70^7	52	1.307 41	85	2.137 11^2	575	14.456 93^7
8	10 05^7	20	502 85	53	1.332 55^2	86	2.162 25^5	600	15.085 50
9	11 31^4	21	527 99^2	54	1.357 69^5	87	2.187 39^7	625	15.714 06^2
10	12 57^1	22	553 13^5	55	1.382 83^7	88	2.212 54	650	16.342 62^5
11	13 82^8	23	578 27^7	56	1.407 98	89	2.237 68^2	675	16.971 18^7
12	15 08^5	24	603 42	57	1.433 12^2	90	2.262 82^5	700	17.599 75
13	16 34^2	25	628 56^2	58	1.458 26^5	91	2.287 96^7	725	18.228 31^2
14	17 59^9	26	653 70^5	59	1.483 40^7	92	2.313 11	750	18.856 87^5
15	18 85^6	27	678 84^7	60	1.508 55	93	2.338 25^2	775	19.485 43^7
16	20 11^4	28	703 99	61	1.533 69^2	94	2.363 39^5	800	20.114 »
17	21 37^4	29	729 13^2	62	1.558 83^5	95	2.388 53^7	825	20.742 56^2
18	22 62^8	30	754 27^5	63	1.583 97^7	96	2.413 68	850	21.371 12^5
19	23 88^5	31	779 41^7	64	1.609 12	97	2.438 82^2	875	21.999 68^7
		32	804 56	65	1.634 26^2	98	2.463 96^5	900	22.628 25
		33	829 70^2	66	1.659 40^5	99	2.489 10^7	925	23.256 81^2
						100	2.514 25	950	23.885 37^5
								975	24.513 93^7
								1000	25.142 50

CHANGE : 25.14 ¹/₂

D	fr.	c.	$\mathcal{L}$	fr.	c.	$\mathcal{L}$	fr.	c.	$\mathcal{L}$	fr.	c.	$\mathcal{L}$	fr.	c.
1	0	10^4	1	25	14½	34	854	93	67	1.684	71^5	125	3.143	12^5
2	0	20^9	2	50	29	35	880	07^5	68	1.709	86	150	3.771	75
3	0	31^4	3	75	43^5	36	905	22	69	1.735	00^5	175	4.400	37^5
4	0	41^9	4	100	58	37	930	36^5	70	1.760	15	200	5.029	»
5	0	52^3	5	125	72^5	38	955	51	71	1.785	29^5	225	5.657	62^5
6	0	62^8	6	150	87	39	980	65^5	72	1.810	44	250	6.286	25
7	0	73^3	7	176	01^5	40	1.005	80	73	1.835	58^5	275	6.914	87^5
8	0	83^8	8	201	16	41	1.030	94^5	74	1.860	73	300	7.543	50
9	0	94^2	9	226	30^5	42	1.056	09	75	1.885	87^5	325	8.172	12^5
10	1	04^7	10	251	45	43	1.081	23^5	76	1.911	02	350	8.800	75
11	1	15^2	11	276	59^5	44	1.106	38	77	1.936	16^5	375	9.429	37^5
S			12	301	74	45	1.131	52^5	78	1.961	31	400	10.058	»
1	1	25^7	13	326	88^5	46	1.156	67	79	1.986	45^5	425	10.686	62^5
2	2	51^4	14	352	03	47	1.181	81^5	80	2.011	60	450	11.315	25
3	3	77^1	15	377	17^5	48	1.206	96	81	2.036	74^5	475	11.943	87^5
4	5	02^9	16	402	32	49	1.232	10^5	82	2.061	89	500	12.572	50
5	6	28^6	17	427	46^5	50	1.257	25	83	2.087	03^5	525	13.201	12^5
6	7	54^3	18	452	61	51	1.282	39^5	84	2.112	18	550	13.829	75
7	8	80	19	477	75^5	52	1.307	54	85	2.137	32^5	575	14.458	37^5
8	10	05^8	20	502	90	53	1.332	68^5	86	2.162	47	600	15.087	»
9	11	31^5	21	528	04^5	54	1.357	83	87	2.187	61^5	625	15.715	62^5
10	12	57^2	22	553	19	55	1.382	97^5	88	2.212	76	650	16.344	25
11	13	82^9	23	578	33^5	56	1.408	12	89	2.237	90^5	675	16.972	87^5
12	15	08^7	24	603	48	57	1.433	26^5	90	2.263	05	700	17.661	50
13	16	34^4	25	628	62^5	58	1.458	41	91	2.288	19^5	725	18.230	12^5
14	17	60^1	26	653	77	59	1.483	55^5	92	2.313	34	750	18.858	75
15	18	85^8	27	678	91^5	60	1.508	70	93	2.338	48^5	775	19.487	37^5
16	20	11^6	28	704	06	61	1.533	84^5	94	2.363	63	800	20.116	»
17	21	37^3	29	729	20^5	62	1.558	99	95	2.388	77^5	825	20.744	62^5
18	22	63	30	754	35	63	1.584	13^5	96	2.413	92	850	21.373	25
19	23	88^7	31	779	49^5	64	1.609	28	97	2.439	06^5	875	22.001	87^5
			32	804	64	65	1.634	42^5	98	2.464	21	900	22.630	50
			33	829	78^5	66	1.659	57	99	2.489	35^5	925	23.259	12^5
									100	2.514	50	950	23.887	75
												975	24.516	37^5
												1000	25.145	»

CHANGE : 25.14 ᶜ/₄

D	fr.	c.	£	fr.	c.	£	fr.	c.	£	fr.	c.	£	fr.	c.
1	0	10^4	1	25	14¾	34	855	01^5	67	1.684	88^2	125	3.143	43^7
2	0	20^9	2	50	29^5	35	880	16^2	68	1.710	03	150	3.772	12^5
3	0	31^4	3	75	44^2	36	905	31	69	1.735	17^7	175	4.400	81^2
4	0	41^9	4	100	59	37	930	45^7	70	1.760	32^5	200	5.029	50
5	0	52^3	5	125	73^7	38	955	60^5	71	1.785	47^2	225	5.658	18^7
6	0	62^8	6	150	88^5	39	980	75^2	72	1.810	62	250	6.286	87^5
7	0	73^3	7	176	03^2	40	1.005	90	73	1.835	76^7	275	6.915	56^2
8	0	83^8	8	201	18	41	1.031	04^7	74	1.860	91^5	300	7.544	25
9	0	94^3	9	226	32^7	42	1.056	19^5	75	1.886	06^2	325	8.172	93^7
10	1	04^7	10	251	47^5	43	1.081	34^2	76	1.911	21	350	8.801	62^5
11	1	15^2	11	276	62^2	44	1.106	49	77	1.936	35^7	375	9.430	31^2
S			12	301	77	45	1.131	63^7	78	1.961	50^5	400	10.059	»
1	1	25^7	13	326	91^7	46	1.156	78^5	79	1.986	65^2	425	10.687	68^7
2	2	51^4	14	352	06^5	47	1.181	93^2	80	2.011	80	450	11.316	37^5
3	3	77^2	15	377	21^2	48	1.207	08	81	2.036	94^7	475	11.945	06^2
4	5	02^9	16	402	36	49	1.232	22^7	82	2.062	09^5	500	12.573	75
5	6	28^6	17	427	50^7	50	1.257	37^5	83	2.087	24^2	525	13.202	43^7
6	7	54^4	18	452	65^5	51	1.282	52^2	84	2.112	39	550	13.831	12^5
7	8	80^1	19	477	80^2	52	1.307	67	85	2.137	53^7	575	14.459	81^2
8	10	05^9	20	502	95	53	1.332	81^7	86	2.162	68^5	600	15.088	50
9	11	31^6	21	528	09^7	54	1.357	96^5	87	2.187	83^2	625	15.717	18^7
10	12	57^3	22	553	24^5	55	1.383	11^2	88	2.212	98	650	16.345	87^5
11	13	83^1	23	578	39^2	56	1.408	26	89	2.238	12^7	675	16.974	56^2
12	15	08^8	24	603	54	57	1.433	40^7	90	2.263	27^5	700	17.603	25
13	16	34^3	25	628	68^7	58	1.458	55^5	91	2.288	42^2	725	18.231	93^7
14	17	60^3	26	653	83^5	59	1.483	70^2	92	2.313	57	750	18.860	62^5
15	18	86	27	678	98^2	60	1.508	85	93	2.338	71^7	775	19.489	31^2
16	20	11^8	28	704	13	61	1.533	99^7	94	2.363	86^5	800	20.118	»
17	21	37^5	29	729	27^7	62	1.559	14^5	95	2.389	01^2	825	20.746	68^7
18	22	63^2	30	754	42^5	63	1.584	29^2	96	2.414	16	850	21.375	37^5
19	23	89	31	779	57^2	64	1.609	44	97	2.439	30^7	875	22.004	06^2
			32	804	72	65	1.634	58^7	98	2.464	45^5	900	22.632	75
			33	829	86^7	66	1.659	73^5	99	2.489	60^2	925	23.261	43^7
									100	2.514	75	950	23.890	12^5
												975	24.518	81^2
												1000	25.147	50

CHANGE : 25.15

D	fr.	c.	£	fr.	c.	£	fr.	c.	£	fr.	c.	£	fr.	c.
1	0	10^4	1	25	15	34	855	10	67	1.685	05	125	3.143	75
2	0	20^9	2	50	30	35	880	25	68	1.710	20	150	3.772	50
3	0	31^4	3	75	45	36	905	40	69	1.735	35	175	4.401	25
4	0	41^9	4	100	60	37	930	55	70	1.760	50	200	5.030	»
5	0	52^3	5	125	75	38	955	70	71	1.785	65	225	5.658	75
6	0	62^8	6	150	90	39	980	85	72	1.810	80	250	6.287	50
7	0	73^3	7	176	05	40	1.006	»	73	1.835	95	275	6.916	25
8	0	83^8	8	201	20	41	1.031	15	74	1.861	10	300	7.545	»
9	0	94^3	9	226	35	42	1.056	30	75	1.886	25	325	8.173	75
10	1	04^7	10	251	50	43	1.081	45	76	1.911	40	350	8.802	50
11	1	15^2	11	276	65	44	1.106	60	77	1.936	55	375	9.431	25
S			12	301	80	45	1.131	75	78	1.961	70	400	10.060	»
1	1	25^7	13	326	95	46	1.156	90	79	1.986	85	425	10.688	75
2	2	51^5	14	352	10	47	1.182	05	80	2.012	»	450	11.317	50
3	3	77^2	15	377	25	48	1.207	20	81	2.037	15	475	11.946	25
4	5	03	16	402	40	49	1.232	35	82	2.062	30	500	12.575	»
5	6	28^7	17	427	55	50	1.257	50	83	2.087	45	525	13.203	75
6	7	54^5	18	452	70	51	1.282	65	84	2.112	60	550	13.832	50
7	8	80^2	19	477	85	52	1.307	80	85	2.137	75	575	14.461	25
8	10	06	20	503	»	53	1.332	95	86	2.162	90	600	15.090	»
9	11	31^7	21	528	15	54	1.358	10	87	2.188	05	625	15.718	75
10	12	57^5	22	553	30	55	1.383	25	88	2.213	20	650	16.347	50
11	13	83^2	23	578	45	56	1.408	40	89	2.238	35	675	16.976	25
12	15	09	24	603	60	57	1.433	55	90	2.263	50	700	17.605	»
13	16	34^7	25	628	75	58	1.458	70	91	2.288	65	725	18.233	75
14	17	60^5	26	653	90	59	1.483	85	92	2.313	80	750	18.862	50
15	18	86^2	27	679	05	60	1.509	»	93	2.338	95	775	19.491	25
16	20	12	28	704	20	61	1.534	15	94	2.364	10	800	20.120	»
17	21	37^7	29	729	35	62	1.559	30	95	2.389	25	825	20.748	75
18	22	63^5	30	754	50	63	1.584	45	96	2.414	40	850	21.377	50
19	23	89^2	31	779	65	64	1.609	60	97	2.439	55	875	22.006	25
			32	804	80	65	1.634	75	98	2.464	70	900	22.635	»
			33	829	95	66	1.659	90	99	2.489	85	925	23.263	75
									100	2.515	»	950	23.892	50
												975	24.521	25
												1000	25.150	»

CHANGE : 25.15 ¹/₄

D	fr. c.	£	fr. c.	£	fr. c.	£	fr. c.	£	fr. c.
1	0 10^4	1	25 15¼	34	855 18^5	67	1.685 21^7	125	3.144 06^2
2	0 20^9	2	50 30^5	35	880 33^7	68	1.710 37	150	3.772 87^5
3	0 31^4	3	75 45^7	36	905 49	69	1.735 52^2	175	4.401 68^7
4	0 41^9	4	100 61	37	930 64^2	70	1.760 67^5	200	5.030 50
5	0 52^4	5	125 76^2	38	955 79^5	71	1.785 82^7	225	5.659 31^2
6	0 62^8	6	150 91^5	39	980 94^7	72	1.810 98	250	6.288 12^5
7	0 73^3	7	176 06^7	40	1.006 10	73	1.836 13^2	275	6.916 93^7
8	0 83^8	8	201 22	41	1.031 25^2	74	1.861 28^5	300	7.545 75
9	0 94^3	9	226 37^2	42	1.056 40^5	75	1.886 43^7	325	8.174 56^2
10	1 04^8	10	251 52^5	43	1.081 55^7	76	1.911 59	350	8.803 37^5
11	1 15^2	11	276 67^7	44	1.106 71	77	1.936 74^2	375	9.432 18^7
S		12	301 83	45	1.131 86^2	78	1.961 89^5	400	10.061 »
1	1 25^7	13	326 98^2	46	1.157 01^5	79	1.987 04^7	425	10.689 81^2
2	2 51^5	14	352 13^5	47	1.182 16^7	80	2.012 20	450	11.318 62^5
3	3 77^2	15	377 28^7	48	1.207 32	81	2.037 35^2	475	11.947 43^7
4	5 03	16	402 44	49	1.232 47^2	82	2.062 50^5	500	12.576 25
5	6 28^8	17	427 59^2	50	1.257 62^5	83	2.087 65^7	525	13.205 06^2
6	7 54^5	18	452 74^5	51	1.282 77^7	84	2.112 81	550	13.833 87^5
7	8 80^3	19	477 89^7	52	1.307 93	85	2.137 96^2	575	14.462 68^7
8	10 06^1	20	503 05	53	1.333 08^2	86	2.163 11^5	600	15.091 50
9	11 31^8	21	528 20^2	54	1.358 23^5	87	2.188 26^7	625	15.720 31^2
10	12 57^6	22	553 35^5	55	1.383 38^7	88	2.213 42	650	16.349 12^5
11	13 83^3	23	578 50^7	56	1.408 54	89	2.238 57^2	675	16.977 93^7
12	15 09^1	24	603 66	57	1.433 69^2	90	2.263 72^5	700	17.606 75
13	16 34^9	25	628 81^2	58	1.458 84^5	91	2.288 87^7	725	18.235 56^2
14	17 60^6	26	653 96^5	59	1.483 99^7	92	2.314 03	750	18.864 37^5
15	18 86^4	27	679 11^7	60	1.509 15	93	2.339 18^2	775	19.493 18^7
16	20 12^2	28	704 27	61	1.534 30^2	94	2.364 33^5	800	20.122 »
17	21 37^9	29	729 42^2	62	1.559 45^5	95	2.389 48^7	825	20.750 81^2
18	22 63^7	30	754 57^5	63	1.584 60^7	96	2.414 64	850	21.379 62^5
19	23 89^4	31	779 72^7	64	1.609 76	97	2.439 79^2	875	22.008 43^7
		32	804 88	65	1.634 91^2	98	2.464 94^5	900	22.637 25
		33	830 03^2	66	1.660 06^5	99	2.490 09^7	925	23.266 06^2
						100	2.515 25	950	23.894 87^5
								975	24.523 68^7
								1000	25.152 50

CHANGE : 25.15 ¹/₂

D	fr.	c.
1	0	10^{4}
2	0	20^{9}
3	0	31^{4}
4	0	41^{9}
5	0	52^{4}
6	0	62^{8}
7	0	73^{3}
8	0	83^{8}
9	0	94^{3}
10	1	04^{8}
11	1	15^{2}
S		
1	1	25^{7}
2	2	51^{5}
3	3	77^{3}
4	5	03^{1}
5	6	28^{8}
6	7	54^{6}
7	8	80^{4}
8	10	06^{2}
9	11	31^{9}
10	12	57^{7}
11	13	83^{5}
12	15	09^{3}
13	16	35
14	17	60^{8}
15	18	86^{6}
16	20	12^{4}
17	21	38^{4}
18	22	63^{9}
19	23	89^{7}

£	fr.	c.
1	25	15½
2	50	31
3	75	46^{5}
4	100	62
5	125	77^{5}
6	150	93
7	176	08^{5}
8	201	24
9	226	39^{5}
10	251	55
11	276	70^{5}
12	301	86
13	327	01^{5}
14	352	17
15	377	32^{5}
16	402	48
17	427	63^{5}
18	452	79
19	477	94^{5}
20	503	10
21	528	25^{5}
22	553	41
23	578	56^{5}
24	603	72
25	628	87^{5}
26	654	03
27	679	18^{5}
28	704	34
29	729	49^{5}
30	754	65
31	779	80^{5}
32	804	96
33	830	11^{5}

£	fr.	c.
34	855	27
35	880	42^{5}
36	905	58
37	930	73^{5}
38	955	89
39	981	04^{5}
40	1.006	20
41	1.031	35^{5}
42	1.056	51
43	1.081	66^{5}
44	1.106	82
45	1.131	97^{5}
46	1.157	13
47	1.182	28^{5}
48	1.207	44
49	1.232	59^{5}
50	1.257	75
51	1.282	90^{5}
52	1.308	06
53	1.333	21^{5}
54	1.358	37
55	1.383	52^{5}
56	1.408	68
57	1.433	83^{5}
58	1.458	99
59	1.484	14^{5}
60	1.509	30
61	1.534	45^{5}
62	1.559	61
63	1.584	76^{5}
64	1.609	92
65	1.635	07^{5}
66	1.660	23

£	fr.	c.
67	1.685	38^{5}
68	1.710	54
69	1.735	69^{5}
70	1.760	85
71	1.786	00^{5}
72	1.811	16
73	1.836	31^{5}
74	1.861	47
75	1.886	62^{5}
76	1.911	78
77	1.936	93^{5}
78	1.962	09
79	1.987	24^{5}
80	2.012	40
81	2.037	55^{5}
82	2.062	71
83	2.087	86^{5}
84	2.113	02
85	2.138	17^{5}
86	2.163	33
87	2.188	48^{5}
88	2.213	64
89	2.238	79^{5}
90	2.263	95
91	2.289	10^{5}
92	2.314	26
93	2.339	41^{5}
94	2.364	57
95	2.389	72^{5}
96	2.414	88
97	2.440	03^{5}
98	2.465	19
99	2.490	34^{5}
100	2.515	50

£	fr.	c.
125	3.144	37^{5}
150	3.773	25
175	4.402	12^{5}
200	5.031	»
225	5.659	87^{5}
250	6.288	75
275	6.917	62^{5}
300	7.546	50
325	8.175	37^{5}
350	8.804	25
375	9.433	12^{5}
400	10.062	»
425	10.690	87^{5}
450	11.319	75
475	11.948	62^{5}
500	12.577	50
525	13.206	37^{5}
550	13.835	25
575	14.464	12^{5}
600	15.093	»
625	15.721	87^{5}
650	16.350	75
675	16.979	62^{5}
700	17.608	50
725	18.237	37^{5}
750	18.866	25
775	19.495	12^{5}
800	20.124	»
825	20.752	87^{5}
850	21.381	75
875	22.010	62^{5}
900	22.639	50
925	23.268	37^{5}
950	23.897	25
975	24.526	12^{5}
1000	25.155	»

CHANGE : 25.15 ¾

D	fr.	c.	£	fr.	c.	£	fr.	c.	£	fr.	c.	£	fr.	c.
1	0	10^4	1	25	15¾	34	855	35^7	67	1.685	55^2	125	3.144	68^7
2	0	20^9	2	50	31^5	35	880	51^2	68	1.710	71	150	3.773	62^5
3	0	31^4	3	75	47^2	36	905	67	69	1.735	86^7	175	4.402	56^2
4	0	41^9	4	100	63	37	930	82^7	70	1.761	02^5	200	5.031	50
5	0	52^4	5	125	78^7	38	955	98^5	71	1.786	18^2	225	5.660	43^7
6	0	62^8	6	150	94^5	39	981	14^2	72	1.811	34	250	6.289	37^5
7	0	73^3	7	176	10^2	40	1.006	30	73	1.836	49^7	275	6.918	31^2
8	0	83^8	8	201	26	41	1.031	45^7	74	1.861	65^5	300	7.547	25
9	0	94^3	9	226	41^7	42	1.056	61^5	75	1.886	81^2	325	8.176	18^7
10	1	04^8	10	251	57^5	43	1.081	77^2	76	1.911	97	350	8.805	12^5
11	1	15^3	11	276	73^2	44	1.106	93	77	1.937	12^7	375	9.434	06^2
S			12	301	89	45	1.132	08^7	78	1.962	28^5	400	10.063	»
1	1	25^7	13	327	04^7	46	1.157	24^5	79	1.987	44^2	425	10.691	93^7
2	2	51^5	14	352	20^5	47	1.182	40^2	80	2.012	60	450	11.320	87^5
3	3	77^3	15	377	36^2	48	1.207	56	81	2.037	75^7	475	11.949	81^2
4	5	03^1	16	402	52	49	1.232	71^7	82	2.062	91^5	500	12.578	75
5	6	28^9	17	427	67^7	50	1.257	87^5	83	2.088	07^2	525	13.207	68^7
6	7	54^7	18	452	83^5	51	1.283	03^2	84	2.113	23	550	13.836	62^5
7	8	80^5	19	477	99^2	52	1.308	19	85	2.138	38^7	575	14.465	56^2
8	10	06^4	20	503	15	53	1.333	34^7	86	2.163	54^5	600	15.094	50
9	11	32	21	528	30^7	54	1.358	50^5	87	2.188	70^2	625	15.723	43^7
10	12	57^8	22	553	46^5	55	1.383	66^2	88	2.213	86	650	16.352	37^5
11	13	83^6	23	578	62^2	56	1.408	82	89	2.239	01^7	675	16.981	31^2
12	15	09^4	24	603	78	57	1.433	97^7	90	2.264	17^5	700	17.610	25
13	16	35^2	25	628	93^7	58	1.459	13^5	91	2.289	33^2	725	18.239	18^7
14	17	61	26	654	09^5	59	1.484	29^2	92	2.314	49	750	18.868	12^5
15	18	86^8	27	679	25^2	60	1.509	45	93	2.339	64^7	775	19.497	06^2
16	20	12^6	28	704	41	61	1.534	60^7	94	2.364	80^5	800	20.126	»
17	21	38^3	29	729	56^7	62	1.559	76^5	95	2.389	96^2	825	20.754	93^7
18	22	64^1	30	754	72^5	63	1.584	92^2	96	2.415	12	850	21.383	87^5
19	23	89^9	31	779	88^2	64	1.610	08	97	2.440	27^7	875	22.012	81^2
			32	805	04	65	1.635	23^7	98	2.465	43^5	900	22.641	75
			33	830	19^7	66	1.660	39^5	99	2.490	59^2	925	23.270	68^7
									100	2.515	75	950	23.899	62^5
												975	24.528	56^2
												1000	25.157	50

CHANGE : 25.16

D	fr. c.	£	fr. c.	£	fr. c.	£	fr. c.	£	fr. c.
1	0 10^4	1	25 16	34	855 44	67	1.685 72	125	3.145 »
2	0 20^9	2	50 32	35	880 60	68	1.710 88	150	3.774 »
3	0 31^4	3	75 48	36	905 76	69	1.736 04	175	4.403 »
4	0 41^9	4	100 64	37	930 92	70	1.761 20	200	5.032 »
5	0 52^4	5	125 80	38	956 08	71	1.786 36	225	5.661 »
6	0 62^9	6	150 96	39	981 24	72	1.811 52	250	6.290 »
7	0 73^3	7	176 12	40	1.006 40	73	1.836 68	275	6.919 »
8	0 83^8	8	201 28	41	1.031 56	74	1.861 84	300	7.548 »
9	0 94^3	9	226 44	42	1.056 72	75	1.887 »	325	8.177 »
10	1 04^8	10	251 60	43	1.081 88	76	1.912 16	350	8.806 »
11	1 15^3	11	276 76	44	1.107 04	77	1.937 32	375	9.435 »
S		12	301 92	45	1.132 20	78	1.962 48	400	10.064 »
1	1 25^8	13	327 08	46	1.157 36	79	1.987 64	425	10.693 »
2	2 51^6	14	352 24	47	1.182 52	80	2.012 80	450	11.322 »
3	3 77^4	15	377 40	48	1.207 68	81	2.037 96	475	11.951 »
4	5 03^2	16	402 56	49	1.232 84	82	2.063 12	500	12.580 »
5	6 29	17	427 72	50	1.258 »	83	2.088 28	525	13.209 »
6	7 54^8	18	452 88	51	1.283 16	84	2.113 44	550	13.838 »
7	8 80^6	19	478 04	52	1.308 32	85	2.138 60	575	14.467 »
8	10 06^4	20	503 20	53	1.333 48	86	2.163 76	600	15.096 »
9	11 32^2	21	528 36	54	1.358 64	87	2.188 92	625	15.725 »
10	12 58	22	553 52	55	1.383 80	88	2.214 08	650	16.354 »
11	13 83^8	23	578 68	56	1.408 96	89	2.239 24	675	16.983 »
12	15 09^6	24	603 84	57	1.434 12	90	2.264 40	700	17.612 »
13	16 35^4	25	629 »	58	1.459 28	91	2.289 56	725	18.241 »
14	17 61^2	26	654 16	59	1.484 44	92	2.314 72	750	18.870 »
15	18 87	27	679 32	60	1.509 60	93	2.339 88	775	19.499 »
16	20 12^8	28	704 48	61	1.534 76	94	2.365 04	800	20.128 »
17	21 38^6	29	729 64	62	1.559 92	95	2.390 20	825	20.757 »
18	22 64^4	30	754 80	63	1.585 68	96	2.415 36	850	21.386 »
19	23 90^2	31	779 96	64	1.610 24	97	2.440 52	875	22.015 »
		32	805 12	65	1.635 40	98	2.465 68	900	22.644 »
		33	830 28	66	1.660 56	99	2.490 84	925	23.273 »
						100	2.516 »	950	23.902 »
								975	24.531 »
								1000	25.160 »

CHANGE : 25.16 ¹⁄₄

D	fr.	c.	£	fr.	c.	£	fr.	c.	£	fr.	c.	£	fr.	c.
1	0	10[4]	1	25	16¼	34	855	52[5]	67	1.685	88[7]	125	3.145	31[2]
2	0	20[9]	2	50	32[5]	35	880	68[7]	68	1.711	05	150	3.774	37[5]
3	0	31[4]	3	75	48[7]	36	905	85	69	1.736	21[2]	175	4.403	43[7]
4	0	41[9]	4	100	65	37	931	01[2]	70	1.761	37[5]	200	5.032	50
5	0	52[4]	5	125	81[2]	38	956	17[5]	71	1.786	53[7]	225	5.661	56[2]
6	0	62[9]	6	150	97[5]	39	981	33[7]	72	1.811	70	250	6.290	62[5]
7	0	73[3]	7	176	43[7]	40	1.006	50	73	1.836	86[2]	275	6.919	68[7]
8	0	83[8]	8	201	30	41	1.031	66[2]	74	1.862	02[5]	300	7.548	75
9	0	94[3]	9	226	46[2]	42	1.056	82[5]	75	1.887	18[7]	325	8.177	81[2]
10	1	04[8]	10	251	62[5]	43	1.081	98[7]	76	1.912	35	350	8.806	87[5]
11	1	15[3]	11	276	78[7]	44	1.107	15	77	1.937	51[2]	375	9.435	93[7]
S			12	301	95	45	1.132	31[2]	78	1.962	67[5]	400	10.065	»
1	1	25[8]	13	327	11[2]	46	1.157	47[5]	79	1.987	83[7]	425	10.694	06[2]
2	2	51[6]	14	352	27[5]	47	1.182	63[7]	80	2.013	»	450	11.323	12[5]
3	3	77[4]	15	377	43[7]	48	1.207	80	81	2.038	16[2]	475	11.952	18[7]
4	5	03[2]	16	402	60	49	1.232	96[2]	82	2.063	32[5]	500	12.581	25
5	6	29	17	427	76[2]	50	1.258	12[5]	83	2.088	48[7]	525	13.210	31[2]
6	7	54[8]	18	452	92[5]	51	1.283	28[7]	84	2.113	65	550	13.839	37[5]
7	8	80[6]	19	478	08[7]	52	1.308	45	85	2.138	81[2]	575	14.468	43[7]
8	10	06[5]	20	503	25	53	1.333	61[2]	86	2.163	97[5]	600	15.097	50
9	11	32[3]	21	528	41[2]	54	1.358	77[5]	87	2.189	13[7]	625	15.726	56[2]
10	12	58[4]	22	553	57[5]	55	1.383	93[7]	88	2.214	30	650	16.355	62[5]
11	13	83[9]	23	578	73[7]	56	1.409	10	89	2.239	46[2]	675	16.984	68[7]
12	15	09[7]	24	603	90	57	1.434	26[2]	90	2.264	62[5]	700	17.613	75
13	16	35[5]	25	629	06[2]	58	1.459	42[5]	91	2.289	78[7]	725	18.242	81[2]
14	17	61[3]	26	654	22[5]	59	1.484	58[7]	92	2.314	95	750	18.871	87[5]
15	18	87[4]	27	679	38[7]	60	1.509	75	93	2.340	11[2]	775	19.500	93[7]
16	20	13	28	704	55	61	1.534	91[2]	94	2.365	27[5]	800	20.130	»
17	21	38[8]	29	729	71[2]	62	1.560	07[5]	95	2.390	43[7]	825	20.759	06[2]
18	22	64[6]	30	754	87[5]	63	1.585	23[7]	96	2.415	60	850	21.388	12[5]
19	23	90[4]	31	780	03[7]	64	1.610	40	97	2.440	76[2]	875	22.017	18[7]
			32	805	20	65	1.635	56[2]	98	2.465	92[5]	900	22.646	25
			33	830	36[2]	66	1.660	72[5]	99	2.491	08[7]	925	23.275	31[2]
									100	2.516	25	950	23.904	37[5]
												975	24.533	43[7]
												1000	25.162	50

CHANGE : 25.16 ¹/₂

D	fr.	c.	£	fr.	c.	£	fr.	c.	£	fr.	c.	£	fr.	c.
1	0	10^4	1	25	16¼	34	855	61	67	1.686	05^5	125	3.145	62^5
2	0	20^9	2	50	33	35	880	77^5	68	1.711	22	150	3.774	75
3	0	31^4	3	75	49^5	36	905	94	69	1.736	38^5	175	4.403	87^5
4	0	41^9	4	100	66	37	931	10^5	70	1.761	55	200	5.033	»
5	0	52^4	5	125	82^5	38	956	27	71	1.786	71^5	225	5.662	12^5
6	0	62^9	6	150	99	39	981	43^5	72	1.811	88	250	6.291	25
7	0	73^3	7	176	15^5	40	1.006	60	73	1.837	04^5	275	6.920	37^5
8	0	83^8	8	201	32	41	1.031	76^5	74	1.862	21	300	7.549	50
9	0	94^3	9	226	48^5	42	1.056	93	75	1.887	37^5	325	8.178	62^5
10	1	04^8	10	251	65	43	1.082	09^5	76	1.912	54	350	8.807	75
11	1	15^3	11	276	81^5	44	1.107	26	77	1.937	70^5	375	9.436	87^5
S			12	301	98	45	1.132	42^5	78	1.962	87	400	10.066	»
1	1	25^8	13	327	14^5	46	1.157	59	79	1.988	03^5	425	10.695	12^5
2	2	51^6	14	352	31	47	1.182	75^5	80	2.013	20	450	11.324	25
3	3	77^4	15	377	47^5	48	1.207	92	81	2.038	36^5	475	11.953	37^5
4	5	03^3	16	402	64	49	1.233	08^5	82	2.063	53	500	12.582	50
5	6	29^1	17	427	80^5	50	1.258	25	83	2.088	69^5	525	13.211	62^5
6	7	54^9	18	452	97	51	1.283	41^5	84	2.113	86	550	13.840	75
7	8	80^7	19	478	13^5	52	1.308	58	85	2.139	02^5	575	14.469	87^5
8	10	06^6	20	503	30	53	1.333	74^5	86	2.164	19	600	15.099	»
9	11	32^4	21	528	46^5	54	1.358	91	87	2.189	35^5	625	15.728	12^5
10	12	58^2	22	553	63	55	1.384	07^5	88	2.214	52	650	16.357	25
11	13	84	23	578	79^5	56	1.409	24	89	2.239	68^5	675	16.986	37^5
12	15	09^9	24	603	96	57	1.434	40^5	90	2.264	85	700	17.615	50
13	16	35^7	25	629	12^5	58	1.459	57	91	2.290	01^5	725	18.244	62^5
14	17	61^5	26	654	29	59	1.484	73^5	92	2.315	18	750	18.873	75
15	18	87^3	27	679	45^5	60	1.509	90	93	2.340	34^5	775	19.502	87^5
16	20	13^2	28	704	62	61	1.535	06^5	94	2.365	51	800	20.132	»
17	21	39	29	729	78^5	62	1.560	23	95	2.390	67^5	825	20.761	12^5
18	22	64^8	30	754	95	63	1.585	39^5	96	2.415	84	850	21.390	25
19	23	90^6	31	780	11^5	64	1.610	56	97	2.441	00^5	875	22.019	37^5
			32	805	28	65	1.635	72^5	98	2.466	17	900	22.648	50
			33	830	44^5	66	1.660	89	99	2.491	33^5	925	23.277	62^5
									100	2.516	50	950	23.906	75
												975	24.535	87^5
												1000	25.165	»

CHANGE : 25.16 ³/₄

D	fr.	c.	£	fr.	c.	£	fr.	c.	£	fr.	c.	£	fr.	c.
1	0	10^4	1	25	16¾	34	855	69^5	67	1.686	22^2	125	3.145	93^7
2	0	20^9	2	50	33^5	35	880	86^2	68	1.711	39	150	3.775	12^5
3	0	31^4	3	75	50^2	36	906	03	69	1.736	55^7	175	4.404	31^2
4	0	41^9	4	100	67	37	931	19^7	70	1.761	72^5	200	5.033	50
5	0	52^4	5	125	83^7	38	956	36^5	71	1.786	89^2	225	5.662	68^7
6	0	62^9	6	151	00^5	39	981	53^2	72	1.812	06	250	6.291	87^5
7	0	73^1	7	176	17^2	40	1.006	70	73	1.837	22^7	275	6.921	06^2
8	0	83^8	8	201	34	41	1.031	86^7	74	1.862	39^5	300	7.550	25
9	0	94^3	9	226	50^7	42	1.057	03^5	75	1.887	56^2	325	8.179	43^7
10	1	04^8	10	251	67^3	43	1.082	20^2	76	1.912	73	350	8.808	62^5
11	1	15^3	11	276	84^2	44	1.107	37	77	1.937	89^7	375	9.437	81^2
S			12	302	01	45	1.132	53^7	78	1.963	06^5	400	10.067	»
1	1	25^8	13	327	17^7	46	1.157	70^5	79	1.988	23^2	425	10.696	18^7
2	2	51^6	14	352	34^5	47	1.182	87^2	80	2.013	40	450	11.325	37^5
3	3	77^5	15	377	51^2	48	1.208	04	81	2.038	56^7	475	11.954	56^2
4	5	03^3	16	402	68	49	1.233	20^7	82	2.063	73^5	500	12.583	75
5	6	29^1	17	427	84^7	50	1.258	37^5	83	2.088	90^2	525	13.212	93^7
6	7	55	18	453	01^5	51	1.283	54^2	84	2.114	07	550	13.842	12^5
7	8	80^8	19	478	18^2	52	1.308	71	85	2.139	23^7	575	14.471	31^2
8	10	06^7	20	503	35	53	1.333	87^7	86	2.164	40^5	600	15.100	50
9	11	32^7	21	528	51^7	54	1.359	04^5	87	2.189	57^2	625	15.729	68^7
10	12	58^3	22	553	68^5	55	1.384	21^2	88	2.214	74	650	16.358	87^5
11	13	84^2	23	578	85^2	56	1.409	38	89	2.239	90^7	675	16.988	06^2
12	15	10	24	604	02	57	1.434	54^7	90	2.265	07^5	700	17.617	25
13	16	35^8	25	629	18^7	58	1.459	71^5	91	2.290	24^2	725	18.246	43^7
14	17	61^7	26	654	35^5	59	1.484	88^2	92	2.315	41	750	18.875	62^5
15	18	87^5	27	679	52^2	60	1.510	05	93	2.340	57^7	775	19.504	81^2
16	20	13^1	28	704	69	61	1.535	21^7	94	2.365	74^5	800	20.134	»
17	21	39^2	29	729	85^7	62	1.560	38^5	95	2.390	91^2	825	20.763	18^7
18	22	65	30	755	02^5	63	1.585	55^2	96	2.416	08	850	21.392	37^5
19	23	90^9	31	780	19^2	64	1.610	72	97	2.441	24^7	875	22.021	56^2
			32	805	36	65	1.635	88^7	98	2.466	41^5	900	22.650	75
			33	830	52^7	66	1.661	05^5	99	2.491	58^2	925	23.279	93^7
									100	2.516	75	950	23.909	12^5
												975	24.538	31^2
												1000	25.167	50

CHANGE : 25.17

D	fr.	c.	£	fr.	c.	£	fr.	c.	£	fr.	c.	£	fr.	c.
1	0	10^{4}	1	25	17	34	855	78	67	1.686	39	125	3.146	25
2	0	20^{9}	2	50	34	35	880	95	68	1.711	56	150	3.775	50
3	0	31^{4}	3	75	51	36	906	12	69	1.736	73	175	4.404	75
4	0	41^{9}	4	100	68	37	931	29	70	1.761	90	200	5.034	»
5	0	52^{4}	5	125	85	38	956	46	71	1.787	07	225	5.663	25
6	0	62^{9}	6	151	02	39	981	63	72	1.812	24	250	6.292	50
7	0	73^{4}	7	176	19	40	1.006	80	73	1.837	41	275	6.921	75
8	0	83^{9}	8	201	36	41	1.031	97	74	1.862	58	300	7.551	»
9	0	94^{3}	9	226	53	42	1.057	14	75	1.887	75	325	8.180	25
10	1	04^{8}	10	251	70	43	1.082	31	76	1.912	92	350	8.809	50
11	1	15^{3}	11	276	87	44	1.107	48	77	1.938	09	375	9.438	75
S			12	302	04	45	1.132	65	78	1.963	26	400	10.068	»
1	1	25^{8}	13	327	21	46	1.157	82	79	1.988	43	425	10.697	25
2	2	51^{7}	14	352	38	47	1.182	99	80	2.013	60	450	11.326	50
3	3	77^{5}	15	377	55	48	1.208	16	81	2.038	77	475	11.955	75
4	5	03^{4}	16	402	72	49	1.233	33	82	2.063	94	500	12.585	»
5	6	29^{2}	17	427	89	50	1.258	50	83	2.089	11	525	13.214	25
6	7	55^{1}	18	453	06	51	1.283	67	84	2.114	28	550	13.843	50
7	8	80^{9}	19	478	23	52	1.308	84	85	2.139	45	575	14.472	75
8	10	06^{8}	20	503	40	53	1.334	01	86	2.164	62	600	15.102	»
9	11	32^{6}	21	528	57	54	1.359	18	87	2.189	79	625	15.731	25
10	12	58^{5}	22	553	74	55	1.384	35	88	2.214	96	650	16.360	50
11	13	84^{3}	23	578	91	56	1.409	52	89	2.240	13	675	16.989	75
12	15	10^{2}	24	604	08	57	1.434	69	90	2.265	30	700	17.619	»
13	16	36	25	629	25	58	1.459	86	91	2.290	47	725	18.248	25
14	17	61^{9}	26	654	42	59	1.485	03	92	2.315	64	750	18.877	50
15	18	87^{7}	27	679	59	60	1.510	20	93	2.340	81	775	19.506	75
16	20	13^{6}	28	704	76	61	1.535	37	94	2.365	98	800	20.136	»
17	21	39^{4}	29	729	93	62	1.560	54	95	2.391	15	825	20.765	25
18	22	65^{3}	30	755	10	63	1.585	71	96	2.416	32	850	21.394	50
19	23	91^{1}	31	780	27	64	1.610	88	97	2.441	49	875	22.023	75
			32	805	44	65	1.636	05	98	2.466	66	900	22.653	»
			33	830	61	66	1.661	22	99	2.491	83	925	23.282	25
									100	2.517	»	950	23.911	50
												975	24.540	75
												1000	25.170	»

CHANGE : 25.17 ¹/₄

D	fr.	c.	L	fr.	c.	L	fr.	c.	L	fr.	c.	L	fr.	c.
1	0	10^4	1	25	17¼	34	855	86^5	67	1.686	55^7	125	3.146	56^2
2	0	20^9	2	50	34^5	35	881	03^7	68	1.711	73	150	3.775	87^5
3	0	31^4	3	75	51^7	36	906	21	69	1.736	90^2	175	4.405	18^7
4	0	41^9	4	100	69	37	931	38^2	70	1.762	07^5	200	5.034	50
5	0	52^4	5	125	86^2	38	956	55^5	71	1.787	24^7	225	5.663	81^2
6	0	62^9	6	151	03^5	39	981	72^7	72	1.812	42	250	6.293	12^5
7	0	73^4	7	176	20^7	40	1.006	90	73	1.837	59^2	275	6.922	43^7
8	0	83^9	8	201	38	41	1.032	07^2	74	1.862	76^5	300	7.551	75
9	0	94^3	9	226	55^2	42	1.057	24^5	75	1.887	93^7	325	8.181	06^2
10	1	04^8	10	251	72^5	43	1.082	41^7	76	1.913	11	350	8.810	37^5
11	1	15^3	11	276	89^7	44	1.107	59	77	1.938	28^2	375	9.439	68^7
S			12	302	07	45	1.132	76^2	78	1.963	45^5	400	10.069	»
1	1	25^8	13	327	24^2	46	1.157	93^5	79	1.988	62^7	425	10.698	31^2
2	2	51^7	14	352	41^5	47	1.183	10^7	80	2.013	80	450	11.327	62^5
3	3	77^5	15	377	58^7	48	1.208	28	81	2.038	97^2	475	11.956	93^7
4	5	03^4	16	402	76	49	1.233	45^2	82	2.064	14^5	500	12.586	25
5	6	29^3	17	427	93^2	50	1.258	62^5	83	2.089	31^7	525	13.215	56^2
6	7	55^4	18	453	10^5	51	1.283	79^7	84	2.114	49	550	13.844	87^5
7	8	81	19	478	27^7	52	1.308	97	85	2.139	66^2	575	14.474	18^7
8	10	06^9	20	503	45	53	1.334	14^2	86	2.164	83^5	600	15.103	50
9	11	32^7	21	528	62^2	54	1.359	31^5	87	2.190	00^7	625	15.732	81^2
10	12	58^6	22	553	79^5	55	1.384	48^7	88	2.215	18	650	16.362	12^5
11	13	84^4	23	578	96^7	56	1.409	66	89	2.240	35^2	675	16.991	43^7
12	15	10^3	24	604	14	57	1.434	83^2	90	2.265	52^5	700	17.620	75
13	16	36^2	25	629	31^2	58	1.460	00^5	91	2.290	69^7	725	18.250	06^2
14	17	62	26	654	48^5	59	1.485	17^7	92	2.315	87	750	18.879	37^5
15	18	87^9	27	679	65^7	60	1.510	35	93	2.341	04^2	775	19.508	68^7
16	20	13^8	28	704	83	61	1.535	52^2	94	2.366	21^5	800	20.138	»
17	21	39^6	29	730	00^2	62	1.560	69^5	95	2.391	38^7	825	20.767	31^2
18	22	65^5	30	755	17^5	63	1.585	86^7	96	2.416	56	850	21.396	62^5
19	23	91^3	31	780	34^7	64	1.611	04	97	2.441	73^2	875	22.025	93^7
			32	805	52	65	1.636	21^2	98	2.466	90^5	900	22.655	25
			33	830	69^2	66	1.661	38^5	99	2.492	07^7	925	23.284	56^2
									100	2.517	25	950	23.913	87^5
												975	24.543	18^7
												1000	25.172	50

CHANGE : 25.17 ¹/₂

D	fr.	c.
1	0	10^4
2	0	20^9
3	0	31^4
4	0	41^9
5	0	52^4
6	0	62^9
7	0	73^4
8	0	83^9
9	0	94^4
10	1	04^8
11	1	15^3
S		
1	1	25^8
2	2	51^7
3	3	77^6
4	5	03^5
5	6	29^3
6	7	55^2
7	8	81^1
8	10	07
9	11	32^6
10	12	58^7
11	13	84^6
12	15	10^5
13	16	36^3
14	17	62^2
15	18	88^1
16	20	14
17	21	39^5
18	22	65^7
19	23	91^6

£	fr.	c.
1	25	17½
2	50	35
3	75	52^5
4	100	70
5	125	87^5
6	151	05
7	176	22^5
8	201	40
9	226	57^5
10	251	75
11	276	92^5
12	302	10
13	327	27^5
14	352	45
15	377	62^5
16	402	80
17	427	97^5
18	453	15
19	478	32^5
20	503	50
21	528	67^5
22	553	85
23	579	02^5
24	604	20
25	629	37^5
26	654	55
27	679	72^5
28	704	90
29	730	07^5
30	755	25
31	780	42^5
32	805	60
33	830	77^5

£	fr.	c.
34	855	95
35	881	12^5
36	906	30
37	931	47^5
38	956	65
39	981	82^5
40	1.007	»
41	1.032	17^5
42	1.057	35
43	1.082	52^5
44	1.107	70
45	1.132	87^5
46	1.158	05
47	1.183	22^5
48	1.208	40
49	1.233	57^5
50	1.258	75
51	1.283	92^5
52	1.309	10
53	1.334	27^5
54	1.359	45
55	1.384	62^5
56	1.409	80
57	1.434	97^5
58	1.460	15
59	1.485	32^5
60	1.510	50
61	1.535	67^5
62	1.560	85
63	1.586	02^5
64	1.611	20
65	1.636	37^5
66	1.661	55

£	fr.	c.
67	1.686	72^5
68	1.711	90
69	1.737	07^5
70	1.762	25
71	1.787	42^5
72	1.812	60
73	1.837	77^5
74	1.862	95
75	1.888	12^5
76	1.913	30
77	1.938	47^5
78	1.963	65
79	1.988	82^5
80	2.014	»
81	2.039	17^5
82	2.064	35
83	2.089	52^5
84	2.114	70
85	2.139	87^5
86	2.165	05
87	2.190	22^5
88	2.215	40
89	2.240	57^5
90	2.265	75
91	2.290	92^5
92	2.316	10
93	2.341	27^5
94	2.366	45
95	2.391	62^5
96	2.416	80
97	2.441	97^5
98	2.467	15
99	2.492	32^5
100	2.517	50

£	fr.	c.
125	3.146	87^5
150	3.776	25
175	4.405	62^5
200	5.035	»
225	5.664	37^5
250	6.293	75
275	6.923	12^5
300	7.552	50
325	8.181	87^5
350	8.811	25
375	9.440	62^5
400	10.070	»
425	10.699	37^5
450	11.328	75
475	11.958	12^5
500	12.587	50
525	13.216	87^5
550	13.846	25
575	14.475	62^5
600	15.105	»
625	15.734	37^5
650	16.363	75
675	16.993	12^5
700	17.622	50
725	18.251	87^5
750	18.881	25
775	19.510	62^5
800	20.140	»
825	20.769	37^5
850	21.398	75
875	22.028	12^5
900	22.657	50
925	23.286	87^5
950	23.916	25
975	24.545	62^5
1000	25.175	»

CHANGE : 25.17 ³/₄

D	fr.	c.
1	0	10⁴
2	0	20⁹
3	0	31⁴
4	0	41⁹
5	0	52⁴
6	0	62⁹
7	0	73⁴
8	0	83⁹
9	0	94⁴
10	1	04⁹
11	1	15³
S		
1	1	25⁸
2	2	51⁷
3	3	77⁶
4	5	03⁵
5	6	29⁴
6	7	55³
7	8	81²
8	10	07¹
9	11	32⁹
10	12	58⁸
11	13	84⁷
12	15	10⁶
13	16	36⁵
14	17	62⁴
15	18	88³
16	20	14²
17	21	40
18	22	65⁹
19	23	91⁸

£	fr.	c.
1	25	17¾
2	50	35⁵
3	75	53²
4	100	71
5	125	88⁷
6	151	06³
7	176	24²
8	201	42
9	226	59⁷
10	251	77⁵
11	276	95²
12	302	13
13	327	30⁷
14	352	48⁵
15	377	66²
16	402	84
17	428	01⁷
18	453	19⁵
19	478	37²
20	503	55
21	528	72⁷
22	553	90⁵
23	579	08²
24	604	26
25	629	43⁷
26	654	61⁵
27	679	79²
28	704	97
29	730	14⁷
30	735	32⁵
31	780	50²
32	805	68
33	830	85⁷

£	fr.	c.
34	856	03⁷
35	881	21²
36	906	39
37	931	56⁷
38	956	74⁵
39	981	92²
40	1.007	10
41	1.032	27⁷
42	1.057	45⁵
43	1.082	63²
44	1.107	81
45	1.132	98⁷
46	1.158	16⁵
47	1.183	34²
48	1.208	52
49	1.233	69⁷
50	1.258	87⁵
51	1.284	05²
52	1.309	23
53	1.334	40⁷
54	1.359	58⁵
55	1.384	76²
56	1.409	94
57	1.435	11⁷
58	1.460	29⁵
59	1.485	47²
60	1.510	65
61	1.535	82⁷
62	1.561	00⁵
63	1.586	18²
64	1.611	36
65	1.636	53⁷
66	1.661	71⁵

£	fr.	c.
67	1.686	89²
68	1.712	07
69	1.737	24⁷
70	1.762	42⁵
71	1.787	60²
72	1.812	78
73	1.837	95⁷
74	1.863	13⁵
75	1.888	31²
76	1.913	49
77	1.938	66⁷
78	1.963	84⁵
79	1.989	02²
80	2.014	20
81	2.039	37⁷
82	2.064	55⁵
83	2.089	73²
84	2.114	91
85	2.140	08⁷
86	2.165	26⁵
87	2.190	44²
88	2.215	62
89	2.240	79⁷
90	2.265	97⁵
91	2.291	15²
92	2.316	33
93	2.341	50⁷
94	2.366	68⁵
95	2.391	86²
96	2.417	04
97	2.442	21⁷
98	2.467	39⁵
99	2.492	57²
100	2.517	75

£	fr.	c.
125	3.147	18⁷
150	3.776	62⁵
175	4.406	06²
200	5.035	50
225	5.664	93⁷
250	6.294	37⁵
275	6.923	81²
300	7.553	25
325	8.182	68⁷
350	8.812	12⁵
375	9.441	56²
400	10.071	»
425	10.700	43⁷
450	11.329	87⁵
475	11.959	31²
500	12.588	75
525	13.218	18⁷
550	13.847	62⁵
575	14.477	06²
600	15.106	50
625	15.735	93⁷
650	16.365	37⁵
675	16.994	81²
700	17.624	25
725	18.253	68⁷
750	18.883	12⁵
775	19.512	56²
800	20.142	»
825	20.771	43⁷
850	21.400	87⁵
875	22.030	31²
900	22.659	75
925	23.289	18⁷
950	23.918	62⁵
975	24.548	06²
1000	25.177	50

CHANGE : 25.18

D	fr.	c.	£	fr.	c.	£	fr.	c.	£	fr.	c.	£	fr.	c.
1	0	10^4	1	25	18	34	856	12	67	1.687	06	125	3.147	50
2	0	20^9	2	50	36	35	881	30	68	1.712	24	150	3.777	»
3	0	31^4	3	75	54	36	906	48	69	1.737	42	175	4.406	50
4	0	41^9	4	100	72	37	931	66	70	1.762	60	200	5.036	»
5	0	52^4	5	125	90	38	956	84	71	1.787	78	225	5.665	50
6	0	62^9	6	151	08	39	982	02	72	1.812	96	250	6.295	»
7	0	73^4	7	176	26	40	1.007	20	73	1.838	14	275	6.924	50
8	0	83^9	8	201	44	41	1.032	38	74	1.863	32	300	7.554	»
9	0	94^4	9	226	62	42	1.057	56	75	1.888	50	325	8.183	50
10	1	04^9	10	251	80	43	1.082	74	76	1.913	68	350	8.813	»
11	1	15^4	11	276	98	44	1.107	92	77	1.938	86	375	9.442	50
S			12	302	16	45	1.133	10	78	1.964	04	400	10.072	»
1	1	25^9	13	327	34	46	1.158	28	79	1.989	22	425	10.701	50
2	2	51^8	14	352	52	47	1.183	46	80	2.014	40	450	11.331	»
3	3	77^7	15	377	70	48	1.208	64	81	2.039	58	475	11.960	50
4	5	03^6	16	402	88	49	1.233	82	82	2.064	76	500	12.590	»
5	6	29^5	17	428	06	50	1.259	»	83	2.089	94	525	13.219	50
6	7	55^4	18	453	24	51	1.284	18	84	2.115	12	550	13.849	»
7	8	81^3	19	478	42	52	1.309	36	85	2.140	30	575	14.478	50
8	10	07^2	20	503	60	53	1.334	54	86	2.165	48	600	15.108	»
9	11	33^1	21	528	78	54	1.359	72	87	2.190	66	625	15.737	50
10	12	59	22	553	96	55	1.384	90	88	2.215	84	650	16.367	»
11	13	84^9	23	579	14	56	1.410	08	89	2.241	02	675	16.996	50
12	15	10^8	24	604	32	57	1.435	26	90	2.266	20	700	17.626	»
13	16	36^7	25	629	50	58	1.460	44	91	2.291	38	725	18.255	50
14	17	62^6	26	654	68	59	1.485	62	92	2.316	56	750	18.885	»
15	18	88^5	27	679	86	60	1.510	80	93	2.341	74	775	19.514	50
16	20	14^4	28	705	04	61	1.535	98	94	2.366	92	800	20.144	»
17	21	40^3	29	730	22	62	1.561	16	95	2.392	10	825	20.773	50
18	22	66^2	30	755	40	63	1.586	34	96	2.417	28	850	21.403	»
19	23	92^1	31	780	58	64	1.611	52	97	2.442	46	875	22.032	50
			32	805	76	65	1.636	70	98	2.467	64	900	22.662	»
			33	830	94	66	1.661	88	99	2.492	82	925	23.291	50
									100	2.518	»	950	23.921	»
												975	24.550	50
												1000	25.180	»

CHANGE : 25.18 ¹/₄

D / s	fr.	c.	£	fr.	c.	£	fr.	c.	£	fr.	c.	£	fr.	c.
1	0	10^4	1	25	18¼	34	856	20^5	67	1.687	22^7	125	3.147	81^2
2	0	20^9	2	50	36^5	35	881	38^7	68	1.712	41	150	3.777	37^5
3	0	31^4	3	75	54^7	36	906	57	69	1.737	59^2	175	4.406	93^7
4	0	41^9	4	100	73	37	931	75^2	70	1.762	77^5	200	5.036	50
5	0	52^4	5	125	91^2	38	956	93^5	71	1.787	95^7	225	5.666	06^2
6	0	62^9	6	151	09^5	39	982	11^7	72	1.813	14	250	6.295	62^5
7	0	73^4	7	176	27^7	40	1.007	30	73	1.838	32^2	275	6.925	18^7
8	0	83^9	8	201	46	41	1.032	48^2	74	1.863	50^5	300	7.554	75
9	0	94^4	9	226	64^2	42	1.057	66^5	75	1.888	68^7	325	8.184	31^2
10	1	04^9	10	251	82^5	43	1.082	84^7	76	1.913	87	350	8.813	87^5
11	1	15^4	11	277	00^7	44	1.108	03	77	1.939	05^2	375	9.443	43^7
S			12	302	19	45	1.133	21^2	78	1.964	23^5	400	10.073	»
1	1	25^9	13	327	37^2	46	1.158	39^5	79	1.989	41^7	425	10.702	56^2
2	2	51^8	14	352	55^5	47	1.183	57^7	80	2.014	60	450	11.332	12^5
3	3	77^7	15	377	73^7	48	1.208	76	81	2.039	78^2	475	11.961	68^7
4	5	03^6	16	402	92	49	1.233	94^2	82	2.064	96^5	500	12.591	25
5	6	29^5	17	428	10^2	50	1.259	12^5	83	2.090	14^7	525	13.220	81^2
6	7	55^4	18	453	28^5	51	1.284	30^7	84	2.115	33	550	13.850	37^5
7	8	81^3	19	478	46^7	52	1.309	49	85	2.140	51^2	575	14.479	93^7
8	10	07^3	20	503	65	53	1.334	67^2	86	2.165	69^5	600	15.109	50
9	11	33^2	21	528	83^2	54	1.359	85^5	87	2.190	87^7	625	15.739	06^2
10	12	59^1	22	554	01^5	55	1.385	03^7	88	2.216	06	650	16.368	62^5
11	13	85	23	579	19^7	56	1.410	22	89	2.241	24^2	675	16.998	18^7
12	15	10^9	24	604	38	57	1.435	40^2	90	2.266	42^5	700	17.627	75
13	16	36^8	25	629	56^2	58	1.460	58^5	91	2.291	60^7	725	18.257	31^2
14	17	62^7	26	654	74^5	59	1.485	76^7	92	2.316	79	750	18.886	87^5
15	18	88^6	27	679	92^7	60	1.510	95	93	2.341	97^2	775	19.516	43^7
16	20	14^9	28	705	11	61	1.536	13^2	94	2.367	15^5	800	20.146	»
17	21	40^5	29	730	29^2	62	1.561	31^5	95	2.392	33^7	825	20.775	56^2
18	22	66^4	30	755	47^5	63	1.586	49^7	96	2.417	52	850	21.405	12^5
19	23	92^3	31	780	65^7	64	1.611	68	97	2.442	70^2	875	22.034	68^7
			32	805	84	65	1.636	86^2	98	2.467	88^5	900	22.664	25
			33	831	02^2	66	1.662	04^5	99	2.493	06^7	925	23.293	81^2
									100	2.518	25	950	23.923	37^5
												975	24.552	93^7
												1000	25.182	50

CHANGE : 25.18 $^1/_2$

D	fr.	c.	L	fr.	c.	L	fr.	c.	L	fr.	c.	L	fr.	c.
1	0	10^4	1	25	$18^{1/2}$	34	856	29	67	1.687	39^5	125	3.148	12^5
2	0	20^9	2	50	37	35	881	47^5	68	1.712	58	150	3.777	75
3	0	31^4	3	75	55^5	36	906	66	69	1.737	76^5	175	4.407	37^5
4	0	41^9	4	100	74	37	931	84^5	70	1.762	95	200	5.037	»
5	0	52^4	5	125	92^5	38	957	03	71	1.788	13^5	225	5.666	62^5
6	0	62^9	6	151	11	39	982	21^5	72	1.813	32	250	6.296	25
7	0	73^4	7	176	29^5	40	1.007	40	73	1.838	50^5	275	6.925	87^5
8	0	83^9	8	201	48	41	1.032	58^5	74	1.863	69	300	7.555	50
9	0	94^4	9	226	66^5	42	1.057	77	75	1.888	87^5	325	8.185	12^5
10	1	04^9	10	251	85	43	1.082	95^5	76	1.914	06	350	8.814	75
11	1	15^4	11	277	03^5	44	1.108	14	77	1.939	24^5	375	9.444	37^5
S			12	302	22	45	1.133	32^5	78	1.964	43	400	10.074	»
1	1	25^9	13	327	40^5	46	1.158	51	79	1.989	61^5	425	10.703	62^5
2	2	51^8	14	352	59	47	1.183	69^5	80	2.014	80	450	11.333	25
3	3	77^7	15	377	77^5	48	1.208	88	81	2.039	98^5	475	11.962	87^5
4	5	03^7	16	402	96	49	1.234	06^5	82	2.065	17	500	12.592	50
5	6	29^6	17	428	14^5	50	1.259	25	83	2.090	35^5	525	13.222	12^5
6	7	55^5	18	453	33	51	1.284	43^5	84	2.115	54	550	13.851	75
7	8	81^4	19	478	51^5	52	1.309	62	85	2.140	72^5	575	14.481	37^5
8	10	07^4	20	503	70	53	1.334	80^5	86	2.165	91	600	15.111	»
9	11	33^3	21	528	88^5	54	1.359	99	87	2.191	09^5	625	15.740	62^5
10	12	59^2	22	554	07	55	1.385	17^5	88	2.216	28	650	16.370	25
11	13	85^1	23	579	25^5	56	1.410	36	89	2.241	46^5	675	16.999	87^5
12	15	11^1	24	604	44	57	1.435	54^5	90	2.266	65	700	17.629	50
13	16	37	25	629	62^5	58	1.460	73	91	2.291	83^5	725	18.259	12^5
14	17	62^9	26	654	81	59	1.485	91^5	92	2.317	02	750	18.888	75
15	18	88^8	27	679	99^5	60	1.511	10	93	2.342	20^5	775	19.518	37^5
16	20	14^8	28	705	18	61	1.536	28^5	94	2.367	39	800	20.148	»
17	21	40^7	29	730	36^5	62	1.561	47	95	2.392	57^5	825	20.777	62^5
18	22	66^6	30	755	55	63	1.586	65^5	96	2.417	76	850	21.407	25
19	23	92^5	31	780	73^5	64	1.611	84	97	2.442	94^5	875	22.036	87^5
			32	805	92	65	1.637	02^5	98	2.468	13	900	22.666	50
			33	831	10^5	66	1.662	21	99	2.493	31^5	925	23.296	12^5
									100	2.518	50	950	23.925	75
												975	24.555	37^5
												1000	25.185	»

CHANGE : 25.18 ³/₄

D	fr.	c.	L	fr.	c.	L	fr.	c.	L	fr.	c.	L	fr.	c.
1	0	10^4	1	25	18^3	34	856	37^5	67	1.687	56^2	125	3.148	43^7
2	0	20^9	2	50	37^5	35	881	56^2	68	1.712	75	150	3.778	12^5
3	0	31^4	3	75	56^2	36	906	75	69	1.737	93^7	175	4.407	81^2
4	0	41^9	4	100	75	37	931	93^7	70	1.763	12^5	200	5.037	50
5	0	52^4	5	125	93^7	38	957	12^5	71	1.788	31^2	225	5.667	18^7
6	0	62^9	6	151	12^5	39	982	31^2	72	1.813	50	250	6.296	87^5
7	0	73^4	7	176	31^2	40	1.007	50	73	1.838	68^7	275	6.926	56^2
8	0	83^9	8	201	50	41	1.032	68^7	74	1.863	87^5	300	7.556	25
9	0	94^4	9	226	68^7	42	1.057	87^5	75	1.889	06^2	325	8.185	93^7
10	1	04^9	10	251	87^5	43	1.083	06^2	76	1.914	25	350	8.815	62^5
11	1	15^4	11	277	06^2	44	1.108	25	77	1.939	43^7	375	9.445	31^2
S			12	302	25	45	1.133	43^7	78	1.964	62^5	400	10.075	»
1	1	25^9	13	327	43^7	46	1.158	62^5	79	1.989	81^2	425	10.704	68^7
2	2	51^8	14	352	62^5	47	1.183	81^2	80	2.015	»	450	11.334	37^5
3	3	77^8	15	377	81^2	48	1.209	»	81	2.040	18^7	475	11.964	06^2
4	5	03^7	16	403	»	49	1.234	18^7	82	2.065	37^5	500	12.593	75
5	6	29^6	17	428	18^7	50	1.259	37^5	83	2.090	56^2	525	13.223	43^7
6	7	55^5	18	453	37^5	51	1.284	56^2	84	2.115	75	550	13.853	12^5
7	8	81^5	19	478	56^2	52	1.309	75	85	2.140	93^7	575	14.482	81^2
8	10	07^5	20	503	75	53	1.334	93^7	86	2.166	12^5	600	15.112	50
9	11	33^4	21	528	93^7	54	1.360	12^5	87	2.191	31^2	625	15.742	18^7
10	12	59^3	22	554	12^5	55	1.385	31^2	88	2.216	50	650	16.371	87^5
11	13	85^3	23	579	31^2	56	1.410	50	89	2.241	68^7	675	17.001	56^2
12	15	11^2	24	604	50	57	1.435	68^7	90	2.266	87^5	700	17.631	25
13	16	37^1	25	629	68^7	58	1.460	87^5	91	2.292	06^2	725	18.260	93^7
14	17	63^1	26	654	87^5	59	1.486	06^2	92	2.317	25	750	18.890	62^5
15	18	89	27	680	06^2	60	1.511	25	93	2.342	43^7	775	19.520	31^2
16	20	15	28	705	25	61	1.536	43^7	94	2.367	62^5	800	20.150	»
17	21	40^9	29	730	43^7	62	1.561	62^5	95	2.392	81^2	825	20.779	68^7
18	22	66^8	30	755	62^5	63	1.586	81^2	96	2.418	»	850	21.409	37^5
19	23	92^8	31	780	81^2	64	1.612	»	97	2.443	18^7	875	22.039	06^2
			32	806	»	65	1.637	18^7	98	2.468	37^5	900	22.668	75
			33	831	18^7	66	1.662	37^5	99	2.493	56^2	925	23.298	43^7
									100	2.518	75	950	23.928	12^5
												975	24.557	81^2
												1000	25.187	50

CHANGE : 25.19

D	fr.	c.
1	0	10^4
2	0	20^9
3	0	31^4
4	0	41^9
5	0	52^4
6	0	62^9
7	0	73^4
8	0	83^9
9	0	94^4
10	1	04^9
11	1	15^4
S		
1	1	25^9
2	2	51^9
3	3	77^8
4	5	03^8
5	6	29^7
6	7	55^7
7	8	81^6
8	10	07^6
9	11	33^5
10	12	59^5
11	13	85^4
12	15	11^4
13	16	37^3
14	17	63^3
15	18	89^2
16	20	15^2
17	21	41^1
18	22	67^1
19	23	93

£	fr.	c.
1	25	19
2	50	38
3	75	57
4	100	76
5	125	95
6	151	14
7	176	33
8	201	52
9	226	71
10	251	90
11	277	09
12	302	28
13	327	47
14	352	66
15	377	85
16	403	04
17	428	23
18	453	42
19	478	61
20	503	80
21	528	99
22	554	18
23	579	37
24	604	56
25	629	75
26	654	94
27	680	13
28	705	32
29	730	51
30	755	70
31	780	89
32	806	08
33	831	27

£	fr.	c.
34	836	46
35	881	65
36	906	84
37	932	03
38	957	22
39	982	41
40	1.007	60
41	1.032	79
42	1.057	98
43	1.083	17
44	1.108	36
45	1.133	55
46	1.158	74
47	1.183	93
48	1.209	12
49	1.234	31
50	1.259	50
51	1.284	69
52	1.309	88
53	1.335	07
54	1.360	26
55	1.385	45
56	1.410	64
57	1.435	83
58	1.461	02
59	1.486	21
60	1.511	40
61	1.536	59
62	1.561	78
63	1.586	97
64	1.612	16
65	1.637	35
66	1.662	54

£	fr.	c.
67	1.687	73
68	1.712	92
69	1.738	11
70	1.763	30
71	1.788	49
72	1.813	68
73	1.838	87
74	1.864	06
75	1.889	25
76	1.914	44
77	1.939	63
78	1.964	82
79	1.990	01
80	2.015	20
81	2.040	39
82	2.065	58
83	2.090	77
84	2.115	96
85	2.141	15
86	2.166	34
87	2.191	53
88	2.216	72
89	2.241	91
90	2.267	10
91	2.292	29
92	2.317	48
93	2.342	67
94	2.367	86
95	2.393	05
96	2.418	24
97	2.443	43
98	2.468	62
99	2.493	81
100	2.519	»

£	fr.	c.
125	3.148	75
150	3.778	50
175	4.408	25
200	5.038	»
225	5.667	75
250	6.297	50
275	6.927	25
300	7.557	»
325	8.186	75
350	8.816	50
375	9.446	25
400	10.076	»
425	10.705	75
450	11.335	50
475	11.965	25
500	12.595	»
525	13.224	75
550	13.854	50
575	14.484	25
600	15.114	»
625	15.743	75
650	16.373	50
675	17.003	25
700	17.633	»
725	18.262	75
750	18.892	50
775	19.522	25
800	20.152	»
825	20.781	75
850	21.411	50
875	22.041	25
900	22.671	»
925	23.300	75
950	23.930	50
975	24.560	25
1000	25.190	»

CHANGE : 25.19 ¹/₄

D	fr. c.	£	fr. c.	£	fr. c.	£	fr. c.	£	fr. c.
1	0 10^4	1	25 19^2	34	856 54^5	67	1.687 89^7	125	3.149 06^2
2	0 20^9	2	50 38^5	35	881 73^7	68	1.713 09	150	3.778 87^5
3	0 31^4	3	75 57^7	36	906 93	69	1.738 28^2	175	4.408 68^7
4	0 41^9	4	100 77	37	932 12^2	70	1.763 47^5	200	5.038 50
5	0 52^4	5	125 96^2	38	957 31^5	71	1.788 66^7	225	5.668 31^2
6	0 62^9	6	151 15^5	39	982 50^7	72	1.813 86	250	6.298 12^5
7	0 73^4	7	176 34^7	40	1.007 70	73	1.839 05^2	275	6.927 93^7
8	0 83^9	8	201 54	41	1.032 89^2	74	1.864 24^5	300	7.557 75
9	0 94^4	9	226 73^2	42	1.058 08^5	75	1.889 43^7	325	8.187 56^2
10	1 04^9	10	251 92^5	43	1.083 27^7	76	1.914 63	350	8.817 37^5
11	1 15^4	11	277 11^7	44	1.108 47	77	1.939 82^2	375	9.447 18^7
S		12	302 31	45	1.133 66^2	78	1.965 01^5	400	10.077 »
1	1 25^9	13	327 50^2	46	1.158 85^5	79	1.990 20^7	425	10.706 81^2
2	2 51^9	14	352 69^5	47	1.184 04^7	80	2.015 40	450	11.336 62^5
3	3 77^8	15	377 88^7	48	1.209 24	81	2.040 59^2	475	11.966 43^7
4	5 03^8	16	403 08	49	1.234 43^2	82	2.065 78^5	500	12.596 25
5	6 29^8	17	428 27^2	50	1.259 62^5	83	2.090 97^7	525	13.226 06^2
6	7 55^7	18	453 46^5	51	1.284 81^7	84	2.116 17	550	13.855 87^5
7	8 81^7	19	478 65^7	52	1.310 01	85	2.141 36^2	575	14.485 68^7
8	10 07^7	20	503 85	53	1.335 20^2	86	2.166 55^5	600	15.115 50
9	11 33^6	21	529 04^2	54	1.360 39^5	87	2.191 74^7	625	15.745 31^2
10	12 59^6	22	554 23^5	55	1.385 58^7	88	2.216 94	650	16.375 12^5
11	13 85^5	23	579 42^7	56	1.410 78	89	2.242 13^2	675	17.004 93^7
12	15 11^5	24	604 62	57	1.435 97^2	90	2.267 32^5	700	17.634 75
13	16 37^5	25	629 81^2	58	1.461 16^5	91	2.292 51^7	725	18.264 56^2
14	17 63^4	26	655 00^5	59	1.486 35^7	92	2.317 71	750	18.894 37^5
15	18 89^4	27	680 19^7	60	1.511 55	93	2.342 90^2	775	19.524 18^7
16	20 15^4	28	705 39	61	1.536 74^2	94	2.368 09^5	800	20.154 »
17	21 41^3	29	730 58^2	62	1.561 93^5	95	2.393 28^7	825	20.783 81^2
18	22 67^3	30	755 77^5	63	1.587 12^7	96	2.418 48	850	21.413 62^5
19	23 93^2	31	780 96^7	64	1.612 32	97	2.443 67^2	875	22.043 43^7
		32	806 16	65	1.637 51^2	98	2.468 86^5	900	22.673 25
		33	831 35^2	66	1.662 70^5	99	2.494 05^7	925	23.303 06^2
						100	2.519 25	950	23.932 87^5
								975	24.562 68^7
								1000	25.192 50

CHANGE : 25.19 ¹/₂

D	fr.	c.	£	fr.	c.	£	fr.	c.	£	fr.	c.	£	fr.	c.
1	0	10^4	1	25	19 ½	34	856	63	67	1.688	06^5	125	3.149	37^5
2	0	20^9	2	50	39	35	881	82^5	68	1.713	26	150	3.779	25
3	0	31^1	3	75	58^5	36	907	02	69	1.738	45^5	175	4.409	12^5
4	0	41^9	4	100	78	37	932	21^5	70	1.763	65	200	5.039	»
5	0	52^4	5	125	97^5	38	957	41	71	1.788	84^5	225	5.668	87^5
6	0	62^9	6	151	17	39	982	60^5	72	1.814	04	250	6.298	75
7	0	73^4	7	176	36^5	40	1.007	80	73	1.839	23^5	275	6.928	62^5
8	0	83^9	8	201	56	41	1.032	99^5	74	1.864	43	300	7.558	50
9	0	94^1	9	226	75^5	42	1.058	19	75	1.889	62^5	325	8.188	37^5
10	1	04^9	10	251	95	43	1.083	38^5	76	1.914	82	350	8.818	25
11	1	15^4	11	277	14^5	44	1.108	58	77	1.940	01^5	375	9.448	12^5
S			12	302	34	45	1.133	77^5	78	1.965	21	400	10.078	»
1	1	25^9	13	327	53^5	46	1.158	97	79	1.990	40^5	425	10.707	87^5
2	2	51^9	14	352	73	47	1.184	16^5	80	2.015	60	450	11.337	75
3	3	77^9	15	377	92^5	48	1.209	36	81	2.040	79^5	475	11.967	62^5
4	5	03^9	16	403	12	49	1.234	55^5	82	2.065	99	500	12.597	50
5	6	29^8	17	428	31^5	50	1.259	75	83	2.091	18^5	525	13.227	37^5
6	7	55^8	18	453	51	51	1.284	94^5	84	2.116	38	550	13.857	25
7	8	81^8	19	478	70^5	52	1.310	14	85	2.141	57^5	575	14.487	12^5
8	10	07^8	20	503	90	53	1.335	33^5	86	2.166	77	600	15.117	»
9	11	33^7	21	529	09^5	54	1.360	53	87	2.191	96^5	625	15.746	87^5
10	12	59^7	22	554	29	55	1.385	72^5	88	2.217	16	650	16.376	75
11	13	85^7	23	579	48^5	56	1.410	92	89	2.242	35^5	675	17.006	62^5
12	15	11^7	24	604	68	57	1.436	11^5	90	2.267	55	700	17.636	50
13	16	37^6	25	629	87^5	58	1.461	31	91	2.292	74^5	725	18.266	37^5
14	17	63^6	26	655	07	59	1.486	50^5	92	2.317	94	750	18.896	25
15	18	89^6	27	680	26^5	60	1.511	70	93	2.343	13^5	775	19.526	12^5
16	20	15^6	28	705	46	61	1.536	89^5	94	2.368	33	800	20.156	»
17	21	41^5	29	730	65^5	62	1.562	09	95	2.393	52^5	825	20.785	87^5
18	22	67^5	30	755	85	63	1.587	28^5	96	2.418	72	850	21.415	75
19	23	93^5	31	781	04^5	64	1.612	48	97	2.443	91^5	875	22.045	62^5
			32	806	24	65	1.637	67^5	98	2.469	11	900	22.675	50
			33	831	43^5	66	1.662	87	99	2.494	30^5	925	23.305	37^5
									100	2.519	50	950	23.935	25
												975	24.565	12^5
												1000	25.195	»

CHANGE : 25.19 ³/₄

D	fr.	c.	£	fr.	c.	£	fr.	c.	£	fr.	c.	£	fr.	c.
1	0	10^4	1	25	19^4	34	856	71^5	67	1.688	23^2	125	3.149	68^7
2	0	20^9	2	50	39^5	35	881	91^2	68	1.713	43	150	3.779	62^5
3	0	31^4	3	75	59^2	36	907	11	69	1.738	62^7	175	4.409	56^2
4	0	41^9	4	100	79	37	932	30^7	70	1.763	82^5	200	5.039	50
5	0	52^4	5	125	98^7	38	957	50^5	71	1.789	02^2	225	5.669	43^7
6	0	62^9	6	151	18^5	39	982	70^2	72	1.814	22	250	6.299	37^5
7	0	73^4	7	176	38^2	40	1.007	90	73	1.839	41^7	275	6.929	31^2
8	0	83^9	8	201	58	41	1.033	09^7	74	1.864	61^5	300	7.559	25
9	0	94^4	9	226	77^7	42	1.058	29^5	75	1.889	81^2	325	8.189	18^7
10	1	04^9	10	251	97^5	43	1.083	49^2	76	1.915	01	350	8.819	12^5
11	1	15^4	11	277	17^2	44	1.108	69	77	1.940	20^7	375	9.449	06^2
S			12	302	37	45	1.133	88^7	78	1.965	40^5	400	10.079	»
1	1	25^9	13	327	56^7	46	1.159	08^5	79	1.990	60^2	425	10.708	93^7
2	2	51^9	14	352	76^5	47	1.184	28^2	80	2.015	80	450	11.338	87^5
3	3	77^9	15	377	96^2	48	1.209	48	81	2.040	99^7	475	11.968	81^2
4	5	03^9	16	403	16	49	1.234	67^7	82	2.066	19^5	500	12.598	75
5	6	29^9	17	428	35^7	50	1.259	87^5	83	2.091	39^2	525	13.228	68^7
6	7	55^9	18	453	55^5	51	1.285	07^2	84	2.116	59	550	13.858	62^5
7	8	81^9	19	478	75^2	52	1.310	27	85	2.141	78^7	575	14.488	56^2
8	10	07^9	20	503	95	53	1.335	46^7	86	2.166	98^5	600	15.118	50
9	11	33^8	21	529	14^7	54	1.360	66^5	87	2.192	18^2	625	15.748	43^7
10	12	59^8	22	554	34^5	55	1.385	86^2	88	2.217	38	650	16.378	37^5
11	13	85^8	23	579	54^2	56	1.411	06	89	2.242	57^7	675	17.008	31^2
12	15	11^8	24	604	74	57	1.436	25^7	90	2.267	77^5	700	17.638	25
13	16	37^8	25	629	93^7	58	1.461	45^5	91	2.292	97^2	725	18.268	18^7
14	17	63^8	26	655	13^5	59	1.486	65^2	92	2.318	17	750	18.898	12^5
15	18	89^8	27	680	33^2	60	1.511	85	93	2.343	36^7	775	19.528	06^2
16	20	15^8	28	705	53	61	1.537	04^7	94	2.368	56^5	800	20.158	»
17	21	41^7	29	730	72^7	62	1.562	24^5	95	2.393	76^2	825	20.787	93^7
18	22	67^7	30	755	92^5	63	1.587	44^2	96	2.418	96	850	21.417	87^5
19	23	93^7	31	781	12^2	64	1.612	64	97	2.444	15^7	875	22.047	81^2
			32	806	32	65	1.637	83^7	98	2.469	35^5	900	22.677	75
			33	831	51^7	66	1.663	03^5	99	2.494	55^2	925	23.307	68^7
									100	2.519	75	950	23.937	62^5
												975	24.567	56^2
												1000	25.197	50

CHANGE : 25.20

D	fr.	c.	£	fr.	c.	£	fr.	c.	£	fr.	c.	£	fr.	c.
1	0	10^5	1	25	20	34	856	80	67	1.688	40	125	3.150	»
2	0	21	2	50	40	35	882	»	68	1.713	60	150	3.780	»
3	0	31^5	3	75	60	36	907	20	69	1.738	80	175	4.410	»
4	0	42	4	100	80	37	932	40	70	1.764	»	200	5.040	»
5	0	52^5	5	126	»	38	957	60	71	1.789	20	225	5.670	»
6	0	63	6	151	20	39	982	80	72	1.814	40	250	6.300	»
7	0	73^5	7	176	40	40	1.008	»	73	1.839	60	275	6.930	»
8	0	84	8	201	60	41	1.033	20	74	1.864	80	300	7.560	»
9	0	94^5	9	226	80	42	1.058	40	75	1.890	»	325	8.190	»
10	1	05	10	252	»	43	1.083	60	76	1.915	20	350	8.820	»
11	1	15^5	11	277	20	44	1.108	80	77	1.940	40	375	9.450	»
S			12	302	40	45	1.134	»	78	1.965	60	400	10.080	»
1	1	26	13	327	60	46	1.159	20	79	1.990	80	425	10.710	»
2	2	52	14	352	80	47	1.184	40	80	2.016	»	450	11.340	»
3	3	78	15	378	»	48	1.209	60	81	2.041	20	475	11.970	»
4	5	04	16	403	20	49	1.234	80	82	2.066	40	500	12.600	»
5	6	30	17	428	40	50	1.260	»	83	2.091	60	525	13.230	»
6	7	56	18	453	60	51	1.285	20	84	2.116	80	550	13.860	»
7	8	82	19	478	80	52	1.310	40	85	2.142	»	575	14.490	»
8	10	08	20	504	»	53	1.335	60	86	2.167	20	600	15.120	»
9	11	34	21	529	20	54	1.360	80	87	2.192	40	625	15.750	»
10	12	60	22	554	40	55	1.386	»	88	2.217	60	650	16.380	»
11	13	86	23	579	60	56	1.411	20	89	2.242	80	675	17.010	»
12	15	12	24	604	80	57	1.436	40	90	2.268	»	700	17.640	»
13	16	38	25	630	»	58	1.461	60	91	2.293	20	725	18.270	»
14	17	64	26	655	20	59	1.486	80	92	2.318	40	750	18.900	»
15	18	90	27	680	40	60	1.512	»	93	2.343	60	775	19.530	»
16	20	16	28	705	60	61	1.537	20	94	2.368	80	800	20.160	»
17	21	42	29	730	80	62	1.562	40	95	2.394	»	825	20.790	»
18	22	68	30	756	»	63	1.587	60	96	2.419	20	850	21.420	»
19	23	94	31	781	20	64	1.612	80	97	2.444	40	875	22.050	»
			32	806	40	65	1.638	»	98	2.469	60	900	22.680	»
			33	831	60	66	1.663	20	99	2.494	80	925	23.310	»
									100	2.520	»	950	23.940	»
												975	24.570	»
												1000	25.200	»

CHANGE : 25.20 ¹/₄

D	fr.	c.
1	0	10[5]
2	0	21
3	0	31[5]
4	0	42
5	0	52[5]
6	0	63
7	0	73[5]
8	0	84
9	0	94[5]
10	1	05
11	1	15[5]
S		
1	1	26
2	2	52
3	3	78
4	5	04
5	6	30
6	7	56
7	8	82
8	10	08[1]
9	11	34[1]
10	12	60[1]
11	13	86[1]
12	15	12[1]
13	16	38[1]
14	17	64[1]
15	18	90[1]
16	20	16[2]
17	21	42[2]
18	22	68[2]
19	23	94[2]

£	fr.	c.
1	25	20¼
2	50	40[5]
3	75	60[7]
4	100	81
5	126	01[2]
6	151	21[5]
7	176	41[7]
8	201	62
9	226	82[2]
10	252	02[5]
11	277	22[7]
12	302	43
13	327	63[2]
14	352	83[5]
15	378	03[7]
16	403	24
17	428	44[2]
18	453	64[5]
19	478	84[7]
20	504	05
21	529	25[2]
22	554	45[5]
23	579	65[7]
24	604	86
25	630	06[2]
26	655	26[5]
27	680	46[7]
28	705	67
29	730	87[2]
30	756	07[5]
31	781	27[7]
32	806	48
33	831	68[2]

£	fr.	c.
34	856	88[5]
35	882	08[7]
36	907	29
37	932	49[2]
38	957	69[5]
39	982	89[7]
40	1.008	10
41	1.033	30[2]
42	1.058	50[5]
43	1.083	70[7]
44	1.108	91
45	1.134	11[2]
46	1.159	31[5]
47	1.184	51[7]
48	1.209	72
49	1.234	92[2]
50	1.260	12[5]
51	1.285	32[7]
52	1.310	53
53	1.335	73[2]
54	1.360	93[5]
55	1.386	13[7]
56	1.411	34
57	1.436	54[2]
58	1.461	74[5]
59	1.486	94[7]
60	1.512	15
61	1.537	35[2]
62	1.562	55[5]
63	1.587	75[7]
64	1.612	96
65	1.638	16[2]
66	1.663	36[5]

£	fr.	c.
67	1.688	56[7]
68	1.713	77
69	1.738	97[2]
70	1.764	17[5]
71	1.789	37[7]
72	1.814	58
73	1.839	78[2]
74	1.864	98[5]
75	1.890	18[7]
76	1.915	39
77	1.940	59[2]
78	1.965	79[5]
79	1.990	99[7]
80	2.016	20
81	2.041	40[2]
82	2.066	60[5]
83	2.091	80[7]
84	2.117	01
85	2.142	21[2]
86	2.167	41[5]
87	2.192	61[7]
88	2.217	82
89	2.243	02[2]
90	2.268	22[5]
91	2.293	42[7]
92	2.318	63
93	2.343	83[2]
94	2.369	03[5]
95	2.394	23[7]
96	2.419	44
97	2.444	64[2]
98	2.469	84[5]
99	2.495	04[7]
100	2.520	25

£	fr.	c.
125	3.150	31[2]
150	3.780	37[5]
175	4.410	43[7]
200	5.040	50
225	5.670	56[2]
250	6.300	62[5]
275	6.930	68[7]
300	7.560	75
325	8.190	81[2]
350	8.820	87[5]
375	9.450	93[7]
400	10.081	»
425	10.711	06[2]
450	11.341	12[5]
475	11.971	18[7]
500	12.601	25
525	13.231	31[2]
550	13.861	37[5]
575	14.491	43[7]
600	15.121	50
625	15.751	56[2]
650	16.381	62[5]
675	17.011	68[7]
700	17.641	75
725	18.271	81[2]
750	18.901	87[5]
775	19.531	93[7]
800	20.162	»
825	20.792	06[2]
850	21.422	12[5]
875	22.052	18[7]
900	22.682	25
925	23.312	31[2]
950	23.942	37[5]
975	24.572	43[7]
1000	25.202	50

CHANGE : 25.20 ¹/₂

D	fr.	c.	£	fr.	c.	£	fr.	c.	£	fr.	c.	£	fr.	c.
1	0	10^5	1	25	20½	34	856	97	67	1.688	73^5	125	3.150	62^5
2	0	21	2	50	41	35	882	17^5	68	1.713	94	150	3.780	75
3	0	31^5	3	75	61^5	36	907	38	69	1.739	14^5	175	4.410	87^5
4	0	42	4	100	82	37	932	58^5	70	1.764	35	200	5.041	»
5	0	52^5	5	126	02	38	957	79	71	1.789	55^5	225	5.671	12^5
6	0	63	6	151	23	39	982	99^5	72	1.814	76	250	6.301	25
7	0	73^5	7	176	43^5	40	1.008	20	73	1.839	96^5	275	6.931	37^5
8	0	84	8	201	64	41	1.033	40^5	74	1.865	17	300	7.561	50
9	0	94^5	9	226	84^5	42	1.058	61	75	1.890	37^5	325	8.191	62^5
10	1	05	10	252	05	43	1.083	81^5	76	1.915	58	350	8.821	75
11	1	15^5	11	277	25^5	44	1.109	02	77	1.940	78^5	375	9.451	87^5
S			12	302	46	45	1.134	22^5	78	1.965	99	400	10.082	»
1	1	26	13	327	66^5	46	1.159	43	79	1.991	19^5	425	10.712	12^5
2	2	52	14	352	87	47	1.184	63^5	80	2.016	40	450	11.342	25
3	3	78	15	378	07^5	48	1.209	84	81	2.041	60^5	475	11.972	37^5
4	5	04^1	16	403	28	49	1.235	04^5	82	2.066	81	500	12.602	50
5	6	30^4	17	428	48^5	50	1.260	25	83	2.092	01^5	525	13.232	62^5
6	7	56^4	18	453	69	51	1.285	45^5	84	2.117	22	550	13.862	75
7	8	82^4	19	478	89^5	52	1.310	66	85	2.142	42^5	575	14.492	87^5
8	10	08^2	20	504	10	53	1.335	86^5	86	2.167	63	600	15.123	»
9	11	34^2	21	529	30^5	54	1.361	07	87	2.192	83^5	625	15.753	12^5
10	12	60^2	22	554	51	55	1.386	27^5	88	2.218	04	650	16.383	25
11	13	86^2	23	579	71^5	56	1.411	48	89	2.243	24^5	675	17.013	37^5
12	15	12^3	24	604	92	57	1.436	68^5	90	2.268	45	700	17.643	50
13	16	38^3	25	630	12^5	58	1.461	89	91	2.293	65^5	725	18.273	62^5
14	17	64^3	26	655	33	59	1.487	09^5	92	2.318	86	750	18.903	75
15	18	90^3	27	680	53^5	60	1.512	30	93	2.344	06^5	775	19.533	87^5
16	20	16^3	28	705	74	61	1.537	50^5	94	2.369	27	800	20.164	»
17	21	42^4	29	730	94^5	62	1.562	71	95	2.394	47^5	825	20.794	12^5
18	22	68^4	30	756	15	63	1.587	91^5	96	2.419	68	850	21.424	25
19	23	94^4	31	781	35^5	64	1.613	12	97	2.444	88^5	875	22.054	37^5
			32	806	56	65	1.638	32^5	98	2.470	09	900	22.684	50
			33	831	76^5	66	1.663	53	99	2.495	29^5	925	23.314	62^5
									100	2.520	50	950	23.944	75
												975	24.574	87^5
												1000	25.205	»

CHANGE : 25.20 ³/₄

D	fr. c.	£	fr. c.	£	fr. c.	£	fr. c.	£	fr. c.
1	0 10^5	1	25 20¾	34	857 05^5	67	1.688 90^2	125	3.150 93^7
2	0 21	2	50 41^5	35	882 26^2	68	1.714 11	150	3.781 12^5
3	0 31^5	3	75 62^2	36	907 47	69	1.739 31^7	175	4.411 31^2
4	0 42	4	100 83	37	932 67^7	70	1.764 52^5	200	5.041 50
5	0.52^5	5	126 03^7	38	957 88^5	71	1.789 73^2	225	5.671 68^7
6	0 63	6	151 24^5	39	983 09^2	72	1.814 94	250	6.301 87^5
7	0 73^5	7	176 45^2	40	1.008 30	73	1.840 14^7	275	6.932 06^2
8	0 84	8	201 66	41	1.033 50^7	74	1.865 35^5	300	7.562 25
9	0 94^5	9	226 86^7	42	1.058 71^5	75	1.890 56^2	325	8.192 43^7
10	1 05	10	252 07^5	43	1.083 92^2	76	1.915 77	350	8.822 62^5
11	1 15^5	11	277 28^2	44	1.109 13	77	1.940 97^7	375	9.452 81^2
S		12	302 49	45	1.134 33^7	78	1.966 18^5	400	10.083 »
1	1 26	13	327 69^7	46	1.159 54^5	79	1.991 39^2	425	10.713 18^7
2	2 52	14	352 90^5	47	1.184 75^2	80	2.016 60	450	11.343 37^5
3	3 78^1	15	378 11^2	48	1.209 96	81	2.041 80^7	475	11.973 56^2
4	5 04^1	16	403 32	49	1.235 16^7	82	2.067 01^5	500	12.603 75
5	6 30^1	17	428 52^7	50	1.260 37^5	83	2.092 22^2	525	13.233 93^7
6	7 56^2	18	453 73^5	51	1.285 58^2	84	2.117 43	550	13.864 12^5
7	8 82^2	19	478 94^2	52	1.310 79	85	2.142 63^7	575	14.494 31^2
8	10 08^3	20	504 15	53	1.335 99^7	86	2.167 84^5	600	15.124 50
9	11 34^3	21	529 35^7	54	1.361 20^5	87	2.193 05^2	625	15.754 68^7
10	12 60^3	22	554 56^5	55	1.386 41^2	88	2.218 26	650	16.584 87^5
11	13 86^4	23	579 77^2	56	1.411 62	89	2.243 46^7	675	17.015 06^2
12	15 12^4	24	604 98	57	1.436 82^7	90	2.268 67^5	700	17.645 25
13	16 38^4	25	630 18^7	58	1.462 03^5	91	2.293 88^2	725	18.275 43^7
14	17 64^5	26	655 39^5	59	1.487 24^2	92	2.319 09	750	18.905 62^5
15	18 90^5	27	680 60^2	60	1.512 45	93	2.344 29^7	775	19.535 81^2
16	20 16^6	28	705 81	61	1.537 65^7	94	2.369 50^5	800	20.166 »
17	21 42^6	29	731 01^7	62	1.562 86^5	95	2.394 71^2	825	20.796 18^7
18	22 68^6	30	756 22^5	63	1.588 07^2	96	2.419 92	850	21.426 37^5
19	23 94^7	31	781 43^2	64	1.613 28	97	2.445 12^7	875	22.056 56^2
		32	806 64	65	1.638 48^7	98	2.470 33^5	900	22.686 75
		33	831 84^7	66	1.663 69^5	99	2.495 54^2	925	23.316 93^7
						100	2.520 75	950	23.947 12^5
								975	24.577 31^2
								1000	25.207 50

CHANGE : 25.21

D	fr.	c.	£	fr.	c.	£	fr.	c.	£	fr.	c.	£	fr.	c.
1	0	10^5	1	25	21	34	837	14	67	1.689	07	125	3.151	25
2	0	21	2	50	42	35	882	35	68	1.714	28	150	3.781	50
3	0	31^5	3	75	63	36	907	56	69	1.739	49	175	4.411	75
4	0	42	4	100	84	37	932	77	70	1.764	70	200	5.042	»
5	0	52^5	5	126	05	38	957	98	71	1.789	91	225	5.672	25
6	0	63	6	151	26	39	983	19	72	1.815	12	250	6.302	50
7	0	73^5	7	176	47	40	1.008	40	73	1.840	33	275	6.932	75
8	0	84	8	201	68	41	1.033	61	74	1.865	54	300	7.563	»
9	0	94^5	9	226	89	42	1.058	82	75	1.890	75	325	8.193	25
10	1	05	10	252	10	43	1.084	03	76	1.915	96	350	8.823	50
11	1	15^5	11	277	31	44	1.109	24	77	1.941	17	375	9.453	75
S			12	302	52	45	1.134	45	78	1.966	38	400	10.084	»
1	1	26	13	327	73	46	1.159	66	79	1.991	59	425	10.714	25
2	2	52^1	14	352	94	47	1.184	87	80	2.016	80	450	11.344	50
3	3	78^1	15	378	15	48	1.210	08	81	2.042	01	475	11.974	75
4	5	04^2	16	403	36	49	1.235	29	82	2.067	22	500	12.605	»
5	6	30^2	17	428	57	50	1.260	50	83	2.092	43	525	13.235	25
6	7	56^3	18	453	78	51	1.285	71	84	2.117	64	550	13.865	50
7	8	82^3	19	478	99	52	1.310	92	85	2.142	85	575	14.495	75
8	10	08^4	20	504	20	53	1.336	13	86	2.168	06	600	15.126	»
9	11	34^4	21	529	41	54	1.361	34	87	2.193	27	625	15.756	25
10	12	60^5	22	554	62	55	1.386	55	88	2.218	48	650	16.386	50
11	13	86^5	23	579	83	56	1.411	76	89	2.243	69	675	17.016	75
12	15	12^6	24	605	04	57	1.436	97	90	2.268	90	700	17.647	»
13	16	38^6	25	630	25	58	1.462	18	91	2.294	11	725	18.277	25
14	17	64^7	26	655	46	59	1.487	39	92	2.319	32	750	18.907	50
15	18	90^7	27	680	67	60	1.512	60	93	2.344	53	775	19.537	75
16	20	16^8	28	705	88	61	1.537	81	94	2.369	74	800	20.168	»
17	21	42^8	29	731	09	62	1.563	02	95	2.394	95	825	20.798	25
18	22	68^9	30	756	30	63	1.588	23	96	2.420	16	850	21.428	50
19	23	94^9	31	781	51	64	1.613	44	97	2.445	37	875	22.058	75
			32	806	72	65	1.638	65	98	2.470	58	900	22.689	»
			33	831	93	66	1.663	86	99	2.495	79	925	23.319	25
									100	2.521	»	950	23.949	50
												975	24.579	75
												1000	25.210	»

CHANGE : 25.21 ¹/₄

D	fr.	c.	£	fr.	c.	£	fr.	c.	£	fr.	c.	£	fr.	c.
1	0	10^5	1	25	21¼	34	857	22^5	67	1.689	23^7	125	3.151	56^2
2	0	21	2	50	42^5	35	882	43^7	68	1.714	45	150	3.781	87^5
3	0	31^5	3	75	63^7	36	907	65	69	1.739	66^2	175	4.412	18^7
4	0	42	4	100	85	37	932	86^2	70	1.764	87^5	200	5.042	50
5	0	52^5	5	126	06^2	38	958	07^5	71	1.790	08^7	225	5.672	81^2
6	0	63	6	151	27^5	39	983	28^7	72	1.815	30	250	6.303	12^5
7	0	73^5	7	176	48^7	40	1.008	50	73	1.840	51^2	275	6.933	43^7
8	0	84	8	201	70	41	1.033	71^2	74	1.865	72^5	300	7.563	75
9	0	94^5	9	226	91^2	42	1.058	92^5	75	1.890	93^7	325	8.194	06^2
10	1	05	10	252	12^5	43	1.084	13^7	76	1.916	15	350	8.824	37^5
11	1	15^5	11	277	33^7	44	1.109	35	77	1.941	36^2	375	9.454	68^7
S			12	302	55	45	1.134	56^2	78	1.966	57^5	400	10.085	»
1	1	26	13	327	76^2	46	1.159	77^5	79	1.991	78^7	425	10.715	31^2
2	2	52^1	14	352	97^5	47	1.184	98^7	80	2.017	»	450	11.345	62^5
3	3	78^1	15	378	18^7	48	1.210	20	81	2.042	21^2	475	11.975	93^7
4	5	04^2	16	403	40	49	1.235	41^2	82	2.067	42^5	500	12.606	25
5	6	30^3	17	428	61^2	50	1.260	62^5	83	2.092	63^7	525	13.236	56^2
6	7	56^3	18	453	82^5	51	1.285	83^7	84	2.117	85	550	13.866	87^5
7	8	82^4	19	479	03^7	52	1.311	05	85	2.143	06^2	575	14.497	18^7
8	10	08^5	20	504	25	53	1.336	26^2	86	2.168	27^5	600	15.127	50
9	11	34^5	21	529	46^2	54	1.361	47^5	87	2.193	48^7	625	15.757	81^2
10	12	60^6	22	554	67^5	55	1.386	68^7	88	2.218	70	650	16.388	12^5
11	13	86^6	23	579	88^7	56	1.411	90	89	2.243	91^2	675	17.018	43^7
12	15	12^7	24	605	10	57	1.437	11^2	90	2.269	12^5	700	17.648	75
13	16	38^8	25	630	31^2	58	1.462	32^5	91	2.294	33^7	725	18.279	06^2
14	17	64^8	26	655	52^5	59	1.487	53^7	92	2.319	55	750	18.909	37^5
15	18	90^9	27	680	73^7	60	1.512	75	93	2.344	76^2	775	19.539	68^7
16	20	17	28	705	95	61	1.537	96^2	94	2.369	97^5	800	20.170	»
17	21	43	29	731	16^2	62	1.563	17^5	95	2.395	18^7	825	20.800	31^2
18	22	69^1	30	756	37^5	63	1.588	38^7	96	2.420	40	850	21.430	62^5
19	23	95^1	31	781	58^7	64	1.613	60	97	2.445	61^2	875	22.060	93^7
			32	806	80	65	1.638	81^2	98	2.470	82^5	900	22.691	25
			33	832	01^2	66	1.664	02^5	99	2.496	03^7	925	23.321	56^2
									100	2.521	25	950	23.951	87^5
												975	24.582	18^7
												1000	25.212	50

CHANGE : 25.21 ¹/₂

D	fr. c.	£	fr. c.	£	fr. c.	£	fr. c.	£	fr. c.
1	0 10⁵	1	25 21½	34	857 31	67	1.689 40⁵	125	3.151 87⁵
2	0 21	2	50 43	35	882 52⁵	68	1.714 62	150	3.782 25
3	0 31⁵	3	75 64⁵	36	907 74	69	1.739 83⁵	175	4.412 62⁵
4	0 42	4	100 86	37	932 95⁵	70	1.765 05	200	5.043 »
5	0 52⁵	5	126 07⁵	38	958 17	71	1.790 26⁵	225	5.673 37⁵
6	0 63	6	151 29	39	983 38⁵	72	1.815 48	250	6.303 75
7	0 73⁵	7	176 50⁵	40	1.008 60	73	1.840 69⁵	275	6.934 12⁵
8	0 84	8	201 72	41	1.033 81⁵	74	1.865 91	300	7.564 50
9	0 94⁵	9	226 93⁵	42	1.059 03	75	1.891 12⁵	325	8.194 87⁵
10	1 05	10	252 15	43	1.084 24⁵	76	1.916 34	350	8.825 25
11	1 15⁵	11	277 36⁵	44	1.109 46	77	1.941 55⁵	375	9.455 62⁵
S		12	302 58	45	1.134 67⁵	78	1.966 77	400	10.086 »
1	1 26	13	327 79⁵	46	1.159 89	79	1.991 98⁵	425	10.716 37⁵
2	2 52¹	14	353 01	47	1.185 10⁵	80	2.017 20	450	11.346 75
3	3 78²	15	378 22⁵	48	1.210 32	81	2.042 41⁵	475	11.977 12⁵
4	5 04³	16	403 44	49	1.235 53⁵	82	2.067 63	500	12.607 50
5	6 30³	17	428 65⁵	50	1.260 75	83	2.092 84⁵	525	13.237 87⁵
6	7 56⁴	18	453 87	51	1.285 96⁵	84	2.118 06	550	13.868 25
7	8 82⁵	19	479 08⁵	52	1.311 18	85	2.143 27⁵	575	14.498 62⁵
8	10 08⁵	20	504 30	53	1.336 39⁵	86	2.168 49	600	15.129 »
9	11 34⁶	21	529 51⁵	54	1.361 61	87	2.193 70⁵	625	15.759 37⁵
10	12 60⁷	22	554 73	55	1.386 82⁵	88	2.218 92	650	16.389 75
11	13 86⁸	23	579 94⁵	56	1.412 04	89	2.244 13⁹	675	17.020 12⁵
12	15 12⁹	24	605 16	57	1.437 25⁵	90	2.269 35	700	17.650 50
13	16 38⁹	25	630 37⁵	58	1.462 47	91	2.294 56⁵	725	18.280 87⁵
14	17 65	26	655 59	59	1.487 68⁵	92	2.319 78	750	18.911 25
15	18 91¹	27	680 80⁵	60	1.512 90	93	2.344 99⁵	775	19.541 62⁵
16	20 17²	28	706 02	61	1.538 11⁵	94	2.370 21	800	20.172 »
17	21 43²	29	731 23⁵	62	1.563 33	95	2.395 42⁵	825	20.802 37⁵
18	22 69³	30	756 45	63	1.588 54⁵	96	2.420 64	850	21.432 75
19	23 95⁴	31	781 66⁵	64	1.613 76	97	2.445 85⁵	875	22.063 12⁵
		32	806 88	65	1.638 97⁵	98	2.471 07	900	22.693 50
		33	832 09⁵	66	1.664 19	99	2.496 28⁵	925	23.323 87⁵
						100	2.521 50	950	23.954 25
								975	24.584 62⁵
								1000	25.215 »

CHANGE : 25.21 ¾

D	fr.	c.	£	fr.	c.	£	fr.	c.	£	fr.	c.	£	fr.	c.
1	0	10^5	1	25	21¾	34	857	39^5	67	1.689	57^2	125	3.152	18^7
2	0	21	2	50	43^5	35	882	61^2	68	1.714	79	150	3.782	62^5
3	0	31^5	3	75	65^2	36	907	83	69	1.740	00^7	175	4.413	06^2
4	0	42	4	100	87	37	933	04^7	70	1.765	22^5	200	5.043	50
5	0	52^3	5	126	08^7	38	958	26^5	71	1.790	44^2	225	5.673	93^7
6	0	63	6	151	30^5	39	983	48^2	72	1.815	66	250	6.304	37^5
7	0	73^5	7	176	52^2	40	1.008	70	73	1.840	87^7	275	6.934	81^2
8	0	84	8	201	74	41	1.033	91^7	74	1.866	09^5	300	7.565	25
9	0	94^5	9	226	95^7	42	1.059	13^5	75	1.891	31^2	325	8.195	68^7
10	1	05	10	252	17^5	43	1.084	35^2	76	1.916	53	350	8.826	12^5
11	1	15^5	11	277	39^2	44	1.109	57	77	1.941	74^7	375	9.456	56^2
S			12	302	61	45	1.134	78^7	78	1.966	96^5	400	10.087	»
1	1	26	13	327	82^7	46	1.160	00^5	79	1.992	18^2	425	10.717	43^7
2	2	52^1	14	353	04^5	47	1.185	22^2	80	2.017	40	450	11.347	87^5
3	3	78^2	15	378	26^2	48	1.210	44	81	2.042	61^7	475	11.978	31^2
4	5	04^3	16	403	48	49	1.235	65^7	82	2.067	83^5	500	12.608	75
5	6	30^4	17	428	69^7	50	1.260	87^5	83	2.093	05^2	525	13.239	18^7
6	7	56^5	18	453	91^5	51	1.286	09^2	84	2.118	27	550	13.869	62^5
7	8	82^6	19	479	13^2	52	1.311	31	85	2.143	48^7	575	14.500	06^2
8	10	08^7	20	504	35	53	1.336	52^7	86	2.168	70^5	600	15.130	50
9	11	34^7	21	529	56^7	54	1.361	74^5	87	2.193	92^2	625	15.760	93^7
10	12	60^8	22	554	78^5	55	1.386	96^2	88	2.219	14	650	16.391	37^5
11	13	86^9	23	580	00^2	56	1.412	18	89	2.244	35^7	675	17.021	81^2
12	15	13	24	605	22	57	1.437	39^7	90	2.269	57^5	700	17.652	25
13	16	39^1	25	630	43^7	58	1.462	61^5	91	2.294	79^2	725	18.282	68^7
14	17	65^2	26	655	65^5	59	1.487	83^2	92	2.320	01	750	18.913	12^5
15	18	91^3	27	680	87^2	60	1.513	05	93	2.345	22^7	775	19.543	56^2
16	20	17^4	28	706	09	61	1.538	26^7	94	2.370	44^5	800	20.174	»
17	21	43^4	29	731	30^7	62	1.563	48^5	95	2.395	66^2	825	20.804	43^7
18	22	69^5	30	756	52^3	63	1.588	70^2	96	2.420	88	850	21.434	87^5
19	23	95^6	31	781	74^2	64	1.613	92	97	2.446	09^7	875	22.065	31^2
			32	806	96	65	1.639	13^7	98	2.471	31^5	900	22.695	75
			33	832	17^7	66	1.664	35^5	99	2.496	53^2	925	23.326	18^7
									100	2.521	75	950	23.956	62^5
												975	24.587	06^2
												1000	25.217	50

CHANGE : 25.22

D	fr. c.	£	fr. c.	£	fr. c.	£	fr. c.	£	fr. c.
1	0 10⁵	1	25 22	34	857 48	67	1.689 74	125	3.152 50
2	0 21	2	50 44	35	882 70	68	1.714 96	150	3.783 »
3	0 31⁵	3	75 66	36	907 92	69	1.740 18	175	4.413 50
4	0 42	4	100 88	37	933 14	70	1.765 40	200	5.044 »
5	0 52⁵	5	126 10	38	958 36	71	1.790 62	225	5.674 50
6	0 63	6	151 32	39	983 58	72	1.815 84	250	6.305 »
7	0 73⁵	7	176 54	40	1.008 80	73	1.841 06	275	6.935 50
8	0 84	8	201 76	41	1.034 02	74	1.866 28	300	7.566 »
9	0 94⁵	9	226 98	42	1.059 24	75	1.891 50	325	8.196 50
10	1 05	10	252 20	43	1.084 46	76	1.916 72	350	8.827 »
11	1 15⁵	11	277 42	44	1.109 68	77	1.941 94	375	9.457 50
S		12	302 64	45	1.134 90	78	1.967 16	400	10.088 »
1	1 26¹	13	327 86	46	1.160 12	79	1.992 38	425	10.718 50
2	2 52²	14	353 08	47	1.185 34	80	2.017 60	450	11.349 »
3	3 78³	15	378 30	48	1.210 56	81	2.042 82	475	11.979 50
4	5 04⁴	16	403 52	49	1.235 78	82	2.068 04	500	12.610 »
5	6 30⁵	17	428 74	50	1.261 »	83	2.093 26	525	13.240 50
6	7 56⁶	18	453 96	51	1.286 22	84	2.118 48	550	13.871 »
7	8 82⁷	19	479 18	52	1.311 44	85	2.143 70	575	14.501 50
8	10 08⁸	20	504 40	53	1.336 66	86	2.168 92	600	15.132 »
9	11 34⁹	21	529 62	54	1.361 88	87	2.194 14	625	15.762 50
10	12 61	22	554 84	55	1.387 10	88	2.219 36	650	16.393 »
11	13 87¹	23	580 06	56	1.412 32	89	2.244 58	675	17.023 50
12	15 13²	24	605 28	57	1.437 54	90	2.269 80	700	17.654 »
13	16 39³	25	630 50	58	1.462 76	91	2.295 02	725	18.284 50
14	17 65⁴	26	655 72	59	1.487 98	92	2.320 24	750	18.915 »
15	18 91⁵	27	680 94	60	1.513 20	93	2.345 46	775	19.545 50
16	20 17⁶	28	706 16	61	1.538 42	94	2.370 68	800	20.176 »
17	21 43⁷	29	731 38	62	1.563 64	95	2.395 90	825	20.806 50
18	22 69⁸	30	756 60	63	1.588 86	96	2.421 12	850	21.437 »
19	23 95⁹	31	781 82	64	1.614 08	97	2.446 34	875	22.067 50
		32	807 04	65	1.639 30	98	2.471 56	900	22.698 »
		33	832 26	66	1.664 52	99	2.496 78	925	23.328 50
						100	2.522 »	950	23.959 »
								975	24.589 50
								1000	25.220 »

CHANGE : 25.22 ¹/₄

D	fr.	c.	£	fr.	c.	£	fr.	c.	£	fr.	c.	£	fr.	c.
1	0	10^5	1	25	22¼	34	857	56^5	67	1.689	90^7	125	3.152	81^2
2	0	21	2	50	44^5	35	882	78^7	68	1.715	13	150	3.783	37^5
3	0	31^5	3	75	66^7	36	908	01	69	1.740	35^2	175	4.413	93^7
4	0	42	4	100	89	37	933	23^2	70	1.765	57^5	200	5.044	50
5	0	52^5	5	126	11^2	38	958	45^5	71	1.790	79^7	225	5.675	06^2
6	0	63	6	151	33^5	39	983	67^7	72	1.816	02	250	6.305	62^5
7	0	73^5	7	176	55^7	40	1.008	90	73	1.841	24^2	275	6.936	18^7
8	0	84	8	201	78	41	1.034	12^2	74	1.866	46^5	300	7.566	75
9	0	94^5	9	227	00^2	42	1.059	34^5	75	1.891	68^7	325	8.197	31^2
10	1	05	10	252	22^5	43	1.084	56^7	76	1.916	91	350	8.827	87^5
11	1	15^6	11	277	44^7	44	1.109	79	77	1.942	13^2	375	9.458	43^7
S			12	302	67	45	1.135	01^2	78	1.967	35^5	400	10.089	»
1	1	26^1	13	327	89^2	46	1.160	23^5	79	1.992	57^7	425	10.719	56^2
2	2	52^2	14	353	11^5	47	1.185	45^7	80	2.017	80	450	11.350	12^5
3	3	78^3	15	378	33^7	48	1.210	68	81	2.043	02^2	475	11.980	68^7
4	5	04^4	16	403	56	49	1.235	90^2	82	2.068	24^5	500	12.611	25
5	6	30^5	17	428	78^2	50	1.261	12^5	83	2.093	46^7	525	13.241	81^2
6	7	56^6	18	454	00^5	51	1.286	34^7	84	2.118	69	550	13.872	37^5
7	8	82^7	19	479	22^7	52	1.311	57	85	2.143	91^2	575	14.502	93^7
8	10	08^9	20	504	45	53	1.336	79^2	86	2.169	13^5	600	15.133	50
9	11	35	21	529	67^2	54	1.362	01^5	87	2.194	35^7	625	15.764	06^2
10	12	61^1	22	554	89^5	55	1.387	23^7	88	2.219	58	650	16.394	62^5
11	13	87^2	23	580	11^7	56	1.412	46	89	2.244	80^2	675	17.025	18^7
12	15	13^3	24	605	34	57	1.437	68^2	90	2.270	02^5	700	17.655	75
13	16	39^4	25	630	56^2	58	1.462	90^5	91	2.295	24^7	725	18.286	31^2
14	17	65^7	26	655	78^5	59	1.488	12^7	92	2.320	47	750	18.916	87^5
15	18	91^6	27	681	00^7	60	1.513	35	93	2.345	69^2	775	19.547	43^7
16	20	17^8	28	706	23	61	1.538	57^2	94	2.370	91^5	800	20.178	»
17	21	43^9	29	731	45^2	62	1.563	79^5	95	2.396	13^7	825	20.808	56^2
18	22	70	30	756	67^5	63	1.589	01^7	96	2.421	36	850	21.439	12^5
19	23	96^1	31	781	89^7	64	1.614	24	97	2.446	58^2	875	22.069	68^7
			32	807	12	65	1.639	46^2	98	2.471	80^5	900	22.700	25
			33	832	34^2	66	1.664	68^5	99	2.497	02^7	925	23.330	81^2
									100	2.522	25	950	23.961	37^5
												975	24.591	93^7
												1000	25.222	50

CHANGE : 25.22 ¹/₂

D			£			£			£			£		
	fr.	c.		fr.	c.		fr.	c.		fr.	c.		fr.	c.
1	0	10^5	1	25	22½	34	857	65	67	1.690	07^5	125	3.153	12^5
2	0	21	2	50	45	35	882	87^5	68	1.715	30	150	3.783	75
3	0	31^5	3	75	67^5	36	908	10	69	1.740	52^5	175	4.414	37^5
4	0	42	4	100	90	37	933	32^5	70	1.765	75	200	5.045	»
5	0	52^5	5	126	12^5	38	958	55	71	1.790	97^5	225	5.675	62^5
6	0	63	6	151	35	39	983	77^5	72	1.816	20	250	6.306	25
7	0	73^5	7	176	57^5	40	1.009	»	73	1.841	42^5	275	6.936	87^5
8	0	84	8	201	80	41	1.034	22^5	74	1.866	65	300	7.567	50
9	0	94^5	9	227	02^5	42	1.059	45	75	1.891	87^5	325	8.198	12^5
10	1	05^1	10	252	25	43	1.084	67^5	76	1.917	10	350	8.828	75
11	1	15^6	11	277	47^5	44	1.109	90	77	1.942	32^5	375	9.459	37^5
S			12	302	70	45	1.135	12^5	78	1.967	55	400	10.090	»
1	1	26^1	13	327	92^5	46	1.160	35	79	1.992	77^5	425	10.720	62^5
2	2	52^2	14	353	15	47	1.185	57^5	80	2.018	»	450	11.351	25
3	3	78^3	15	378	37^5	48	1.210	80	81	2.043	22^5	475	11.981	87^5
4	5	04^5	16	403	60	49	1.236	02^5	82	2.068	45	500	12.612	50
5	6	30^6	17	428	82^5	50	1.261	25	83	2.093	67^5	525	13.243	12^5
6	7	56^7	18	454	05	51	1.286	47^5	84	2.118	90	550	13.873	75
7	8	82^8	19	479	27^5	52	1.311	70	85	2.144	12^5	575	14.504	37^5
8	10	09	20	504	50	53	1.336	92^5	86	2.169	35	600	15.135	»
9	11	35^4	21	529	72^5	54	1.362	15	87	2.194	57^5	625	15.765	62^5
10	12	61^2	22	554	95	55	1.387	37^5	88	2.219	80	650	16.396	25
11	13	87^3	23	580	17^5	56	1.412	60	89	2.245	02^5	675	17.026	87^5
12	15	13^5	24	605	40	57	1.437	82^5	90	2.270	25	700	17.657	50
13	16	39^6	25	630	62^5	58	1.463	05	91	2.295	47^5	725	18.288	12^5
14	17	65^7	26	655	85	59	1.488	27^5	92	2.320	70	750	18.918	75
15	18	91^8	27	681	07^5	60	1.513	50	93	2.345	92^5	775	19.549	37^5
16	20	18	28	706	30	61	1.538	72^5	94	2.371	15	800	20.180	»
17	21	44^1	29	731	52^5	62	1.563	95	95	2.396	37^5	825	20.810	62^5
18	22	76^2	30	756	75	63	1.589	17^5	96	2.421	60	850	21.441	25
19	23	96^3	31	781	97^5	64	1.614	40	97	2.446	82^5	875	22.071	87^5
			32	807	20	65	1.639	62^5	98	2.472	05	900	22.702	50
			33	832	42^5	66	1.664	85	99	2.497	27^5	925	23.333	12^5
									100	2.522	50	950	23.963	75
												975	24.594	37^5
												1000	25.225	»

CHANGE : 25.22 $^3/_4$

D	fr.	c.
1	0	10^5
2	0	21
3	0	31^5
4	0	42
5	0.52^5	
6	0	63
7	0	73^5
8	0	84
9	0	94^6
10	1	05^1
11	1	15^6
S		
1	1	26^1
2	2	52^2
3	3	78^4
4	5	04^5
5	6	30^6
6	7	56^6
7	8	82^9
8	10	09^1
9	11	35^2
10	12	61^3
11	13	87^5
12	15	13^6
13	16	39^7
14	17	65^9
15	18	92
16	20	18^2
17	21	44^3
18	22	70^4
19	23	96^6

£	fr.	c.
1	25	22^5
2	50	45^5
3	75	68^2
4	100	91
5	126	13^7
6	151	36^5
7	176	59^2
8	201	82
9	227	04^7
10	252	27^5
11	277	50^2
12	302	73
13	327	95^7
14	353	18^5
15	378	41^2
16	403	64
17	428	86^7
18	454	09^5
19	479	32^2
20	504	55
21	529	77^7
22	555	00^5
23	580	23^2
24	605	46
25	630	68^7
26	655	91^5
27	681	14^2
28	706	37
29	731	59^7
30	756	82^5
31	782	05^2
32	807	28
33	832	50^7

£	fr.	c.
34	857	73^5
35	882	96^2
36	908	19
37	933	41^7
38	958	64^5
39	983	87^2
40	1.009	10
41	1.034	32^7
42	1.059	55^5
43	1.084	78^2
44	1.110	01
45	1.135	23^7
46	1.160	46^5
47	1.185	69^2
48	1.210	92
49	1.236	14^7
50	1.261	37^5
51	1.286	60^2
52	1.311	83
53	1.337	05^7
54	1.362	28^5
55	1.387	51^2
56	1.412	74
57	1.437	96^7
58	1.463	19^5
59	1.488	42^2
60	1.513	65
61	1.538	87^7
62	1.564	10^5
63	1.589	33^2
64	1.614	56
65	1.639	78^7
66	1.665	01^5

£	fr.	c.
67	1.690	24^2
68	1.715	47
69	1.740	69^7
70	1.765	92^5
71	1.791	15^2
72	1.816	38
73	1.841	60^7
74	1.866	83^5
75	1.892	06^2
76	1.917	29
77	1.942	51^7
78	1.967	74^5
79	1.992	97^2
80	2.018	20
81	2.043	42^7
82	2.068	65^5
83	2.093	88^2
84	2.119	11
85	2.144	33^7
86	2.169	56^5
87	2.194	79^2
88	2.220	02
89	2.245	24^7
90	2.270	47^5
91	2.295	70^2
92	2.320	93
93	2.346	15^7
94	2.371	38^5
95	2.396	61^2
96	2.421	84
97	2.447	06^7
98	2.472	29^5
99	2.497	52^2
100	2.522	75

£	fr.	c.
125	3.153	43^7
150	3.784	12^5
175	4.414	81^2
200	5.045	50
225	5.676	18^7
250	6.306	87^5
275	6.937	56^2
300	7.568	25
325	8.198	93^7
350	8.829	62^5
375	9.460	31^2
400	10.091	»
425	10.721	68^7
450	11.352	37^5
475	11.983	06^2
500	12.613	75
525	13.244	43^7
550	13.875	12^5
575	14.505	81^2
600	15.136	50
625	15.767	18^7
650	16.397	87^5
675	17.028	56^2
700	17.659	25
725	18.289	93^7
750	18.920	62^5
775	19.551	31^2
800	20.182	»
825	20.812	68^7
850	21.443	37^5
875	22.074	06^2
900	22.704	75
925	23.335	43^7
950	23.966	12^5
975	24.596	81^2
1000	25.227	50

CHANGE : 25.23

D	fr.	c.
1	0	10^5
2	0	21
3	0	31^5
4	0	42
5	0	52^5
6	0	63
7	0	73^5
8	0	84^4
9	0	94^6
10	1	05^4
11	1	15^6
S		
1	1	26^4
2	2	52^3
3	3	78^4
4	5	04^6
5	6	30^7
6	7	56^9
7	8	83
8	10	09^2
9	11	35^3
10	12	61^5
11	13	87^6
12	15	13^8
13	16	39^9
14	17	66^4
15	18	92^2
16	20	18^4
17	21	44^5
18	22	70^7
19	23	96^8

£	fr.	c.
1	25	23
2	50	46
3	75	69
4	100	92
5	126	15
6	151	38
7	176	61
8	201	84
9	227	07
10	252	30
11	277	53
12	302	76
13	327	99
14	353	22
15	378	45
16	403	68
17	428	91
18	454	14
19	479	37
20	504	60
21	529	83
22	555	06
23	580	29
24	605	52
25	630	75
26	655	98
27	681	21
28	706	44
29	731	67
30	756	90
31	782	13
32	807	36
33	832	59

£	fr.	c.
34	857	82
35	883	05
36	908	28
37	933	51
38	958	74
39	983	97
40	1.009	20
41	1.034	43
42	1.059	66
43	1.084	89
44	1.110	12
45	1.135	35
46	1.160	58
47	1.185	81
48	1.211	04
49	1.236	27
50	1.261	50
51	1.286	73
52	1.311	96
53	1.337	19
54	1.362	42
55	1.387	65
56	1.412	88
57	1.438	11
58	1.463	34
59	1.488	57
60	1.513	80
61	1.539	03
62	1.564	26
63	1.589	49
64	1.614	72
65	1.639	95
66	1.665	18

£	fr.	c.
67	1.690	41
68	1.715	64
69	1.740	87
70	1.766	10
71	1.791	33
72	1.816	56
73	1.841	79
74	1.867	02
75	1.892	25
76	1.917	48
77	1.942	71
78	1.967	94
79	1.993	17
80	2.018	40
81	2.043	63
82	2.068	86
83	2.094	09
84	2.119	32
85	2.144	55
86	2.169	78
87	2.195	01
88	2.220	24
89	2.245	47
90	2.270	70
91	2.295	93
92	2.321	16
93	2.346	39
94	2.371	62
95	2.396	85
96	2.422	08
97	2.447	31
98	2.472	54
99	2.497	77
100	2.523	»

£	fr.	c.
125	3.153	75
150	3.784	50
175	4.415	25
200	5.046	»
225	5.676	75
250	6.307	50
275	6.938	25
300	7.569	»
325	8.199	75
350	8.830	50
375	9.461	25
400	10.092	»
425	10.722	75
450	11.353	50
475	11.984	25
500	12.615	»
525	13.245	75
550	13.876	50
575	14.507	25
600	15.138	»
625	15.768	75
650	16.399	50
675	17.030	25
700	17.661	»
725	18.291	75
750	18.922	50
775	19.553	25
800	20.184	»
825	20.814	75
850	21.445	50
875	22.076	25
900	22.707	»
925	23.337	75
950	23.968	50
975	24.599	25
1000	25.230	»

CHANGE : 25.23 ¹/₄

D	fr.	c.	£	fr.	c.	£	fr.	c.	£	fr.	c.	£	fr.	c.
1	0	10^5	1	25	23¼	34	857	90^5	67	1.690	57^7	125	3.154	06^2
2	0	21	2	50	46^5	35	883	13^7	68	1.715	81	150	3.784	87^5
3	0	31^5	3	75	69^7	36	908	37	69	1.741	04^2	175	4.415	68^7
4	0	42	4	100	93	37	933	60^2	70	1.766	27^5	200	5.046	50
5	0	52^5	5	126	16^2	38	958	83^5	71	1.791	50^7	225	5.677	31^2
6	0	63	6	151	39^5	39	984	06^7	72	1.816	74	250	6.308	12^5
7	0	73^5	7	176	62^7	40	1.009	30	73	1.841	97^2	275	6.938	93^7
8	0	84^1	8	201	86	41	1.034	53^2	74	1.867	20^5	300	7.569	75
9	0	94^6	9	227	09^2	42	1.059	76^5	75	1.892	43^7	325	8.200	56^2
10	1	05^1	10	252	32^5	43	1.084	99^7	76	1.917	67	350	8.831	37^5
11	1	15^6	11	277	55^7	44	1.110	23	77	1.942	90^2	375	9.462	18^7
S			12	302	79	45	1.135	46^2	78	1.968	13^5	400	10.093	»
1	1	26^1	13	328	02^2	46	1.160	69^5	79	1.993	36^7	425	10.723	81^2
2	2	52^3	14	353	25^5	47	1.185	92^7	80	2.018	60	450	11.354	62^5
3	3	78^4	15	378	48^7	48	1.211	16	81	2.043	83^2	475	11.985	43^7
4	5	04^6	16	403	72	49	1.236	39^2	82	2.069	06^5	500	12.616	25
5	6	30^8	17	428	95^2	50	1.261	62^5	83	2.094	29^7	525	13.247	06^2
6	7	56^0	18	454	18^5	51	1.286	85^7	84	2.119	53	550	13.877	87^5
7	8	83^1	19	479	41^7	52	1.312	09	85	2.144	76^2	575	14.508	68^7
8	10	09^3	20	504	65	53	1.337	32^2	86	2.169	99^5	600	15.139	50
9	11	35^4	21	529	88^2	54	1.362	55^5	87	2.195	22^7	625	15.770	31^2
10	12	61^6	22	555	11^5	55	1.387	78^7	88	2.220	46	650	16.401	12^5
11	13	87^7	23	580	34^7	56	1.413	02	89	2.245	69^2	675	17.031	93^7
12	15	13^9	24	605	58	57	1.438	25^2	90	2.270	92^5	700	17.662	75
13	16	40^1	25	630	81^2	58	1.463	48^5	91	2.296	15^7	725	18.293	56^2
14	17	66^2	26	656	04^6	59	1.488	71^7	92	2.321	39	750	18.924	37^5
15	18	92^4	27	681	27^7	60	1.513	95	93	2.346	62^2	775	19.555	18^7
16	20	18^6	28	706	51	61	1.539	18^2	94	2.371	85^5	800	20.186	»
17	21	44^7	29	731	74^2	62	1.564	41^5	95	2.397	08^7	825	20.816	81^2
18	22	70^9	30	756	97^5	63	1.589	64^7	96	2.422	32	850	21.447	62^5
19	23	97	31	782	20^7	64	1.614	88	97	2.447	55^2	875	22.078	43^7
			32	807	44	65	1.640	11^2	98	2.472	78^5	900	22.709	25
			33	832	67^2	66	1.665	34^5	99	2.498	01^7	925	23.340	06^2
									100	2.523	25	950	23.970	87^5
												975	24.601	68^7
												1000	25.232	50

CHANGE : 25.23 ¹/₂

D	fr. c.	£	fr. c.	£	fr. c.	£	fr. c.	£	fr. c.
1	0 10⁵	1	25 23½	34	857 99	67	1.690 74⁵	125	3.154 37⁵
2	0 21	2	50 47	35	883 22⁵	68	1.715 98	150	3.785 25
3	0 31⁵	3	75 70⁵	36	908 46	69	1.741 21⁵	175	4.416 12⁵
4	0 42	4	100 94	37	933 69⁵	70	1.766 45	200	5.047 »
5	0 52⁵	5	126 17⁵	38	958 93	71	1.791 68⁵	225	5.677 87⁵
6	0 63	6	151 41	39	984 16⁵	72	1.816 92	250	6.308 75
7	0 73⁶	7	176 64⁵	40	1.009 40	73	1.842 15⁵	275	6.939 62⁵
8	0 84¹	8	201 88	41	1.034 63⁵	74	1.867 39	300	7.570 50
9	0 94⁶	9	227 11⁵	42	1.059 87	75	1.892 62⁵	325	8.201 37⁵
10	1 05¹	10	252 35	43	1.085 10⁵	76	1.917 86	350	8.832 25
11	1 15⁶	11	277 58⁵	44	1.110 34	77	1.943 09⁵	375	9.463 12⁵
S		12	302 82	45	1.135 57⁵	78	1.968 33	400	10.094 »
1	1 26⁴	13	328 05⁵	46	1.160 81	79	1.993 56⁵	425	10.724 87⁵
2	2 52³	14	353 29	47	1.186 04⁵	80	2.018 80	450	11.355 75
3	3 78⁵	15	378 52⁵	48	1.211 28	81	2.044 03⁵	475	11.986 62⁵
4	5 04⁷	16	403 76	49	1.236 51⁵	82	2.069 27	500	12.617 50
5	6 30⁸	17	428 99⁵	50	1.261 75	83	2.094 50⁵	525	13.248 37⁵
6	7 57	18	454 23	51	1.286 98⁵	84	2.119 74	550	13.879 25
7	8 83²	19	479 46⁵	52	1.312 22	85	2.144 97⁵	575	14.510 12⁵
8	10 09⁴	20	504 70	53	1.337 45⁵	86	2.170 21	600	15.141 »
9	11 35⁵	21	529 93⁵	54	1.362 69	87	2.195 44⁵	625	15.771 87⁵
10	12 61⁷	22	555 17	55	1.387 92⁵	88	2.220 68	650	16.402 75
11	13 87⁹	23	580 40⁵	56	1.413 16	89	2.245 91⁵	675	17.033 62⁵
12	15 14¹	24	605 64	57	1.438 39⁵	90	2.271 15	700	17.664 50
13	16 40²	25	630 87⁵	58	1.463 63	91	2.296 38⁵	725	18.295 37⁵
14	17 66⁴	26	656 11	59	1.488 86⁵	92	2.321 62	750	18.926 25
15	18 92⁶	27	681 34⁵	60	1.514 10	93	2.346 85⁵	775	19.557 12⁵
16	20 18⁸	28	706 58	61	1.539 33⁵	94	2.372 09	800	20.188 »
17	21 44⁹	29	731 81⁵	62	1.564 57	95	2.397 32⁵	825	20.818 87⁵
18	22 71¹	30	757 05	63	1.589 80⁵	96	2.422 56	850	21.449 75
19	23 97³	31	782 28⁵	64	1.615 04	97	2.447 79⁵	875	22.080 62⁵
		32	807 52	65	1.640 27⁵	98	2.473 03	900	22.711 50
		33	832 75⁵	66	1.665 51	99	2.498 26⁵	925	23.342 37⁵
						100	2.523 50	950	23.973 25
								975	24.604 12⁵
								1000	25.235 »

CHANGE : 25.23 ³/₄

D	fr.	c.	L	fr.	c.	L	fr.	c.	L	fr.	c.	L	fr.	c.
1	0	10^5	1	25	23¾	34	858	07^5	67	1.690	91^2	125	3.154	68^7
2	0	21	2	50	47^5	35	883	31^2	68	1.716	15	150	3.785	62^5
3	0	31^5	3	75	71^2	36	908	55	69	1.741	38^7	175	4.416	56^2
4	0	42	4	100	95	37	933	78^7	70	1.766	62^5	200	5.047	50
5	0	52^5	5	126	18^7	38	959	02^5	71	1.791	86^2	225	5.678	43^7
6	0	63	6	151	42^5	39	984	26^2	72	1.817	10	250	6.309	37^5
7	0	73^6	7	176	66^2	40	1.009	50	73	1.842	33^7	275	6.940	31^2
8	0	84^1	8	201	90	41	1.034	73^7	74	1.867	57^5	300	7.571	25
9	0	94^6	9	227	13^7	42	1.059	97^5	75	1.892	81^2	325	8.202	18^7
10	1	05^1	10	252	37^5	43	1.085	21^2	76	1.918	05	350	8.833	12^5
11	1	15^6	11	277	61^2	44	1.110	45	77	1.943	28^7	375	9.464	06^2
S			12	302	85	45	1.135	68^7	78	1.968	52^5	400	10.095	»
1	1	26^1	13	328	08^7	46	1.160	92^5	79	1.993	76^2	425	10.725	93^7
2	2	52^3	14	353	32^5	47	1.186	16^2	80	2.019	»	450	11.356	87^5
3	3	78^5	15	378	56^2	48	1.211	40	81	2.044	23^7	475	11.987	81^2
4	5	04^7	16	403	80	49	1.236	63^7	82	2.069	47^5	500	12.618	75
5	6	30^9	17	429	03^7	50	1.261	87^5	83	2.094	71^2	525	13.249	68^7
6	7	57^1	18	454	27^5	51	1.287	11^2	84	2.119	95	550	13.880	62^5
7	8	83^3	19	479	51^2	52	1.312	35	85	2.145	18^7	575	14.511	56^2
8	10	09^5	20	504	75	53	1.337	58^7	86	2.170	42^5	600	15.142	50
9	11	35^6	21	529	98^7	54	1.362	82^5	87	2.195	66^2	625	15.773	43^7
10	12	61^8	22	555	22^5	55	1.388	06^2	88	2.220	90	650	16.404	37^5
11	13	88	23	580	46^2	56	1.413	30	89	2.246	13^7	675	17.035	31^2
12	15	14^2	24	605	70	57	1.438	53^7	90	2.271	37^5	700	17.666	25
13	16	40^1	25	630	93^7	58	1.463	77^5	91	2.296	61^2	725	18.297	18^7
14	17	66^6	26	656	17^5	59	1.489	01^2	92	2.321	85	750	18.928	12^5
15	18	92^8	27	681	41^2	60	1.514	25	93	2.347	08^7	775	19.559	06^2
16	20	19	28	706	65	61	1.539	48^7	94	2.372	32^5	800	20.190	»
17	21	45^1	29	731	88^7	62	1.564	72^5	95	2.397	56^2	825	20.820	93^7
18	22	71^3	30	757	12^5	63	1.589	96^2	96	2.422	80	850	21.451	87^5
19	23	97^5	31	782	36^2	64	1.615	20	97	2.448	03^7	875	22.082	81^2
			32	807	60	65	1.640	43^7	98	2.473	27^5	900	22.713	75
			33	832	83^7	66	1.665	67^5	99	2.498	51^2	925	23.344	68^7
									100	2.523	75	950	23.975	62^5
												975	24.606	56^2
												1000	25.237	50

CHANGE : 25.24

D	fr.	c.	£	fr.	c.	£	fr.	c.	£	fr.	c.	£	fr.	c.
1	0	10[5]	1	25	24	34	858	16	67	1.691	08	125	3.155	»
2	0	21	2	50	48	35	883	40	68	1.716	32	150	3.786	»
3	0	31[5]	3	75	72	36	908	64	69	1.741	56	175	4.417	»
4	0	42	4	100	96	37	933	88	70	1.766	80	200	5.048	»
5	0	52[5]	5	126	20	38	959	12	71	1.792	04	225	5.679	»
6	0	63[1]	6	151	44	39	984	36	72	1.817	28	250	6.310	»
7	0	73[6]	7	176	68	40	1.009	60	73	1.842	52	275	6.941	»
8	0	84[1]	8	201	92	41	1.034	84	74	1.867	76	300	7.572	»
9	0	94[6]	9	227	16	42	1.060	08	75	1.893	»	325	8.203	»
10	1	05[1]	10	252	40	43	1.085	32	76	1.918	24	350	8.834	»
11	1	15[6]	11	277	64	44	1.110	56	77	1.943	48	375	9.465	»
S			12	302	88	45	1.135	80	78	1.968	72	400	10.096	»
1	1	26[2]	13	328	12	46	1.161	04	79	1.993	96	425	10.727	»
2	2	52[4]	14	353	36	47	1.186	28	80	2.019	20	450	11.358	»
3	3	78[6]	15	378	60	48	1.211	52	81	2.044	44	475	11.989	»
4	5	04[8]	16	403	84	49	1.236	76	82	2.069	68	500	12.620	»
5	6	31	17	429	08	50	1.262	»	83	2.094	92	525	13.251	»
6	7	57[3]	18	454	32	51	1.287	24	84	2.120	16	550	13.882	»
7	8	83[4]	19	479	56	52	1.312	48	85	2.145	40	575	14.513	»
8	10	09[6]	20	504	80	53	1.337	72	86	2.170	64	600	15.144	»
9	11	35[8]	21	530	04	54	1.362	96	87	2.195	88	625	15.775	»
10	12	62	22	555	28	55	1.388	20	88	2.221	12	650	16.406	»
11	13	88[2]	23	580	52	56	1.413	44	89	2.246	36	675	17.037	»
12	15	14[4]	24	605	76	57	1.438	68	90	2.271	60	700	17.668	»
13	16	40[6]	25	631	»	58	1.463	92	91	2.296	84	725	18.299	»
14	17	66[8]	26	656	24	59	1.489	16	92	2.322	08	750	18.930	»
15	18	93	27	681	48	60	1.514	40	93	2.347	32	775	19.561	»
16	20	19[2]	28	706	72	61	1.539	64	94	2.372	56	800	20.192	»
17	21	45[4]	29	731	96	62	1.564	88	95	2.397	80	825	20.823	»
18	22	71[6]	30	757	20	63	1.590	12	96	2.423	04	850	21.454	»
19	23	97[8]	31	782	44	64	1.615	36	97	2.448	28	875	22.085	»
			32	807	68	65	1.640	60	98	2.473	52	900	22.716	»
			33	832	92	66	1.665	84	99	2.498	76	925	23.347	»
									100	2.524	»	950	23.978	»
												975	24.609	»
												1000	25.240	»

CHANGE : 25.24 ¹⁄₄

D	fr.	c.	£	fr.	c.	£	fr.	c.	£	fr.	c.	£	fr.	c.
1	0	10^5	1	25	24¼	34	858	24^5	67	1.691	24^7	125	3.155	31^2
2	0	21	2	50	48^5	35	883	48^7	68	1.716	49	150	3.786	37^5
3	0	31^5	3	75	72^7	36	908	73	69	1.741	73^2	175	4.417	43^7
4	0	42	4	100	97	37	933	97^2	70	1.766	97^5	200	5.048	50
5	0	52^5	5	126	21^2	38	959	21^5	71	1.792	21^7	225	5.679	56^2
6	0	63^1	6	151	45^5	39	984	45^7	72	1.817	46	250	6.310	62^5
7	0	73^6	7	176	69^7	40	1.009	70	73	1.842	70^2	275	6.941	68^7
8	0	84^1	8	201	94	41	1.034	94^2	74	1.867	94^5	300	7.572	75
9	0	94^6	9	227	18^2	42	1.060	18^5	75	1.893	18^7	325	8.203	81^2
10	1	05^1	10	252	42^5	43	1.085	42^7	76	1.918	43	350	8.834	87^5
11	1	15^6	11	277	66^7	44	1.110	67	77	1.943	67^2	375	9.465	93^7
s			12	302	91	45	1.135	91^2	78	1.968	91^5	400	10.097	»
1	1	26^2	13	328	15^2	46	1.161	15^5	79	1.994	15^7	425	10.728	06^2
2	2	52^4	14	353	39^5	47	1.186	39^7	80	2.019	40	450	11.359	12^5
3	3	78^6	15	378	63^7	48	1.211	64	81	2.044	64^2	475	11.990	18^7
4	5	04^8	16	403	88	49	1.236	88^2	82	2.069	88^5	500	12.621	25
5	6	31	17	429	12^2	50	1.262	12^5	83	2.095	12^7	525	13.252	31^2
6	7	57^2	18	454	36^5	51	1.287	36^7	84	2.120	37	550	13.883	37^5
7	8	83^4	19	479	60^7	52	1.312	61	85	2.145	61^2	575	14.514	43^7
8	10	09^7	20	504	85	53	1.337	85^2	86	2.170	85^5	600	15.145	50
9	11	35^9	21	530	09^2	54	1.363	09^5	87	2.196	09^7	625	15.776	56^2
10	12	62^1	22	555	33^5	55	1.388	33^7	88	2.221	34	650	16.407	62^5
11	13	88^3	23	580	57^7	56	1.413	58	89	2.246	58^2	675	17.038	68^7
12	15	14^5	24	605	82	57	1.438	82^2	90	2.271	82^5	700	17.669	75
13	16	40^7	25	631	06^2	58	1.464	06^5	91	2.297	06^7	725	18.300	81^2
14	17	66^9	26	656	30^5	59	1.489	30^7	92	2.322	31	750	18.931	87^5
15	18	93^1	27	681	54^7	60	1.514	55	93	2.347	55^2	775	19.562	93^7
16	20	19^4	28	706	79	61	1.539	79^2	94	2.372	79^5	800	20.194	»
17	21	45^6	29	732	03^2	62	1.565	03^5	95	2.398	03^7	825	20.825	06^2
18	22	71^8	30	757	27^5	63	1.590	27^7	96	2.423	28	850	21.456	12^5
19	23	98	31	782	51^7	64	1.615	52	97	2.448	52^2	875	22.087	18^7
			32	807	76	65	1.640	76^2	98	2.473	76^5	900	22.718	25
			33	833	00^2	66	1.666	00^5	99	2.499	00^7	925	23.349	31^2
									100	2.524	25	950	23.980	37^5
												975	24.611	43^7
												1000	25.242	50

CHANGE : 25.24 ¹/₂

D	fr.	c.	£	fr.	c.	£	fr.	c.	£	fr.	c.	£	fr.	c.
1	0	10^5	1	25	24½	34	858	33	67	1.691	41^5	125	3.155	62^5
2	0	21	2	50	49	35	883	57^5	68	1.716	66	150	3.786	75
3	0	31^5	3	75	73^5	36	908	82	69	1.741	90^5	175	4.417	87^5
4	0	42	4	100	98	37	934	06^5	70	1.767	15	200	5.049	»
5	0	52^5	5	126	22^5	38	959	31	71	1.792	39^5	225	5.680	12^5
6	0	63^4	6	151	47	39	984	55^5	72	1.817	64	250	6.311	25
7	0	73^6	7	176	71^5	40	1.009	80	73	1.842	88^5	275	6.942	37^5
8	0	84^1	8	201	96	41	1.035	04^5	74	1.868	13	300	7.573	50
9	0	94^6	9	227	20^5	42	1.060	29	75	1.893	37^5	325	8.204	62^5
10	1	05^4	10	252	45	43	1.085	53^5	76	1.918	62	350	8.835	75
11	1	15^7	11	277	69^5	44	1.110	78	77	1.943	86^5	375	9.466	87^5
S			12	302	94	45	1.136	02^5	78	1.969	11	400	10.098	»
1	1	26^2	13	328	18^5	46	1.161	27	79	1.994	35^5	425	10.729	12^5
2	2	52^4	14	353	43	47	1.186	51^5	80	2.019	60	450	11.360	25
3	3	78^6	15	378	67^5	48	1.211	76	81	2.044	84^5	475	11.991	37^5
4	5	04^9	16	403	92	49	1.237	00^5	82	2.070	09	500	12.622	50
5	6	31^1	17	429	16^5	50	1.262	25	83	2.095	33^5	525	13.253	62^5
6	7	57^3	18	454	41	51	1.287	49^5	84	2.120	58	550	13.884	75
7	8	83^5	19	479	65^5	52	1.312	74	85	2.145	82^5	575	14.515	87^5
8	10	09^8	20	504	90	53	1.337	98^5	86	2.171	07	600	15.147	»
9	11	36	21	530	14^5	54	1.363	23	87	2.196	31^5	625	15.778	12^5
10	12	62^2	22	555	39	55	1.388	47^5	88	2.221	56	650	16.409	25
11	13	88^4	23	580	63^5	56	1.413	72	89	2.246	80^5	675	17.040	37^5
12	15	14^7	24	605	88	57	1.438	96^5	90	2.272	05	700	17.671	50
13	16	40^9	25	631	12^5	58	1.464	21	91	2.297	29^5	725	18.302	62^5
14	17	67^1	26	656	37	59	1.489	45^5	92	2.322	54	750	18.933	75
15	18	93^3	27	681	61^5	60	1.514	70	93	2.347	78^5	775	19.564	87^5
16	20	19^6	28	706	86	61	1.539	94^5	94	2.373	03	800	20.196	»
17	21	45^8	29	732	10^5	62	1.565	19	95	2.398	27^5	825	20.827	12^5
18	22	72	30	757	35	63	1.590	43^5	96	2.423	52	850	21.458	25
19	23	98^2	31	782	59^5	64	1.615	68	97	2.448	76^5	875	22.089	37^5
			32	807	84	65	1.640	92^5	98	2.474	01	900	22.720	50
			33	833	08^5	66	1.666	17	99	2.499	25^5	925	23.351	62^5
									100	2.524	50	950	23.982	75
												975	24.613	87^5
												1000	25.245	»

CHANGE : 25.24 ¾

D	fr.	c.	£	fr.	c.	£	fr.	c.	£	fr.	c.	£	fr.	c.
1	0	10^5	1	25	24^4	34	858	41^5	67	1.691	58^2	125	3.155	93^7
2	0	21	2	50	49^2	35	883	66^2	68	1.716	83	150	3.787	12^5
3	0	31^5	3	75	74^2	36	908	91	69	1.742	07^7	175	4.418	31^2
4	0	42	4	100	99	37	934	15^7	70	1.767	32^5	200	5.049	50
5	0	52^5	5	126	23^7	38	959	40^5	71	1.792	57^2	225	5.680	68^7
6	0	63^1	6	151	48^5	39	984	65^2	72	1.817	82	250	6.311	87^5
7	0	73^6	7	176	73^2	40	1.009	90	73	1.843	06^7	275	6.943	06^2
8	0	84^1	8	201	98	41	1.035	14^7	74	1.868	31^5	300	7.574	25
9	0	94^6	9	227	22^7	42	1.060	39^5	75	1.893	56^2	325	8.205	43^7
10	1	05^1	10	252	47^5	43	1.085	64^2	76	1.918	81	350	8.836	62^5
11	1	15^7	11	277	72^2	44	1.110	89	77	1.944	05^7	375	9.467	81^2
S			12	302	97	45	1.136	13^7	78	1.969	30^5	400	10.099	»
1	1	26^2	13	328	21^7	46	1.161	38^5	79	1.994	55^2	425	10.730	18^7
2	2	52^4	14	353	46^5	47	1.186	63^2	80	2.019	80	450	11.361	37^5
3	3	78^7	15	378	71^2	48	1.211	88	81	2.045	04^7	475	11.992	56^2
4	5	04^9	16	403	96	49	1.237	12^7	82	2.070	29^5	500	12.623	75
5	6	31^1	17	429	20^7	50	1.262	37^5	83	2.095	54^2	525	13.254	93^7
6	7	57^4	18	454	45^5	51	1.287	62^2	84	2.120	79	550	13.886	12^5
7	8	83^6	19	479	70^2	52	1.312	87	85	2.146	03^7	575	14.517	31^2
8	10	09^9	20	504	95	53	1.338	11^7	86	2.171	28^5	600	15.148	50
9	11	36^1	21	530	19^7	54	1.363	36^5	87	2.196	53^2	625	15.779	68^7
10	12	62^3	22	555	44^5	55	1.388	61^2	88	2.221	78	650	16.410	87^5
11	13	88^6	23	580	69^2	56	1.413	86	89	2.247	02^7	675	17.042	06^2
12	15	14^8	24	605	94	57	1.439	10^7	90	2.272	27^5	700	17.673	25
13	16	41	25	631	18^7	58	1.464	35^5	91	2.297	52^2	725	18.304	43^7
14	17	67^3	26	656	43^5	59	1.489	60^2	92	2.322	77	750	18.935	62^5
15	18	93^5	27	681	68^2	60	1.514	85	93	2.348	01^7	775	19.566	81^2
16	20	19^8	28	706	93	61	1.540	09^7	94	2.373	26^5	800	20.198	»
17	21	46	29	732	17^7	62	1.565	34^5	95	2.398	51^2	825	20.829	18^7
18	22	72^2	30	757	42^5	63	1.590	59^2	96	2.423	76	850	21.460	37^5
19	23	98^5	31	782	67^2	64	1.615	84	97	2.449	00^7	875	22.091	56^2
			32	807	92	65	1.641	08^7	98	2.474	25^5	900	22.722	75
			33	833	16^7	66	1.666	33^5	99	2.499	50^2	925	23.353	93^7
									100	2.524	75	950	23.985	12^5
												975	24.616	31^2
												1000	25.247	50

CHANGE : 25.25

D	fr.	c.	£	fr.	c.	£	fr.	c.	£	fr.	c.	£	fr.	c.
1	0	10^5	1	25	25	34	858	50	67	1.691	75	125	3.156	25
2	0	21	2	50	50	35	883	75	68	1.717	»	150	3.787	50
3	0	31^5	3	75	75	36	909	»	69	1.742	25	175	4.418	75
4	0	42	4	101	»	37	934	25	70	1.767	50	200	5.050	»
5	0	52^6	5	126	25	38	959	50	71	1.792	75	225	5.681	25
6	0	63^1	6	151	50	39	984	75	72	1.818	»	250	6.312	50
7	0	73^6	7	176	75	40	1.010	»	73	1.843	25	275	6.943	75
8	0	84^1	8	202	»	41	1.035	25	74	1.868	50	300	7.575	»
9	0	94^6	9	227	25	42	1.060	50	75	1.893	75	325	8.206	25
10	1	05^2	10	252	50	43	1.085	75	76	1.919	»	350	8.837	50
11	1	15^7	11	277	75	44	1.111	»	77	1.944	25	375	9.468	75
S			12	303	»	45	1.136	25	78	1.969	50	400	10.100	»
1	1	26^2	13	328	25	46	1.161	50	79	1.994	75	425	10.731	25
2	2	52^5	14	353	50	47	1.186	75	80	2.020	»	450	11.362	50
3	3	78^7	15	378	75	48	1.212	»	81	2.045	25	475	11.993	75
4	5	05	16	404	»	49	1.237	25	82	2.070	50	500	12.625	»
5	6	31^2	17	429	25	50	1.262	50	83	2.095	75	525	13.256	25
6	7	57^5	18	454	50	51	1.287	75	84	2.121	»	550	13.887	50
7	8	83^7	19	479	75	52	1.313	»	85	2.146	25	575	14.518	75
8	10	10	20	505	»	53	1.338	25	86	2.171	50	600	15.150	»
9	11	36^4	21	530	25	54	1.363	50	87	2.196	75	625	15.781	25
10	12	62^5	22	555	50	55	1.388	75	88	2.222	»	650	16.412	50
11	13	88^7	23	580	75	56	1.414	»	89	2.247	25	675	17.043	75
12	15	15	24	606	»	57	1.439	25	90	2.272	50	700	17.675	»
13	16	41^2	25	631	25	58	1.464	50	91	2.297	75	725	18.366	25
14	17	67^5	26	656	50	59	1.489	75	92	2.323	»	750	18.937	50
15	18	93^7	27	681	75	60	1.515	»	93	2.348	25	775	19.568	75
16	20	20	28	707	»	61	1.540	25	94	2.373	50	800	20.200	»
17	21	46^2	29	732	25	62	1.565	50	95	2.398	75	825	20.831	25
18	22	72^5	30	757	50	63	1.590	75	96	2.424	»	850	21.462	50
19	23	98^7	31	782	75	64	1.616	»	97	2.449	25	875	22.093	75
			32	808	»	65	1.641	25	98	2.474	50	900	22.725	»
			33	833	25	66	1.666	50	99	2.499	75	925	23.356	25
									100	2.525	»	950	23.987	50
												975	24.618	75
												1000	25.250	»

CHANGE : 25.25 ¹/₄

D	fr. c.	£	fr. c.	£	fr. c.	£	fr. c.	£	fr. c.
1	0 10^5	1	25 25¼	34	858 58^5	67	1.691 91^7	125	3.156 56^2
2	0 21	2	50 50^5	35	883 83^7	68	1.717 17	150	3.787 87^5
3	0 31^5	3	75 75^7	36	909 09	69	1.742 42^2	175	4.419 18^7
4	0 42	4	101 01	37	934 34^2	70	1.767 67^5	200	5.050 50
5	0 52^6	5	126 26^2	38	959 59^5	71	1.792 92^7	225	5.681 81^2
6	0 63^4	6	151 51^5	39	984 84^7	72	1.818 18	250	6.313 12^5
7	0 73^6	7	176 76^7	40	1.010 10	73	1.843 43^2	275	6.944 43^7
8	0 84^4	8	202 02	41	1.035 35^2	74	1.868 68^5	300	7.575 75
9	0 94^6	9	227 27^2	42	1.060 60^5	75	1.893 93^7	325	8.207 06^2
10	1 05^2	10	252 52^5	43	1.085 85^7	76	1.919 19	350	8.838 37^5
11	1 15^7	11	277 77^7	44	1.111 11	77	1.944 44^2	375	9.469 68^7
S		12	303 03	45	1.136 36^2	78	1.969 69^5	400	10.101 »
1	1 26^2	13	328 28^2	46	1.161 61^5	79	1.994 94^7	425	10.732 31^2
2	2 52^5	14	353 53^5	47	1.186 86^7	80	2.020 20	450	11.363 62^5
3	3 78^7	15	378 78^7	48	1.212 12	81	2.045 45^2	475	11.994 93^7
4	5 05	16	404 04	49	1.237 37^2	82	2.070 70^5	500	12.626 25
5	6 31^3	17	429 29^2	50	1.262 62^5	83	2.095 95^7	525	13.257 56^2
6	7 57^5	18	454 54^5	51	1.287 87^7	84	2.121 21	550	13.888 87^5
7	8 83^8	19	479 79^7	52	1.313 13	85	2.146 46^2	575	14.520 18^7
8	10 10^1	20	505 05	53	1.338 38^2	86	2.171 71^5	600	15.151 50
9	11 36^3	21	530 30^2	54	1.363 63^5	87	2.196 96^7	625	15.782 81^2
10	12 62^6	22	555 55^5	55	1.388 88^7	88	2.222 22	650	16.414 12^5
11	13 88^8	23	580 80^7	56	1.414 14	89	2.247 47^2	675	17.045 43^7
12	15 15^4	24	606 06	57	1.439 39^2	90	2.272 72^5	700	17.676 75
13	16 41^4	25	631 31^2	58	1.464 64^5	91	2.297 97^7	725	18.308 06^2
14	17 67^6	26	656 56^5	59	1.489 89^7	92	2.323 23	750	18.939 37^5
15	18 93^9	27	681 81^7	60	1.515 15	93	2.348 48^2	775	19.570 68^7
16	20 20^2	28	707 07	61	1.540 40^2	94	2.373 73^5	800	20.202 »
17	21 46^4	29	732 32^2	62	1.565 65^5	95	2.398 98^7	825	20.833 31^2
18	22 72^7	30	757 57^5	63	1.590 90^7	96	2.424 24	850	21.464 62^5
19	23 98^9	31	782 82^7	64	1.616 16	97	2.449 49^2	875	22.095 93^7
		32	808 08	65	1.641 41^2	98	2.474 74^5	900	22.727 25
		33	833 33^2	66	1.666 66^5	99	2.499 99^7	925	23.358 56^2
						100	2.525 25	950	23.989 87^5
								975	24.621 18^7
								1000	25.252 50

CHANGE : 25.25 ¹/₂

D	fr.	c.	£	fr.	c.	£	fr.	c.	£	fr.	c.
1	0	10^5	1	25	25½	34	858	67	67	1.692	08^5
2	0	21	2	50	51	35	883	92^5	68	1.717	34
3	0	31^5	3	75	76^5	36	909	18	69	1.742	59^5
4	0	42	4	101	02	37	934	43^5	70	1.767	85
5	0	52^6	5	126	27^5	38	959	69	71	1.793	10^5
6	0	63^1	6	151	53	39	984	94^5	72	1.818	36
7	0	73^6	7	176	78^5	40	1.010	20	73	1.843	61^5
8	0	84^1	8	202	04	41	1.035	45^5	74	1.868	87
9	0	94^7	9	227	29^5	42	1.060	71	75	1.894	12^5
10	1	05^2	10	252	55	43	1.085	96^5	76	1.919	38
11	1	15^7	11	277	80^5	44	1.111	22	77	1.944	63^5
S			12	303	06	45	1.136	47^5	78	1.969	89
1	1	26^2	13	328	31^5	46	1.161	73	79	1.995	14^5
2	2	52^3	14	353	57	47	1.186	98^5	80	2.020	40
3	3	78^8	15	378	82^5	48	1.212	24	81	2.045	65^5
4	5	05^1	16	404	08	49	1.237	49^5	82	2.070	91
5	6	31^3	17	429	33^5	50	1.262	75	83	2.096	16^5
6	7	57^6	18	454	59	51	1.288	00^5	84	2.121	42
7	8	83^9	19	479	84^5	52	1.313	26	85	2.146	67^5
8	10	10^2	20	505	10	53	1.338	51^5	86	2.171	93
9	11	36^4	21	530	35^5	54	1.363	77	87	2.197	18^5
10	12	62^7	22	555	61	55	1.389	02^5	88	2.222	44
11	13	89	23	580	86^5	56	1.414	28	89	2.247	69^5
12	15	15^3	24	606	12	57	1.439	53^5	90	2.272	95
13	16	41^5	25	631	37^5	58	1.464	79	91	2.298	20^5
14	17	67^8	26	656	63	59	1.490	04^5	92	2.323	46
15	18	94^1	27	681	88^5	60	1.515	30	93	2.348	71^5
16	20	20^4	28	707	14	61	1.540	55^5	94	2.373	97
17	21	46^6	29	732	39^5	62	1.565	81	95	2.399	22^5
18	22	72^9	30	757	65	63	1.591	06^5	96	2.424	48
19	23	99^2	31	782	90^5	64	1.616	32	97	2.449	73^5
			32	808	16	65	1.641	57^5	98	2.474	99
			33	833	41^5	66	1.666	83	99	2.500	24^5
									100	2.525	50

£	fr.	c.
125	3.156	87^5
150	3.788	25
175	4.419	62^5
200	5.051	»
225	5.682	37^5
250	6.313	75
275	6.945	12^5
300	7.576	50
325	8.207	87^5
350	8.839	25
375	9.470	62^5
400	10.102	»
425	10.733	37^5
450	11.364	75
475	11.996	12^5
500	12.627	50
525	13.258	87^5
550	13.890	25
575	14.521	62^5
600	15.153	»
625	15.784	37^5
650	16.415	75
675	17.047	12^5
700	17.678	50
725	18.309	87^5
750	18.941	25
775	19.572	62^5
800	20.204	»
825	20.835	37^5
850	21.466	75
875	22.098	12^5
900	22.729	50
925	23.360	87^5
950	23.992	25
975	24.623	62^5
1000	25.255	»

CHANGE : 25.25 ³/₄

D	fr.	c.	£	fr.	c.	£	fr.	c.	£	fr.	c.	£	fr.	c.
1	0	10^5	1	25	25¼	34	858	75^5	67	1.692	25^2	125	3.157	18^7
2	0	21	2	50	51^5	35	884	01^2	68	1.717	51	150	3.788	62^5
3	0	31^5	3	75	77^2	36	909	27	69	1.742	76^7	175	4.420	06^2
4	0	42	4	101	03	37	934	52^7	70	1.768	02^5	200	5.051	50
5	0	52^6	5	126	28^7	38	959	78^5	71	1.793	28^2	225	5.682	93^7
6	0	63^1	6	151	54^5	39	985	04^2	72	1.818	54	250	6.314	37^5
7	0	73^6	7	176	80^2	40	1.010	30	73	1.843	79^7	275	6.945	81^2
8	0	84^1	8	202	06	41	1.035	55^7	74	1.869	05^5	300	7.577	25
9	0	94^7	9	227	31^7	42	1.060	81^5	75	1.894	31^2	325	8.208	68^7
10	1	05^2	10	252	57^5	43	1.086	67^2	76	1.919	57	350	8.840	12^5
11	1	15^7	11	277	83^2	44	1.111	33	77	1.944	82^7	375	9.471	56^2
S			12	303	09	45	1.136	58^7	78	1.970	08^5	400	10.103	»
1	1	26^2	13	328	34^7	46	1.161	84^5	79	1.995	34^2	425	10.734	43^7
2	2	52^5	14	353	60^5	47	1.187	10^2	80	2.020	60	450	11.365	87^5
3	3	78^8	15	378	86^2	48	1.212	36	81	2.045	85^7	475	11.997	31^2
4	5	05^1	16	404	12	49	1.237	61^7	82	2.071	11^5	500	12.628	75
5	6	31^1	17	429	37^7	50	1.262	87^5	83	2.096	37^2	525	13.260	18^7
6	7	57^7	18	454	63^5	51	1.288	13^2	84	2.121	63	550	13.891	62^5
7	8	84	19	479	89^2	52	1.313	39	85	2.146	88^7	575	14.523	06^2
8	10	10^3	20	505	15	53	1.338	64^7	86	2.172	14^5	600	15.154	50
9	11	36^5	21	530	40^7	54	1.363	90^5	87	2.197	40^2	625	15.785	93^7
10	12	62^8	22	555	66^5	55	1.389	16^2	88	2.222	66	650	16.417	37^5
11	13	89^1	23	580	92^2	56	1.414	42	89	2.247	91^7	675	17.048	81^2
12	15	15^4	24	606	18	57	1.439	67^7	90	2.273	17^5	700	17.680	25
13	16	41^7	25	631	43^7	58	1.464	93^5	91	2.298	43^2	725	18.311	68^7
14	17	68	26	656	69^5	59	1.490	19^2	92	2.323	69	750	18.943	12^5
15	18	94^3	27	681	95^2	60	1.515	45	93	2.348	94^7	775	19.574	56^2
16	20	20^6	28	707	21	61	1.540	70^7	94	2.374	20^5	800	20.206	»
17	21	46^8	29	732	46^7	62	1.565	96^5	95	2.399	46^2	825	20.837	43^7
18	22	73^1	30	757	72^5	63	1.591	22^2	96	2.424	72	850	21.468	87^5
19	23	99^1	31	782	98^2	64	1.616	48	97	2.449	97^7	875	22.100	31^2
			32	808	24	65	1.641	73^7	98	2.475	23^5	900	22.731	75
			33	833	49^7	66	1.666	99^5	99	2.500	49^2	925	23.363	18^7
									100	2.525	75	950	23.994	62^5
												975	24.626	06^2
												1000	25.257	50

CHANGE : 25.26

D	fr.	c.	£	fr.	c.	£	fr.	c.	£	fr.	c.	£	fr.	c.
1	0	10⁵	1	25	26	34	858	84	67	1.692	42	125	3.157	50
2	0	21	2	50	52	35	884	10	68	1.717	68	150	3.789	»
3	0	31⁵	3	75	78	36	909	36	69	1.742	94	175	4.420	50
4	0	42¹	4	101	04	37	934	62	70	1.768	20	200	5.052	»
5	0	52⁶	5	126	30	38	959	88	71	1.793	46	225	5.683	50
6	0	63¹	6	151	56	39	985	14	72	1.818	72	250	6.315	»
7	0	73⁶	7	176	82	40	1.010	40	73	1.843	98	275	6.946	50
8	0	84²	8	202	08	41	1.035	66	74	1.869	24	300	7.578	»
9	0	94⁷	9	227	34	42	1.060	92	75	1.894	50	325	8.209	50
10	1	05²	10	252	60	43	1.086	18	76	1.919	76	350	8.841	»
11	1	15⁷	11	277	86	44	1.111	44	77	1.945	02	375	9.472	50
S			12	303	12	45	1.136	70	78	1.970	28	400	10.104	»
1	1	26³	13	328	38	46	1.161	96	79	1.995	54	425	10.735	50
2	2	52⁶	14	353	64	47	1.187	22	80	2.020	80	450	11.367	»
3	3	78⁹	15	378	90	48	1.212	48	81	2.046	06	475	11.998	50
4	5	05²	16	404	16	49	1.237	74	82	2.071	32	500	12.630	»
5	6	31⁵	17	429	42	50	1.263	»	83	2.096	58	525	13.261	50
6	7	57⁸	18	454	68	51	1.288	26	84	2.121	84	550	13.893	»
7	8	84¹	19	479	94	52	1.313	52	85	2.147	10	575	14.524	50
8	10	10⁴	20	505	20	53	1.338	78	86	2.172	36	600	15.156	»
9	11	36⁷	21	530	46	54	1.364	04	87	2.197	62	625	15.787	50
10	12	63	22	555	72	55	1.389	30	88	2.222	88	650	16.419	»
11	13	89³	23	580	98	56	1.414	56	89	2.248	14	675	17.050	50
12	15	15⁰	24	606	24	57	1.439	82	90	2.273	40	700	17.682	»
13	16	41⁹	25	631	50	58	1.465	08	91	2.298	66	725	18.313	50
14	17	68²	26	656	76	59	1.490	34	92	2.323	92	750	18.945	»
15	18	94⁵	27	682	02	60	1.515	60	93	2.349	18	775	19.576	50
16	20	20⁸	28	707	28	61	1.540	86	94	2.374	44	800	20.208	»
17	21	47¹	29	732	54	62	1.566	12	95	2.399	70	825	20.839	50
18	22	73⁴	30	757	80	63	1.591	38	96	2.424	96	850	21.471	»
19	23	99⁷	31	783	06	64	1.616	64	97	2.450	22	875	22.102	50
			32	808	32	65	1.641	90	98	2.475	48	900	22.734	»
			33	833	58	66	1.667	16	99	2.500	74	925	23.365	50
									100	2.526	»	950	23.997	»
												975	24.628	50
												1000	25.260	»

CHANGE : 25.26 ¹/₄

D	fr.	c.	£	fr.	c.	£	fr.	c.	£	fr.	c.	£	fr.	c.
1	0	10^5	1	25	26¼	34	858	92^5	67	1.692	58^7	125	3.157	81^2
2	0	21	2	50	52^5	35	884	18^7	68	1.717	85	150	3.789	37^5
3	0	51^5	3	75	78^7	36	909	45	69	1.743	11^2	175	4.420	93^7
4	0	42^1	4	101	05	37	934	71^2	70	1.768	37^5	200	5.052	50
5	0	52^6	5	126	31^2	38	959	97^5	71	1.793	63^7	225	5.684	06^2
6	0	63^1	6	151	57^5	39	985	23^7	72	1.818	90	250	6.315	62^5
7	0	73^6	7	176	83^7	40	1.010	50	73	1.844	16^2	275	6.947	18^7
8	0	84^5	8	202	10	41	1.035	76^2	74	1.869	42^5	300	7.578	75
9	0	94^7	9	227	36^2	42	1.061	02^5	75	1.894	68^7	325	8.210	31^2
10	1	05^2	10	252	62^5	43	1.086	28^7	76	1.919	95	350	8.841	87^5
11	1	15^7	11	277	88^7	44	1.111	55	77	1.945	21^2	375	9.473	43^7
S			12	303	15	45	1.136	81^2	78	1.970	47^5	400	10.105	»
1	1	26^3	13	328	41^2	46	1.162	07^5	79	1.995	73^7	425	10.736	56^2
2	2	52^6	14	353	67^5	47	1.187	33^7	80	2.021	»	450	11.368	12^5
3	3	78^9	15	378	93^7	48	1.212	60	81	2.046	26^2	475	11.999	68^7
4	5	05^2	16	404	20	49	1.237	86^2	82	2.071	52^5	500	12.631	25
5	6	31^5	17	429	46^2	50	1.263	12^5	83	2.096	78^7	525	13.262	81^2
6	7	57^8	18	454	72^5	51	1.288	38^7	84	2.122	05	550	13.894	37^5
7	8	84^1	19	479	98^7	52	1.313	65	85	2.147	31^2	575	14.525	93^7
8	10	10^5	20	505	25	53	1.338	91^2	86	2.172	57^5	600	15.157	50
9	11	36^8	21	530	51^2	54	1.364	17^5	87	2.197	83^7	625	15.789	06^2
10	12	63^1	22	555	77^5	55	1.389	43^7	88	2.223	10	650	16.420	62^5
11	13	89^4	23	581	03^7	56	1.414	70	89	2.248	36^2	675	17.052	18^7
12	15	15^7	24	606	30	57	1.439	96^2	90	2.273	62^5	700	17.683	75
13	16	42	25	631	56^2	58	1.465	22^5	91	2.298	88^7	725	18.315	31^2
14	17	68^3	26	656	82^5	59	1.490	48^7	92	2.324	15	750	18.946	87^5
15	18	94^6	27	682	08^7	60	1.515	75	93	2.349	41^2	775	19.578	43^7
16	20	21	28	707	35	61	1.541	01^2	94	2.374	67^5	800	20.210	»
17	21	47^3	29	732	61^2	62	1.566	27^5	95	2.399	93^7	825	20.841	56^2
18	22	73^6	30	757	87^5	63	1.591	53^7	96	2.425	20	850	21.473	12^5
19	23	99^9	31	783	13^7	64	1.616	80	97	2.450	46^2	875	22.104	68^7
			32	808	40	65	1.642	06^2	98	2.475	72^5	900	22.736	25
			33	833	66^2	66	1.667	32^5	99	2.500	98^7	925	23.367	81^2
									100	2.526	25	950	23.999	37^5
												975	24.630	93^7
												1000	25.262	50

CHANGE : 25.26 ¹/₂

D	fr.	c.	ℒ	fr.	c.	ℒ	fr.	c.	ℒ	fr.	c.	ℒ	fr.	c.
1	0	10^5	1	25	26½	34	859	01	67	1.692	75^5	125	3.158	12^5
2	0	21	2	50	53	35	884	27^5	68	1.718	02	150	3.789	75
3	0	31^5	3	75	79^5	36	909	54	69	1.743	28^5	175	4.421	37^5
4	0	42^1	4	101	06	37	934	80^5	70	1.768	55	200	5.053	»
5	0	52^6	5	126	32^5	38	960	07	71	1.793	81^5	225	5.684	62^5
6	0	63^1	6	151	59	39	985	33^5	72	1.819	08	250	6.316	25
7	0	73^9	7	176	85^5	40	1.010	60	73	1.844	34^5	275	6.947	87^5
8	0	84^2	8	202	12	41	1.035	86^5	74	1.869	61	300	7.579	50
9	0	94^7	9	227	38^5	42	1.061	13	75	1.894	87^5	325	8.211	12^5
10	1	05^2	10	252	65	43	1.086	39^5	76	1.920	14	350	8.842	75
11	1	15^7	11	277	91^5	44	1.111	66	77	1.945	40^5	375	9.474	37^5
S			12	303	18	45	1.136	92^5	78	1.970	67	400	10.106	»
1	1	26^3	13	328	44^5	46	1.162	19	79	1.995	93^5	425	10.737	62^5
2	2	52^6	14	353	71	47	1.187	45^5	80	2.021	20	450	11.369	25
3	3	78^9	15	378	97^5	48	1.212	72	81	2.046	46^5	475	12.000	87^5
4	5	05^3	16	404	24	49	1.237	98^5	82	2.071	73	500	12.632	50
5	6	31^9	17	429	50^5	50	1.263	25	83	2.096	99^5	525	13.264	12^5
6	7	57^9	18	454	77	51	1.288	51^5	84	2.122	26	550	13.895	75
7	8	84^2	19	480	03^5	52	1.313	78	85	2.147	52^5	575	14.527	37^5
8	10	10^6	20	505	30	53	1.339	04^5	86	2.172	79	600	15.159	»
9	11	36^9	21	530	56^5	54	1.364	31	87	2.198	05^5	625	15.790	62^5
10	12	63^2	22	555	83	55	1.389	57^5	88	2.223	32	650	16.422	25
11	13	89^5	23	581	09^5	56	1.414	84	89	2.248	58^5	675	17.053	87^5
12	15	15^9	24	606	36	57	1.440	10^5	90	2.273	85	700	17.685	50
13	16	42^2	25	631	62^5	58	1.465	37	91	2.299	11^5	725	18.317	12^5
14	17	68^5	26	656	89	59	1.490	63^5	92	2.324	38	750	18.948	75
15	18	94^8	27	682	15^5	60	1.515	90	93	2.349	64^5	775	19.580	37^5
16	20	21^2	28	707	42	61	1.541	16^5	94	2.374	91	800	20.212	»
17	21	47^5	29	732	68^5	62	1.566	43	95	2.400	17^5	825	20.843	62^5
18	22	73^8	30	757	95	63	1.591	69^5	96	2.425	44	850	21.475	25
19	24	00^1	31	783	21^5	64	1.616	96	97	2.450	70^5	875	22.106	87^5
			32	808	48	65	1.642	22^5	98	2.475	97	900	22.738	50
			33	833	74^5	66	1.667	49	99	2.501	23^5	925	23.370	12^5
									100	2.526	50	950	24.001	75
												975	24.633	37^5
												1000	25.265	»

CHANGE : 25.26 ³/₄

D	fr.	c.	£	fr.	c.	£	fr.	c.	£	fr.	c.	£	fr.	c.
1	0	10^5	1	25	26¾	34	859	09^5	67	1.692	92^2	125	3.158	43^7
2	0	21	2	50	53^5	35	884	36^2	68	1.718	19	150	3.790	12^5
3	0	31^5	3	75	80^2	36	909	63	69	1.743	45^7	175	4.421	81^2
4	0	42^1	4	101	07	37	934	89^7	70	1.768	72^5	200	5.053	50
5	0	52^6	5	126	33^7	38	960	16^5	71	1.793	99^2	225	5.685	18^7
6	0	63^1	6	151	60^5	39	985	43^2	72	1.819	26	250	6.316	87^5
7	0	73^6	7	176	87^2	40	1.010	70	73	1.844	52^7	275	6.948	56^2
8	0	84^2	8	202	14	41	1.035	96^7	74	1.869	79^5	300	7.580	25
9	0	94^7	9	227	40^7	42	1.061	23^5	75	1.895	06^2	325	8.211	93^7
10	1	05^2	10	252	67^5	43	1.086	50^2	76	1.920	33	350	8.843	62^5
11	1	15^8	11	277	94^2	44	1.111	77	77	1.945	59^7	375	9.475	31^2
S			12	303	21	45	1.137	03^7	78	1.970	86^5	400	10.107	»
1	1	26^3	13	328	47^7	46	1.162	30^5	79	1.996	13^2	425	10.738	68^7
2	2	52^6	14	353	74^5	47	1.187	57^2	80	2.021	40	450	11.370	37^5
3	3	79	15	379	01^2	48	1.212	84	81	2.046	66^7	475	12.002	06^2
4	5	05^3	16	404	28	49	1.238	10^7	82	2.071	93^5	500	12.633	75
5	6	31^6	17	429	54^7	50	1.263	37^5	83	2.097	20^2	525	13.265	43^7
6	7	58	18	454	81^5	51	1.288	64^2	84	2.122	47	550	13.897	12^5
7	8	84^3	19	480	08^2	52	1.313	91	85	2.147	73^7	575	14.528	81^2
8	10	10^7	20	505	35	53	1.339	17^7	86	2.173	00^5	600	15.160	50
9	11	37	21	530	61^7	54	1.364	44^5	87	2.198	27^2	625	15.792	18^7
10	12	63^3	22	555	88^5	55	1.389	71^2	88	2.223	54	650	16.423	87^5
11	13	89^7	23	581	15^2	56	1.414	98	89	2.248	80^7	675	17.055	56^2
12	15	16	24	606	42	57	1.440	24^7	90	2.274	07^5	700	17.687	25
13	16	42^3	25	631	68^7	58	1.465	51^5	91	2.299	34^2	725	18.318	93^7
14	17	68^7	26	656	95^5	59	1.490	78^2	92	2.324	61	750	18.950	62^5
15	18	95	27	682	22^2	60	1.516	05	93	2.349	87^7	775	19.582	31^2
16	20	21^4	28	707	49	61	1.541	31^7	94	2.375	14^5	800	20.214	»
17	21	47^7	29	732	75^7	62	1.566	58^5	95	2.400	41^2	825	20.845	68^7
18	22	74	30	758	02^5	63	1.591	85^2	96	2.425	68	850	21.477	37^5
19	24	00^4	31	783	29^2	64	1.617	12	97	2.450	94^7	875	22.109	06^2
			32	808	56	65	1.642	38^7	98	2.476	21^5	900	22.740	75
			33	833	82^7	66	1.667	65^5	99	2.501	48^2	925	23.372	43^7
									100	2.526	75	950	24.004	12^5
												975	24.635	81^2
												1000	25.267	50

CHANGE : 25.27

D	fr.	c.	£	fr.	c.	£	fr.	c.	£	fr.	c.	£	fr.	c.
1	0	10^5	1	25	27	34	859	18	67	1.693	09	125	3.158	75
2	0	21	2	50	54	35	884	45	68	1.718	36	150	3.790	50
3	0	31^5	3	75	81	36	909	72	69	1.743	63	175	4.422	25
4	0	42^1	4	101	08	37	934	99	70	1.768	90	200	5.054	»
5	0	52^6	5	126	35	38	960	26	71	1.794	17	225	5.685	75
6	0	63^1	6	151	62	39	985	53	72	1.819	44	250	6.317	50
7	0	73^7	7	176	89	40	1.010	80	73	1.844	71	275	6.949	25
8	0	84^2	8	202	16	41	1.036	07	74	1.869	98	300	7.581	»
9	0	94^7	9	227	43	42	1.061	34	75	1.895	25	325	8.212	75
10	1	05^2	10	252	70	43	1.086	61	76	1.920	52	350	8.844	50
11	1	15^8	11	277	97	44	1.111	88	77	1.945	79	375	9.476	25
S			12	303	24	45	1.137	15	78	1.971	06	400	10.108	»
1	1	26^3	13	328	51	46	1.162	42	79	1.996	33	425	10.739	75
2	2	52^7	14	353	78	47	1.187	69	80	2.021	60	450	11.371	50
3	3	79	15	379	05	48	1.212	96	81	2.046	87	475	12.003	25
4	5	05^4	16	404	32	49	1.238	23	82	2.072	14	500	12.635	»
5	6	31^7	17	429	59	50	1.263	50	83	2.097	41	525	13.266	75
6	7	58^1	18	454	86	51	1.288	77	84	2.122	68	550	13.898	50
7	8	84^4	19	480	13	52	1.314	04	85	2.147	95	575	14.530	25
8	10	10^8	20	505	40	53	1.339	31	86	2.173	22	600	15.162	»
9	11	37^1	21	530	67	54	1.364	58	87	2.198	49	625	15.793	75
10	12	63^5	22	555	94	55	1.389	85	88	2.223	76	650	16.425	50
11	13	89^8	23	581	21	56	1.415	12	89	2.249	03	675	17.057	25
12	15	16^2	24	606	48	57	1.440	39	90	2.274	30	700	17.689	»
13	16	42^5	25	631	75	58	1.465	66	91	2.299	57	725	18.320	75
14	17	68^9	26	657	02	59	1.490	93	92	2.324	84	750	18.952	50
15	18	95^2	27	682	29	60	1.516	20	93	2.350	11	775	19.584	25
16	20	21^6	28	707	56	61	1.541	47	94	2.375	38	800	20.216	»
17	21	47^9	29	732	83	62	1.566	74	95	2.400	65	825	20.847	75
18	22	74^3	30	758	10	63	1.592	01	96	2.425	92	850	21.479	50
19	24	00^6	31	783	37	64	1.617	28	97	2.451	19	875	22.111	25
			32	808	64	65	1.642	55	98	2.476	46	900	22.743	»
			33	833	91	66	1.667	82	99	2.501	73	925	23.374	75
									100	2.527	»	950	24.006	50
												975	24.638	25
												1000	25.270	»

CHANGE : 25.27 ¹/₄

D	fr.	c.	£	fr.	c.	£	fr.	c.	£	fr.	c.	£	fr.	c.
1	0	10^5	1	25	27¼	34	859	26^5	67	1.693	25^7	125	3.459	06^2
2	0	21	2	50	54^2	35	884	53^7	68	1.718	53	150	3.790	87^5
3	0	31^5	3	75	81^7	36	909	81	69	1.743	80^2	175	4.422	68^7
4	0	42^1	4	101	09	37	935	08^2	70	1.769	07^5	200	5.054	50
5	0	52^6	5	126	36^2	38	960	35^5	71	1.794	34^7	225	5.686	31^2
6	0	63^1	6	151	63^5	39	985	62^7	72	1.819	62	250	6.318	12^5
7	0	73^7	7	176	90^7	40	1.010	90	73	1.844	89^2	275	6.949	93^7
8	0	84^2	8	202	18	41	1.036	17^2	74	1.870	16^5	300	7.581	75
9	0	94^7	9	227	45^2	42	1.061	44^5	75	1.895	43^7	325	8.213	56^2
10	1	05^3	10	252	72^5	43	1.086	71^7	76	1.920	71	350	8.845	37^5
11	1	15^8	11	277	99^7	44	1.111	99	77	1.945	98^2	375	9.477	18^7
S			12	303	27	45	1.137	26^2	78	1.971	25^5	400	10.109	»
1	1	26^3	13	328	54^2	46	1.162	53^5	79	1.996	52^7	425	10.740	81^2
2	2	52^7	14	353	81^5	47	1.187	80^7	80	2.021	80	450	11.372	62^5
3	3	79	15	379	08^7	48	1.213	08	81	2.047	07^2	475	12.004	43^7
4	5	05^4	16	404	36	49	1.238	35^2	82	2.072	34^5	500	12.636	25
5	6	31^8	17	429	63^2	50	1.263	62^5	83	2.097	61^7	525	13.268	06^2
6	7	58^1	18	454	90^5	51	1.288	89^7	84	2.122	89	550	13.899	87^5
7	8	84^5	19	480	17^7	52	1.314	17	85	2.148	16^2	575	14.531	68^7
8	10	10^9	20	505	45	53	1.339	44^2	86	2.173	43^5	600	15.163	50
9	11	37^2	21	530	72^2	54	1.364	71^5	87	2.198	70^7	625	15.795	31^2
10	12	63^6	22	555	99^5	55	1.389	98^7	88	2.223	98	650	16.427	12^5
11	13	89^9	23	581	26^7	56	1.415	26	89	2.249	25^2	675	17.058	93^7
12	15	16^3	24	606	54	57	1.440	53^2	90	2.274	52^5	700	17.690	75
13	16	42^7	25	631	81^2	58	1.465	80^5	91	2.299	79^7	725	18.322	56^2
14	17	69	26	657	08^5	59	1.491	07^7	92	2.325	07	750	18.954	37^5
15	18	95^4	27	682	35^7	60	1.516	35	93	2.350	34^2	775	19.586	18^7
16	20	21^8	28	707	63	61	1.541	62^2	94	2.375	61^5	800	20.218	»
17	21	48^1	29	732	90^2	62	1.566	89^5	95	2.400	88^7	825	20.849	81^2
18	22	74^5	30	758	17^5	63	1.592	16^7	96	2.426	16	850	21.481	62^5
19	24	00^8	31	783	44^7	64	1.617	44	97	2.451	43^2	875	22.113	43^7
			32	808	72	65	1.642	71^2	98	2.476	70^5	900	22.745	25
			33	833	99^2	66	1.667	98^5	99	2.501	97^7	925	23.377	06^2
									100	2.527	25	950	24.008	87^5
												975	24.640	68^7
												1000	25.272	50

CHANGE : 25.27 $^1/_2$

D	fr.	c.	£	fr.	c.	£	fr.	c.	£	fr.	c.	£	fr.	c.
1	0	10^5	1	25	27¼	34	859	35	67	1.693	42^5	125	3.159	37^5
2	0	21	2	50	55	35	884	62^5	68	1.718	70	150	3.791	25
3	0	31^5	3	75	82^5	36	909	90	69	1.743	97^5	175	4.423	12^5
4	0	42^1	4	101	10	37	935	17^5	70	1.769	25	200	5.055	»
5	0	52^6	5	126	37^5	38	960	45	71	1.794	52^5	225	5.686	87^5
6	0	63^1	6	151	65	39	985	72^5	72	1.819	80	250	6.318	75
7	0	73^7	7	176	92^5	40	1.011	»	73	1.845	07^5	275	6.950	62^5
8	0	84^2	8	202	20	41	1.036	27^5	74	1.870	35	300	7.582	50
9	0	94^7	9	227	47^5	42	1.061	55	75	1.895	62^5	325	8.214	37^5
10	1	05^3	10	252	75	43	1.086	82^5	76	1.920	90	350	8.846	25
11	1	15^8	11	278	02^5	44	1.112	10	77	1.946	17^5	375	9.478	12^5
S			12	303	30	45	1.137	37^5	78	1.971	45	400	10.110	»
1	1	26^3	13	328	57^5	46	1.162	65	79	1.996	72^5	425	10.741	87^5
2	2	52^7	14	353	85	47	1.187	92^5	80	2.022	»	450	11.373	75
3	3	79^1	15	379	12^5	48	1.213	20	81	2.047	27^5	475	12.005	62^5
4	5	05^5	16	404	40	49	1.238	47^5	82	2.072	55	500	12.637	50
5	6	31^8	17	429	67^5	50	1.263	75	83	2.097	82^5	525	13.269	37^5
6	7	58^2	18	454	95	51	1.289	02^5	84	2.123	10	550	13.901	25
7	8	84^6	19	480	22^5	52	1.314	30	85	2.148	37^5	575	14.533	12^5
8	10	11	20	505	50	53	1.339	57^5	86	2.173	65	600	15.165	»
9	11	37^3	21	530	77^5	54	1.364	85	87	2.198	92^5	625	15.796	87^5
10	12	63^7	22	556	05	55	1.390	12^5	88	2.224	20	650	16.428	75
11	13	90^1	23	581	32^5	56	1.415	40	89	2.249	47^5	675	17.060	62^5
12	15	16^5	24	606	60	57	1.440	67^5	90	2.274	75	700	17.692	50
13	16	42^8	25	631	87^5	58	1.465	95	91	2.300	02^5	725	18.324	37^5
14	17	69^2	26	657	15	59	1.491	22^5	92	2.325	30	750	18.956	25
15	18	95^6	27	682	42^5	60	1.516	50	93	2.350	57^5	775	19.588	12^5
16	20	22	28	707	70	61	1.541	77^5	94	2.375	85	800	20.220	»
17	21	48^3	29	732	97^5	62	1.567	05	95	2.401	12^5	825	20.851	87^5
18	22	74^7	30	758	25	63	1.592	32^5	96	2.426	40	850	21.483	75
19	24	01^1	31	783	52^5	64	1.617	60	97	2.451	67^5	875	22.115	62^5
			32	808	80	65	1.642	87^5	98	2.476	95	900	22.747	50
			33	834	07^5	66	1.668	15	99	2.502	22^5	925	23.379	37^5
									100	2.527	50	950	24.011	25
												975	24.643	12^5
												1000	25.275	»

CHANGE : 25.27 ³/₄

D	fr.	c.	£	fr.	c.	£	fr.	c.	£	fr.	c.	£	fr.	c.
1	0	10^5	1	25	27¾	34	859	43^5	67	1.693	59^2	125	3.159	68^7
2	0	21	2	50	55^5	35	884	71^2	68	1.718	87	150	3.791	62^5
3	0	31^5	3	75	83^2	36	909	99	69	1.744	14^7	175	4.423	56^2
4	0	42^1	4	101	11	37	935	26^7	70	1.769	42^5	200	5.055	50
5	0	52^6	5	126	38^7	38	960	54^5	71	1.794	70^2	225	5.687	43^7
6	0	63^1	6	151	66^5	39	985	82^2	72	1.819	98	250	6.319	37^5
7	0	73^7	7	176	94^2	40	1.011	10	73	1.845	25^7	275	6.951	31^2
8	0	84^2	8	202	22	41	1.036	37^7	74	1.870	53^5	300	7.583	25
9	0	94^7	9	227	49^7	42	1.061	65^5	75	1.895	81^2	325	8.215	18^7
10	1	05^3	10	252	77^5	43	1.086	93^2	76	1.921	09	350	8.847	12^5
11	1	15^8	11	278	05^2	44	1.112	21	77	1.946	36^7	375	9.479	06^2
S			12	303	33	45	1.137	48^7	78	1.971	64^5	400	10.111	»
1	1	26^3	13	328	60^7	46	1.162	76^5	79	1.996	92^2	425	10.742	93^7
2	2	52^7	14	353	88^5	47	1.188	04^2	80	2.022	20	450	11.374	87^5
3	3	79^1	15	379	16^2	48	1.213	32	81	2.047	47^7	475	12.006	81^2
4	5	05^5	16	404	44	49	1.238	59^7	82	2.072	75^5	500	12.638	75
5	6	31^9	17	429	71^7	50	1.263	87^5	83	2.098	03^2	525	13.270	68^7
6	7	58^3	18	454	99^5	51	1.289	15^2	84	2.123	31	550	13.902	62^5
7	8	84^7	19	480	27^2	52	1.314	43	85	2.148	58^7	575	14.534	56^2
8	10	11^1	20	505	55	53	1.339	70^7	86	2.173	86^5	600	15.166	50
9	11	37^4	21	530	82^7	54	1.364	98^5	87	2.199	14^2	625	15.798	43^7
10	12	63^8	22	556	10^5	55	1.390	26^2	88	2.224	42	650	16.430	37^5
11	13	90^2	23	581	38^2	56	1.415	54	89	2.249	69^7	675	17.062	31^2
12	15	16^0	24	606	66	57	1.440	81^7	90	2.274	97^5	700	17.694	25
13	16	43	25	631	93^7	58	1.466	09^5	91	2.300	25^2	725	18.326	18^7
14	17	69^4	26	657	21^5	59	1.491	37^2	92	2.325	53	750	18.958	12^5
15	18	95^8	27	682	49^2	60	1.516	65	93	2.350	80^7	775	19.590	06^2
16	20	22^2	28	707	77	61	1.541	92^7	94	2.376	08^5	800	20.222	»
17	21	48^5	29	733	04^7	62	1.567	20^5	95	2.401	36^2	825	20.853	93^7
18	22	74^9	30	758	32^5	63	1.592	48^2	96	2.426	64	850	21.485	87^5
19	24	01^3	31	783	60^2	64	1.617	76	97	2.451	91^7	875	22.117	81^2
			32	808	88	65	1.643	03^7	98	2.477	19^5	900	22.749	75
			33	834	15^7	66	1.668	31^5	99	2.502	47^2	925	23.381	68^7
									100	2.527	75	950	24.013	62^5
												975	24.645	56^2
												1000	25.277	50

CHANGE : 25.28

D	fr.	c.	£	fr.	c.	£	fr.	c.	£	fr.	c.	£	fr.	c.
1	0	10^5	1	25	28	34	859	52	67	1.693	76	125	3.160	»
2	0	21	2	50	56	35	884	80	68	1.719	04	150	3.792	»
3	0	31^6	3	75	84	36	910	08	69	1.744	32	175	4.424	»
4	0	42^1	4	101	12	37	935	36	70	1.769	60	200	5.056	»
5	0	52^6	5	126	40	38	960	64	71	1.794	88	225	5.688	»
6	0	63^2	6	151	68	39	985	92	72	1.820	16	250	6.320	»
7	0	73^7	7	176	96	40	1.011	20	73	1.845	44	275	6.952	»
8	0	84^2	8	202	24	41	1.036	48	74	1.870	72	300	7.584	»
9	0	94^8	9	227	52	42	1.061	76	75	1.896	»	325	8.216	»
10	1	05^3	10	252	80	43	1.087	04	76	1.921	28	350	8.848	»
11	1	15^8	11	278	08	44	1.112	32	77	1.946	56	375	9.480	»
S			12	303	36	45	1.137	60	78	1.971	84	400	10.112	»
1	1	26^4	13	328	64	46	1.162	88	79	1.997	12	425	10.744	»
2	2	52^8	14	353	92	47	1.188	16	80	2.022	40	450	11.376	»
3	3	79^2	15	379	20	48	1.213	44	81	2.047	68	475	12.008	»
4	5	05^6	16	404	48	49	1.238	72	82	2.072	96	500	12.640	»
5	6	32	17	429	76	50	1.264	»	83	2.098	24	525	13.272	»
6	7	58^4	18	455	04	51	1.289	28	84	2.123	52	550	13.904	»
7	8	84^8	19	480	32	52	1.314	56	85	2.148	80	575	14.536	»
8	10	11^2	20	505	60	53	1.339	84	86	2.174	08	600	15.168	»
9	11	37^6	21	530	88	54	1.365	12	87	2.199	36	625	15.800	»
10	12	64	22	556	16	55	1.390	40	88	2.224	64	650	16.432	»
11	13	90^4	23	581	44	56	1.415	68	89	2.249	92	675	17.064	»
12	15	16^8	24	606	72	57	1.440	96	90	2.275	20	700	17.696	»
13	16	43^2	25	632	»	58	1.466	24	91	2.300	48	725	18.328	»
14	17	69^6	26	657	28	59	1.491	52	92	2.325	76	750	18.960	»
15	18	96	27	682	56	60	1.516	80	93	2.351	04	775	19.592	»
16	20	22^4	28	707	84	61	1.542	08	94	2.376	32	800	20.224	»
17	21	48^8	29	733	12	62	1.567	36	95	2.401	60	825	20.856	»
18	22	75^2	30	758	40	63	1.592	64	96	2.426	88	850	21.488	»
19	24	01^6	31	783	68	64	1.617	92	97	2.452	16	875	22.120	»
			32	808	96	65	1.643	20	98	2.477	44	900	22.752	»
			33	834	24	66	1.668	48	99	2.502	72	925	23.384	»
									100	2.528	»	950	24.016	»
												975	24.648	»
												1000	25.280	»

CHANGE : 25.28 ¹/₄

D	fr.	c.	£	fr.	c.	£	fr.	c.	£	fr.	c.	£	fr.	c.
1	0	10^5	1	25	28¼	34	859	60^5	67	1.693	92^7	125	3.160	31^2
2	0	21	2	50	56^5	35	884	88^7	68	1.719	21	150	3.792	37^5
3	0	31^6	3	75	84^7	36	910	17	69	1.744	49^2	175	4.424	43^7
4	0	42^4	4	101	13	37	935	45^2	70	1.769	77^5	200	5.056	50
5	0	52^6	5	126	41^2	38	960	73^5	71	1.795	05^7	225	5.688	56^2
6	0	63^2	6	151	69^5	39	986	01^7	72	1.820	34	250	6.320	62^5
7	0	73^7	7	176	97^7	40	1.011	30	73	1.845	62^2	275	6.952	68^7
8	0	84^3	8	202	26	41	1.036	58^2	74	1.870	90^5	300	7.584	75
9	0	94^8	9	227	54^2	42	1.061	86^5	75	1.896	18^7	325	8.216	81^2
10	1	05^3	10	252	82^5	43	1.087	14^7	76	1.921	47	350	8.848	87^5
11	1	15^8	11	278	10^7	44	1.112	43	77	1.946	75^2	375	9.480	93^7
S			12	303	39	45	1.137	71^2	78	1.972	03^5	400	10.113	»
1	1	26^4	13	328	67^2	46	1.162	99^5	79	1.997	31^7	425	10.745	06^2
2	2	52^8	14	353	95^5	47	1.188	27^7	80	2.022	60	450	11.377	12^5
3	3	79^2	15	379	23^7	48	1.213	56	81	2.047	88^2	475	12.009	18^7
4	5	05^6	16	404	52	49	1.238	84^2	82	2.073	16^5	500	12.641	25
5	6	32	17	429	80^2	50	1.264	12^5	83	2.098	44^7	525	13.273	31^2
6	7	58^4	18	455	08^5	51	1.289	40^7	84	2.123	73	550	13.905	37^5
7	8	84^8	19	480	36^7	52	1.314	69	85	2.149	01^2	575	14.537	43^7
8	10	11^3	20	505	65	53	1.339	97^2	86	2.174	29^5	600	15.169	50
9	11	37^7	21	530	93^2	54	1.365	25^5	87	2.199	57^7	625	15.801	56^2
10	12	64^1	22	556	21^5	55	1.390	53^7	88	2.224	86	650	16.433	62^5
11	13	90^5	23	581	49^7	56	1.415	82	89	2.250	14^2	675	17.065	68^7
12	15	16^9	24	606	78	57	1.441	10^2	90	2.275	42^5	700	17.697	75
13	16	43^3	25	632	06^2	58	1.466	38^5	91	2.300	70^7	725	18.329	81^2
14	17	69^7	26	657	34^5	59	1.491	66^7	92	2.325	99	750	18.961	87^5
15	18	96^4	27	682	62^7	60	1.516	95	93	2.351	27^2	775	19.593	93^7
16	20	22^6	28	707	91	61	1.542	23^2	94	2.376	55^5	800	20.226	»
17	21	49	29	733	19^2	62	1.567	51^5	95	2.401	83^7	825	20.858	06^2
18	22	75^4	30	758	47^5	63	1.592	79^7	96	2.427	12	850	21.490	12^5
19	24	01^3	31	783	75^7	64	1.618	08	97	2.452	40^2	875	22.122	18^7
			32	809	04	65	1.643	36^2	98	2.477	68^5	900	22.754	25
			33	834	32^2	66	1.668	64^5	99	2.502	96^7	925	23.386	31^2
									100	2.528	25	950	24.018	37^5
												975	24.650	43^7
												1000	25.282	50

CHANGE : 25.28 ¹/₂

D	fr.	c.	L	fr.	c.	L	fr.	c.	L	fr.	c.	L	fr.	c.
1	0	10^5	1	25	28¼	34	859	69	67	1.694	09^5	125	3.160	62^5
2	0	21	2	50	57	35	884	97^5	68	1.719	38	150	3.792	75
3	0	31^6	3	75	85^5	36	910	26	69	1.744	66^5	175	4.424	87^5
4	0	42^1	4	101	14	37	935	54^5	70	1.769	95	200	5.057	»
5	0	52^6	5	126	42^5	38	960	83	71	1.795	23^5	225	5.689	12^5
6	0	63^2	6	151	71	39	986	11^5	72	1.820	52	250	6.321	25
7	0	73^7	7	176	99^5	40	1.011	40	73	1.845	80^5	275	6.953	37^5
8	0	84^2	8	202	28	41	1.036	68^5	74	1.871	09	300	7.585	50
9	0	94^8	9	227	56^5	42	1.061	97	75	1.896	37^5	325	8.217	62^5
10	1	05^3	10	252	85	43	1.087	25^5	76	1.921	66	350	8.849	75
11	1	15^8	11	278	13^5	44	1.112	54	77	1.946	94^5	375	9.481	87^5
S			12	303	42	45	1.137	82^5	78	1.972	23	400	10.114	»
1	1	26^4	13	328	70^5	46	1.163	11	79	1.997	51^5	425	10.746	12^5
2	2	52^8	14	353	99	47	1.188	39^5	80	2.022	80	450	11.378	25
3	3	79^2	15	379	27^5	48	1.213	68	81	2.048	08^5	475	12.010	37^5
4	5	05^7	16	404	56	49	1.238	96^5	82	2.073	37	500	12.642	50
5	6	32^1	17	429	84^7	50	1.264	25	83	2.098	65^5	525	13.274	62^5
6	7	58^5	18	455	13	51	1.289	53^5	84	2.123	94	550	13.906	75
7	8	84^9	19	480	41^5	52	1.314	82	85	2.149	22^5	575	14.538	87^5
8	10	11^4	20	505	70	53	1.340	10^5	86	2.174	51	600	15.171	»
9	11	37^8	21	530	98^5	54	1.365	39	87	2.199	79^5	625	15.803	12^5
10	12	64^2	22	556	27	55	1.390	67^5	88	2.225	08	650	16.435	25
11	13	90^6	23	581	55^5	56	1.415	96	89	2.250	36^5	675	17.067	37^5
12	15	17^1	24	606	84	57	1.441	24^5	90	2.275	65	700	17.699	50
13	16	43^7	25	632	12^5	58	1.466	53	91	2.300	93^5	725	18.331	62^5
14	17	69^9	26	657	41	59	1.491	81^5	92	2.326	22	750	18.963	75
15	18	96^3	27	682	69^5	60	1.517	10	93	2.351	50^5	775	19.595	87^5
16	20	22^8	28	707	98	61	1.542	38^5	94	2.376	79	800	20.228	»
17	21	49^2	29	733	26^5	62	1.567	67	95	2.402	07^5	825	20.860	12^5
18	22	75^6	30	758	55	63	1.592	95^5	96	2.427	36	850	21.492	25
19	24	02	31	783	83^5	64	1.618	24	97	2.452	64^5	875	22.124	37^5
			32	809	12	65	1.643	52^5	98	2.477	93	900	22.756	50
			33	834	40^5	66	1.668	81	99	2.503	21^5	925	23.388	62^5
									100	2.528	50	950	24.020	75
												975	24.652	87^5
												1000	25.285	»

CHANGE : 25.28 ³/₄

D	fr.	c.	£	fr.	c.	£	fr.	c.	£	fr.	c.	£	fr.	c.
1	0	10^5	1	25	28¼	34	859	77^5	67	1.694	26^2	125	3.160	93^7
2	0	21	2	50	57^5	35	885	06^2	68	1.719	55	150	3.793	12^5
3	0	31^6	3	75	86^2	36	910	35	69	1.744	83^7	175	4.425	31^2
4	0	42^1	4	101	15	37	935	63^7	70	1.770	12^5	200	5.057	50
5	0	52^6	5	126	43^7	38	960	92^5	71	1.795	41^2	225	5.689	68^7
6	0	63^2	6	151	72^5	39	986	21^2	72	1.820	70	250	6.321	87^5
7	0	73^7	7	177	01^2	40	1.011	50	73	1.845	98^7	275	6.954	06^2
8	0	84^2	8	202	30	41	1.036	78^7	74	1.871	27^5	300	7.586	25
9	0	94^8	9	227	58^7	42	1.062	07^5	75	1.896	56^2	325	8.218	43^7
10	1	05^3	10	252	87^5	43	1.087	36^2	76	1.921	85	350	8.850	62^5
11	1	15^9	11	278	16^2	44	1.112	65	77	1.947	13^7	375	9.482	81^2
S			12	303	45	45	1.137	93^7	78	1.972	42^5	400	10.115	»
1	1	26^4	13	328	73^7	46	1.163	22^5	79	1.997	71^2	425	10.747	18^7
2	2	52^8	14	354	02^5	47	1.188	51^2	80	2.023	»	450	11.379	37^5
3	3	79^3	15	379	31^2	48	1.213	80	81	2.048	28^7	475	12.011	56^2
4	5	05^7	16	404	60	49	1.239	08^7	82	2.073	57^5	500	12.643	75
5	6	32^1	17	429	88^7	50	1.264	37^5	83	2.098	86^2	525	13.275	93^7
6	7	58^6	18	455	17^5	51	1.289	66^2	84	2.124	15	550	13.908	12^5
7	8	85	19	480	46^2	52	1.314	95	85	2.149	43^7	575	14.540	31^2
8	10	11^5	20	505	75	53	1.340	23^7	86	2.174	72^5	600	15.172	50
9	11	37^9	21	531	03^7	54	1.365	52^5	87	2.200	01^2	625	15.804	68^7
10	12	64^3	22	556	32^5	55	1.390	81^2	88	2.225	30	650	16.436	87^5
11	13	90^8	23	581	61^2	56	1.416	10	89	2.250	58^7	675	17.069	06^2
12	15	17^2	24	606	90	57	1.441	38^7	90	2.275	87^5	700	17.701	25
13	16	43^6	25	632	18^7	58	1.466	67^5	91	2.301	16^2	725	18.333	43^7
14	17	70^1	26	657	47^5	59	1.491	96^2	92	2.326	45	750	18.965	62^5
15	18	96^5	27	682	76^2	60	1.517	25	93	2.351	73^7	775	19.597	81^2
16	20	23	28	708	05	61	1.542	53^7	94	2.377	02^5	800	20.230	»
17	21	49^4	29	733	33^7	62	1.567	82^5	95	2.402	31^2	825	20.862	18^7
18	22	75^8	30	758	62^5	63	1.593	11^2	96	2.427	60	850	21.494	37^5
19	24	02^3	31	783	91^2	64	1.618	40	97	2.452	88^7	875	22.126	56^2
			32	809	20	65	1.643	68^7	98	2.478	17^5	900	22.758	75
			33	834	48^7	66	1.668	97^5	99	2.503	46^2	925	23.390	93^7
									100	2.528	75	950	24.023	12^5
												975	24.655	31^2
												1000	25.287	50

CHANGE : 25.29

D	fr.	c.	£	fr.	c.	£	fr.	c.	£	fr.	c.	£	fr.	c.
1	0	10^{5}	1	25	29	34	859	86	67	1.694	43	125	3.161	25
2	0	21	2	50	58	35	885	15	68	1.719	72	150	3.793	50
3	0	31^{6}	3	75	87	36	910	44	69	1.745	01	175	4.425	75
4	0	42^{1}	4	101	16	37	935	73	70	1.770	30	200	5.058	»
5	0	52^{6}	5	126	45	38	961	02	71	1.795	59	225	5.690	25
6	0	63^{2}	6	151	74	39	986	31	72	1.820	88	250	6.322	50
7	0	73^{7}	7	177	03	40	1.011	60	73	1.846	17	275	6.954	75
8	0	84^{3}	8	202	32	41	1.036	89	74	1.871	46	300	7.587	»
9	0	94^{8}	9	227	61	42	1.062	18	75	1.896	75	325	8.219	25
10	1	05^{3}	10	252	90	43	1.087	47	76	1.922	04	350	8.851	50
11	1	15^{9}	11	278	19	44	1.112	76	77	1.947	33	375	9.483	75
S			12	303	48	45	1.138	05	78	1.972	62	400	10.116	»
1	1	26^{4}	13	328	77	46	1.163	34	79	1.997	91	425	10.748	25
2	2	52^{0}	14	354	06	47	1.188	63	80	2.023	20	450	11.380	50
3	3	79^{3}	15	379	35	48	1.213	92	81	2.048	49	475	12.012	75
4	5	05^{8}	16	404	64	49	1.239	21	82	2.073	78	500	12.645	»
5	6	32^{2}	17	429	93	50	1.264	50	83	2.099	07	525	13.277	25
6	7	58^{7}	18	455	22	51	1.289	79	84	2.124	36	550	13.909	50
7	8	85^{4}	19	480	51	52	1.315	08	85	2.149	65	575	14.541	75
8	10	11^{6}	20	505	80	53	1.340	37	86	2.174	94	600	15.174	»
9	11	38	21	531	09	54	1.365	66	87	2.200	23	625	15.806	25
10	12	64^{5}	22	556	38	55	1.390	95	88	2.225	52	650	16.438	50
11	13	90^{9}	23	581	67	56	1.416	24	89	2.250	81	675	17.070	75
12	15	17^{4}	24	606	96	57	1.441	53	90	2.276	10	700	17.703	»
13	16	43^{8}	25	632	25	58	1.466	82	91	2.301	39	725	18.335	25
14	17	70^{3}	26	657	54	59	1.492	11	92	2.326	68	750	18.967	50
15	18	96^{7}	27	682	83	60	1.517	40	93	2.351	97	775	19.599	75
16	20	23^{2}	28	708	12	61	1.542	69	94	2.377	26	800	20.232	»
17	21	49^{6}	29	733	41	62	1.567	98	95	2.402	55	825	20.864	25
18	22	76^{4}	30	758	70	63	1.593	27	96	2.427	84	850	21.496	50
19	24	02^{5}	31	783	99	64	1.618	56	97	2.453	13	875	22.128	75
			32	809	28	65	1.643	85	98	2.478	42	900	22.761	»
			33	834	57	66	1.669	14	99	2.503	71	925	23.393	25
									100	2.529	»	950	24.025	50
												975	24.657	75
												1000	25.290	»

CHANGE : 25.29 ¹/₄

D	fr.	c.	£	fr.	c.	£	fr.	c.	£	fr.	c.	£	fr.	c.
1	0	10^5	1	25	29¼	34	859	94^5	67	1.694	59^7	125	3.161	56^2
2	0	21	2	50	58^5	35	885	23^7	68	1.719	89	150	3.793	87^5
3	0	31^6	3	75	87^7	36	910	53	69	1.745	18^2	175	4.426	18^7
4	0	42^1	4	101	17	37	935	82^2	70	1.770	47^5	200	5.058	50
5	0	52^6	5	126	46^2	38	961	11^5	71	1.795	76^7	225	5.690	81^2
6	0	63^2	6	151	75^5	39	986	40^7	72	1.821	06	250	6.323	12^5
7	0	73^7	7	177	04^7	40	1.011	70	73	1.846	35^2	275	6.955	43^7
8	0	84^3	8	202	34	41	1.036	99^2	74	1.871	64^5	300	7.587	75
9	0	94^8	9	227	63^2	42	1.062	28^5	75	1.896	93^7	325	8.220	06^2
10	1	05^3	10	252	92^5	43	1.087	57^7	76	1.922	23	350	8.852	37^5
11	1	15^9	11	278	21^7	44	1.112	87	77	1.947	52^2	375	9.484	68^7
S			12	303	51	45	1.138	16^2	78	1.972	81^5	400	10.117	»
1	1	26^4	13	328	80^2	46	1.163	45^5	79	1.998	10^7	425	10.749	31^2
2	2	52^9	14	354	09^5	47	1.188	74^7	80	2.023	40	450	11.381	62^5
3	3	79^3	15	379	38^7	48	1.214	04	81	2.048	69^2	475	12.013	93^7
4	5	05^8	16	404	68	49	1.239	33^2	82	2.073	98^5	500	12.646	25
5	6	32^3	17	429	97^2	50	1.264	62^5	83	2.099	27^7	525	13.278	56^2
6	7	58^7	18	455	26^5	51	1.289	91^7	84	2.124	57	550	13.910	87^5
7	8	85^2	19	480	55^7	52	1.315	21	85	2.149	86^2	575	14.543	18^7
8	10	11^7	20	505	85	53	1.340	50^2	86	2.175	15^5	600	15.175	50
9	11	38^1	21	531	14^2	54	1.365	79^5	87	2.200	44^7	625	15.807	81^2
10	12	64^6	22	556	43^5	55	1.391	08^7	88	2.225	74	650	16.440	12^5
11	13	91	23	581	72^7	56	1.416	38	89	2.251	03^2	675	17.072	43^7
12	15	17^5	24	607	02	57	1.441	67^2	90	2.276	32^5	700	17.704	75
13	16	44	25	632	31^2	58	1.466	96^5	91	2.301	61^7	725	18.337	06^2
14	17	70^4	26	657	60^5	59	1.492	25^7	92	2.326	91	750	18.969	37^5
15	18	96^9	27	682	89^7	60	1.517	55	93	2.352	20^2	775	19.601	68^7
16	20	23^4	28	708	19	61	1.542	84^2	94	2.377	49^5	800	20.234	»
17	21	49^8	29	733	48^2	62	1.568	13^5	95	2.402	78^7	825	20.866	31^2
18	22	76^3	30	758	77^5	63	1.593	42^7	96	2.428	08	850	21.498	62^5
19	24	02^7	31	784	06^7	64	1.618	72	97	2.453	37^4	875	22.130	93^7
			32	809	36	65	1.644	01^2	98	2.478	66^5	900	22.763	25
			33	834	65^2	66	1.669	30^5	99	2.503	95^7	925	23.395	56^2
									100	2.529	25	950	24.027	87^5
												975	24.660	18^7
												1000	25.292	50

CHANGE : 25.29 ¹/₂

D	fr.	c.	£	fr.	c.	£	fr.	c.	£	fr.	c.	£	fr.	c.
1	0	10[5]	1	25	29½	34	860	03	67	1.694	76[5]	125	3.161	87[5]
2	0	21	2	50	59	35	885	32[5]	68	1.720	06	150	3.794	25
3	0	31[6]	3	75	88[5]	36	910	62	69	1.745	35[5]	175	4.426	62[5]
4	0	42[4]	4	101	18	37	935	91[5]	70	1.770	65	200	5.059	»
5	0	52[6]	5	126	47[5]	38	961	21	71	1.795	94[5]	225	5.691	37[5]
6	0	63[2]	6	151	77	39	986	50[5]	72	1.821	24	250	6.323	75
7	0	73[7]	7	177	06[5]	40	1.011	80	73	1.846	53[5]	275	6.956	12[5]
8	0	84[3]	8	202	36	41	1.037	09[5]	74	1.871	83	300	7.588	50
9	0	94[8]	9	227	65[5]	42	1.062	39	75	1.897	12[5]	325	8.220	87[5]
10	1	05[3]	10	252	95	43	1.087	68[5]	76	1.922	42	350	8.853	25
11	1	15[9]	11	278	24[5]	44	1.112	98	77	1.947	71[5]	375	9.485	62[5]
S			12	303	54	45	1.138	27[5]	78	1.973	01	400	10.118	»
1	1	26[4]	13	328	83[5]	46	1.163	57	79	1.998	30[5]	425	10.750	37[5]
2	2	52[9]	14	354	13	47	1.188	86[5]	80	2.023	60	450	11.382	75
3	3	79[4]	15	379	42[5]	48	1.214	16	81	2.048	89[5]	475	12.015	12[5]
4	5	05[9]	16	404	72	49	1.239	45[5]	82	2.074	19	500	12.647	50
5	6	32[3]	17	430	01[5]	50	1.264	75	83	2.099	48[5]	525	13.279	87[5]
6	7	58[8]	18	455	31	51	1.290	04[5]	84	2.124	78	550	13.912	25
7	8	85[3]	19	480	60[5]	52	1.315	34	85	2.150	07[5]	575	14.544	62[5]
8	10	11[8]	20	505	90	53	1.340	63[5]	86	2.175	37	600	15.177	»
9	11	38[2]	21	531	19[5]	54	1.365	93	87	2.200	66[5]	625	15.809	37[5]
10	12	64[7]	22	556	49	55	1.391	22[5]	88	2.225	96	650	16.441	75
11	13	91[2]	23	581	78[5]	56	1.416	52	89	2.251	25[5]	675	17.074	12[5]
12	15	17[7]	24	607	08	57	1.441	81[5]	90	2.276	55	700	17.706	50
13	16	44[1]	25	632	37[5]	58	1.467	11	91	2.301	84[5]	725	18.338	87[5]
14	17	70[6]	26	657	67	59	1.492	40[5]	92	2.327	14	750	18.971	25
15	18	97[1]	27	682	96[5]	60	1.517	70	93	2.352	43[5]	775	19.603	62[5]
16	20	23[6]	28	708	26	61	1.542	99[5]	94	2.377	73	800	20.236	»
17	21	50	29	733	55[5]	62	1.568	29	95	2.403	02[5]	825	20.868	37[5]
18	22	76[5]	30	758	85	63	1.593	58[5]	96	2.428	32	850	21.500	75
19	24	03	31	784	14[5]	64	1.618	88	97	2.453	61[5]	875	22.133	12[5]
			32	809	44	65	1.644	17[5]	98	2.478	91	900	22.765	50
			33	834	73[5]	66	1.669	47	99	2.504	20[5]	925	23.397	87[5]
									100	2.529	50	950	24.030	25
												975	24.662	62[5]
												1000	25.295	»

CHANGE : 25.29 ³/₄

D	fr.	c.	£	fr.	c.	£	fr.	c.	£	fr.	c.	£	fr.	c.
1	0	10[5]	1	25	29¾	34	860	11[5]	67	1.694	93[2]	125	3.162	18[7]
2	0	21	2	50	59[5]	35	885	41[2]	68	1.720	23	150	3.794	62[5]
3	0	31[6]	3	75	89[2]	36	910	71	69	1.745	52[7]	175	4.427	06[2]
4	0	42[4]	4	101	19	37	936	00[7]	70	1.770	82[5]	200	5.059	50
5	0	52[7]	5	126	48[7]	38	961	30[5]	71	1.796	12[2]	225	5.691	93[7]
6	0	63[2]	6	151	78[5]	39	986	60[2]	72	1.821	42	250	6.324	37[5]
7	0	73[7]	7	177	08[2]	40	1.011	90	73	1.846	71[7]	275	6.956	81[2]
8	0	84[3]	8	202	38	41	1.037	19[7]	74	1.872	01[5]	300	7.589	25
9	0	94[8]	9	227	67[7]	42	1.062	49[5]	75	1.897	31[2]	325	8.221	68[7]
10	1	05[4]	10	252	97[5]	43	1.087	79[2]	76	1.922	61	350	8.854	12[5]
11	1	15[9]	11	278	27[2]	44	1.113	09	77	1.947	90[7]	375	9.486	56[2]
S			12	303	57	45	1.138	38[7]	78	1.973	20[5]	400	10.119	»
1	1	26[4]	13	328	86[7]	46	1.163	68[5]	79	1.998	50[2]	425	10.751	43[7]
2	2	52[9]	14	354	16[5]	47	1.188	98[2]	80	2.023	80	450	11.383	87[5]
3	3	79[4]	15	379	46[2]	48	1.214	28	81	2.049	09[7]	475	12.016	31[2]
4	5	05[9]	16	404	76	49	1.239	57[7]	82	2.074	39[5]	500	12.648	75
5	6	32[4]	17	430	05[7]	50	1.264	87[5]	83	2.099	69[2]	525	13.281	18[7]
6	7	58[9]	18	455	35[5]	51	1.290	17[2]	84	2.124	99	550	13.913	62[5]
7	8	85[4]	19	480	65[2]	52	1.315	47	85	2.150	28[7]	575	14.546	06[2]
8	10	11[9]	20	505	95	53	1.340	76[7]	86	2.175	58[5]	600	15.178	50
9	11	38[3]	21	531	24[7]	54	1.366	06[5]	87	2.200	88[2]	625	15.810	93[7]
10	12	64[8]	22	556	54[5]	55	1.391	36[2]	88	2.226	18	650	16.443	37[5]
11	13	91[3]	23	581	84[2]	56	1.416	66	89	2.251	47[7]	675	17.075	81[2]
12	15	17[8]	24	607	14	57	1.441	95[7]	90	2.276	77[5]	700	17.708	25
13	16	44[3]	25	632	43[7]	58	1.467	25[5]	91	2.302	07[2]	725	18.340	68[7]
14	17	70[8]	26	657	73[5]	59	1.492	55[2]	92	2.327	37	750	18.973	12[5]
15	18	97[3]	27	683	03[2]	60	1.517	85	93	2.352	66[7]	775	19.605	56[2]
16	20	23[8]	28	708	33	61	1.543	14[7]	94	2.377	96[5]	800	20.238	»
17	21	50[2]	29	733	62[7]	62	1.568	44[5]	95	2.403	26[2]	825	20.870	43[7]
18	22	76[7]	30	758	92[5]	63	1.593	74[2]	96	2.428	56	850	21.502	87[5]
19	24	03[2]	31	784	22[2]	64	1.619	04	97	2.453	85[7]	875	22.135	31[2]
			32	809	52	65	1.644	33[7]	98	2.479	15[5]	900	22.767	75
			33	834	81[7]	66	1.669	63[5]	99	2.504	45[2]	925	23.400	18[7]
									100	2.529	75	950	24.032	62[5]
												975	24.665	06[2]
												1000	25.297	50

CHANGE : 25.30

D	fr.	c.	L	fr.	c.	L	fr.	c.	L	fr.	c.	L	fr.	c.
1	0	10^5	1	25	30	34	860	20	67	1.695	10	125	3.162	50
2	0	21	2	50	60	35	885	50	68	1.720	40	150	3.795	»
3	0	31^6	3	75	90	36	910	80	69	1.745	70	175	4.427	50
4	0	42^1	4	101	20	37	936	10	70	1.771	»	200	5.060	»
5	0	52^7	5	126	50	38	961	40	71	1.796	30	225	5.692	50
6	0	63^2	6	151	80	39	986	70	72	1.821	60	250	6.325	»
7	0	73^7	7	177	10	40	1.012	»	73	1.846	90	275	6.957	50
8	0	84^3	8	202	40	41	1.037	30	74	1.872	20	300	7.590	»
9	0	94^8	9	227	70	42	1.062	60	75	1.897	50	325	8.222	50
10	1	05^4	10	253	»	43	1.087	90	76	1.922	80	350	8.855	»
11	1	15^9	11	278	30	44	1.113	20	77	1.948	10	375	9.487	50
S			12	303	60	45	1.138	50	78	1.973	40	400	10.120	»
1	1	26^6	13	328	90	46	1.163	80	79	1.998	70	425	10.752	50
2	2	53	14	354	20	47	1.189	10	80	2.024	»	450	11.385	»
3	3	79^5	15	379	50	48	1.214	40	81	2.049	30	475	12.017	50
4	5	06	16	404	80	49	1.239	70	82	2.074	60	500	12.650	»
5	6	32^5	17	430	10	50	1.265	»	83	2.099	90	525	13.282	50
6	7	59	18	455	40	51	1.290	30	84	2.125	20	550	13.915	»
7	8	85^5	19	480	70	52	1.315	60	85	2.150	50	575	14.547	50
8	10	12	20	506	»	53	1.340	90	86	2.175	80	600	15.180	»
9	11	38^5	21	531	30	54	1.366	20	87	2.201	10	625	15.812	50
10	12	65	22	556	60	55	1.391	50	88	2.226	40	650	16.445	»
11	13	91^5	23	581	90	56	1.416	80	89	2.251	70	675	17.077	50
12	15	18	24	607	20	57	1.442	10	90	2.277	»	700	17.710	»
13	16	44^5	25	632	50	58	1.467	40	91	2.302	30	725	18.342	50
14	17	71	26	657	80	59	1.492	70	92	2.327	60	750	18.975	»
15	18	97^5	27	683	10	60	1.518	»	93	2.352	90	775	19.607	50
16	20	24	28	708	40	61	1.543	30	94	2.378	20	800	20.240	»
17	21	50^6	29	733	70	62	1.568	60	95	2.403	50	825	20.872	50
18	22	77	30	759	»	63	1.593	90	96	2.428	80	850	21.505	»
19	24	03^5	31	784	30	64	1.619	20	97	2.454	10	875	22.137	50
			32	809	60	65	1.644	50	98	2.479	40	900	22.770	»
			33	834	90	66	1.669	80	99	2.504	70	925	23.402	50
									100	2.530	»	950	24.035	»
												975	24.667	50
												1000	25.300	»

CHANGE : 25.30 ¹/₄

D	fr.	c.	£	fr.	c.	£	fr.	c.	£	fr.	c.	£	fr.	c.
1	0	10^5	1	25	30½	34	860	28^5	67	1.695	26^7	125	3.162	81^2
2	0	21	2	50	60^5	35	885	58^7	68	1.720	57	150	3.795	37^5
3	0	31^6	3	75	90^7	36	910	89	69	1.745	87^2	175	4.427	93^7
4	0	42^1	4	101	21	37	936	19^2	70	1.771	17^5	200	5.060	50
5	0	52^7	5	126	51^2	38	961	49^5	71	1.796	47^7	225	5.693	06^2
6	0	63^2	6	151	81^5	39	986	79^7	72	1.821	78	250	6.325	62^5
7	0	73^7	7	177	11^7	40	1.012	10	73	1.847	08^2	275	6.958	18^7
8	0	84^3	8	202	42	41	1.037	40^2	74	1.872	38^5	300	7.590	75
9	0	94^8	9	227	72^2	42	1.062	70^5	75	1.897	68^7	325	8.223	31^2
10	1	05^4	10	253	02^5	43	1.088	00^7	76	1.922	99	350	8.855	87^5
11	1	15^9	11	278	32^7	44	1.113	31	77	1.948	29^2	375	9.488	43^7
S			12	303	63	45	1.138	61^2	78	1.973	59^5	400	10.121	»
1	1	26^5	13	328	93^2	46	1.163	91^5	79	1.998	89^7	425	10.753	56^2
2	2	53	14	354	23^5	47	1.189	21^7	80	2.024	20	450	11.386	12^5
3	3	79^5	15	379	53^7	48	1.214	52	81	2.049	50^2	475	12.018	68^7
4	5	06	16	404	84	49	1.239	82^2	82	2.074	80^5	500	12.651	25
5	6	32^5	17	430	14^2	50	1.265	12^5	83	2.100	10^7	525	13.283	81^2
6	7	59	18	455	44^5	51	1.290	42^7	84	2.125	41	550	13.916	37^5
7	8	85^5	19	480	74^7	52	1.315	73	85	2.150	71^2	575	14.548	93^7
8	10	12^1	20	506	05	53	1.341	03^2	86	2.176	01^5	600	15.181	50
9	11	38^6	21	531	35^2	54	1.366	33^5	87	2.201	31^7	625	15.814	06^2
10	12	65^1	22	556	65^5	55	1.391	63^7	88	2.226	62	650	16.446	62^5
11	13	91^6	23	581	95^7	56	1.416	94	89	2.251	92^2	675	17.079	18^7
12	15	18^1	24	607	26	57	1.442	24^2	90	2.277	22^5	700	17.711	75
13	16	44^6	25	632	56^2	58	1.467	54^5	91	2.302	52^7	725	18.344	31^2
14	17	71^1	26	657	86^5	59	1.492	84^7	92	2.327	83	750	18.976	87^5
15	18	97^6	27	683	16^7	60	1.518	15	93	2.353	13^2	775	19.609	43^7
16	20	24^2	28	708	47	61	1.543	45^2	94	2.378	43^5	800	20.242	»
17	21	50^7	29	733	77^2	62	1.568	75^5	95	2.403	73^7	825	20.874	56^2
18	22	77^2	30	759	07^5	63	1.594	05^7	96	2.429	04	850	21.507	12^5
19	24	03^7	31	784	37^7	64	1.619	36	97	2.454	34^2	875	22.139	68^7
			32	809	68	65	1.644	66^2	98	2.479	64^5	900	22.772	25
			33	834	98^2	66	1.669	96^5	99	2.504	94^7	925	23.404	81^2
									100	2.530	25	950	24.037	37^5
												975	24.669	93^7
												1000	25.302	50

CHANGE : 25.30 ¹/₂

D	fr.	c.
1	0	10^5
2	0	21
3	0	31^6
4	0	42^1
5	0	52^7
6	0	63^2
7	0	73^8
8	0	84^3
9	0	94^8
10	1	05^4
11	1	15^9

S	fr.	c.
1	1	26^5
2	2	53
3	3	79^5
4	5	06^1
5	6	32^6
6	7	59^4
7	8	85^6
8	10	12^2
9	11	38^7
10	12	65^2
11	13	91^7
12	15	18^3
13	16	44^8
14	17	71^4
15	18	97^8
16	20	24^4
17	21	50^9
18	22	77^4
19	24	03^9

£	fr.	c.
1	25	30½
2	50	61
3	75	91^5
4	101	22
5	126	52^5
6	151	83
7	177	13^5
8	202	44
9	227	74^5
10	253	05
11	278	35^5
12	303	66
13	328	96^5
14	354	27
15	379	57^5
16	404	88
17	430	18^5
18	455	49
19	480	79^5
20	506	10
21	531	40^5
22	556	71
23	582	01^5
24	607	32
25	632	62^5
26	657	93
27	683	23^5
28	708	54
29	733	84^5
30	759	15
31	784	45^5
32	809	76
33	835	06^5

£	fr.	c.
34	860	37
35	885	67^5
36	910	98
37	936	28^5
38	961	59
39	986	89^5
40	1.012	20
41	1.037	50^5
42	1.062	81
43	1.088	11^5
44	1.113	42
45	1.138	72^5
46	1.164	03
47	1.189	33^5
48	1.214	64
49	1.239	94^5
50	1.265	25
51	1.290	55^5
52	1.315	86
53	1.341	16^5
54	1.366	47
55	1.391	77^5
56	1.417	08
57	1.442	38^5
58	1.467	69
59	1.492	99^5
60	1.518	30
61	1.543	60^5
62	1.568	91
63	1.594	21^5
64	1.619	52
65	1.644	82^5
66	1.670	13

£	fr.	c.
67	1.695	43^5
68	1.720	74
69	1.746	04^5
70	1.771	35
71	1.796	65^5
72	1.821	96
73	1.847	26^5
74	1.872	57
75	1.897	87^5
76	1.923	18
77	1.948	48^5
78	1.973	79
79	1.999	09^5
80	2.024	40
81	2.049	70^5
82	2.075	01
83	2.100	31^5
84	2.125	62
85	2.150	92^5
86	2.176	23
87	2.201	53^5
88	2.226	84
89	2.252	14^5
90	2.277	45
91	2.302	75^5
92	2.328	06
93	2.353	36^5
94	2.378	67
95	2.403	97^5
96	2.429	28
97	2.454	58^5
98	2.479	89
99	2.505	19^5
100	2.530	50

£	fr.	c.
125	3.163	12^5
150	3.795	75
175	4.428	37^5
200	5.061	»
225	5.693	62^5
250	6.326	25
275	6.958	87^5
300	7.591	50
325	8.224	12^5
350	8.856	75
375	9.489	37^5
400	10.122	»
425	10.754	62^5
450	11.387	25
475	12.019	87^5
500	12.652	50
525	13.285	12^5
550	13.917	75
575	14.550	37^5
600	15.183	»
625	15.815	62^5
650	16.448	25
675	17.080	87^5
700	17.713	50
725	18.346	12^5
750	18.978	75
775	19.611	37^5
800	20.244	»
825	20.876	62^5
850	21.509	25
875	22.141	87^5
900	22.774	50
925	23.407	12^5
950	24.039	75
975	24.672	37^5
1000	25.305	»

CHANGE : 25.30 ³/₄

D	fr.	c.	L	fr.	c.	L	fr.	c.	L	fr.	c.	L	fr.	c.
1	0	10^5	1	25	30¼	34	860	45^5	67	1.695	60^2	125	3.163	43^7
2	0	21	2	50	61^5	35	885	76^2	68	1.720	91	150	3.796	12^5
3	0	31^6	3	75	92^2	36	911	07	69	1.746	21^7	175	4.428	81^2
4	0	42^4	4	101	23	37	936	37^7	70	1.771	52^5	200	5.061	50
5	0	52^7	5	126	53^7	38	961	68^5	71	1.796	83^2	225	5.694	18^7
6	0	63^2	6	151	84^5	39	986	99^2	72	1.822	14	250	6.326	87^5
7	0	73^8	7	177	15^2	40	1.012	30	73	1.847	44^7	275	6.959	56^2
8	0	84^3	8	202	46	41	1.037	60^7	74	1.872	75^5	300	7.592	25
9	0	94^9	9	227	76^7	42	1.062	91^5	75	1.898	06^2	325	8.224	93^7
10	1	05^4	10	253	07^5	43	1.088	22^2	76	1.923	37	350	8.857	62^5
11	1	15^9	11	278	38^2	44	1.113	53	77	1.948	67^7	375	9.490	31^2
S			12	303	69	45	1.138	83^7	78	1.973	98^5	400	10.123	»
1	1	26^5	13	328	99^7	46	1.164	14^5	79	1.999	29^2	425	10.755	68^7
2	2	53	14	354	30^5	47	1.189	45^2	80	2.024	60	450	11.388	37^5
3	3	79^6	15	379	61^2	48	1.214	76	81	2.049	90^7	475	12.021	06^2
4	5	06^1	16	404	92	49	1.240	06^7	82	2.075	21^5	500	12.653	75
5	6	32^6	17	430	22^7	50	1.265	37^5	83	2.100	52^2	525	13.286	43^7
6	7	59^2	18	455	53^5	51	1.290	68^2	84	2.125	83	550	13.919	12^5
7	8	85^7	19	480	84^2	52	1.315	99	85	2.151	13^7	575	14.551	81^2
8	10	12^3	20	506	15	53	1.341	29^7	86	2.176	44^5	600	15.184	50
9	11	38^8	21	531	45^7	54	1.366	60^5	87	2.201	75^2	625	15.817	18^7
10	12	65^3	22	556	76^5	55	1.391	91^2	88	2.227	06	650	16.449	87^5
11	13	91^9	23	582	07^2	56	1.417	22	89	2.252	36^7	675	17.082	56^2
12	15	18^4	24	607	38	57	1.442	52^7	90	2.277	67^5	700	17.715	25
13	16	44^9	25	632	68^7	58	1.467	83^5	91	2.302	98^2	725	18.347	93^7
14	17	71^5	26	657	99^5	59	1.493	14^2	92	2.328	29	750	18.980	62^5
15	18	98	27	683	30^2	60	1.518	45	93	2.353	59^7	775	19.613	31^2
16	20	24^6	28	708	61	61	1.543	75^7	94	2.378	90^5	800	20.246	»
17	21	51^4	29	733	91^7	62	1.569	06^5	95	2.404	21^2	825	20.878	68^7
18	22	77^6	30	759	22^5	63	1.594	37^2	96	2.429	52	850	21.511	37^5
19	24	04^2	31	784	53^2	64	1.619	68	97	2.454	82^7	875	22.144	06^2
			32	809	84	65	1.644	98^7	98	2.480	13^5	900	22.776	75
			33	835	14^7	66	1.670	29^5	99	2.505	44^2	925	23.409	43^7
									100	2.530	75	950	24.042	12^5
												975	24.674	81^2
												1000	25.307	50

CHANGE : 25.31

D	fr.	c.	L	fr.	c.	L	fr.	c.	L	fr.	c.	L	fr.	c.
1	0	10^5	1	25	31	34	860	54	67	1.695	77	125	3.163	75
2	0	21	2	50	62	35	885	85	68	1.721	08	150	3.796	50
3	0	31^6	3	75	93	36	911	16	69	1.746	39	175	4.429	25
4	0	42^1	4	101	24	37	936	47	70	1.771	70	200	5.062	»
5	0	52^7	5	126	55	38	961	78	71	1.797	01	225	5.694	75
6	0	63^2	6	151	86	39	987	09	72	1.822	32	250	6.327	50
7	0	73^8	7	177	17	40	1.012	40	73	1.847	63	275	6.960	25
8	0	84^3	8	202	48	41	1.037	71	74	1.872	94	300	7.593	»
9	0	94^9	9	227	79	42	1.063	02	75	1.898	25	325	8.225	75
10	1	05^4	10	253	10	43	1.088	33	76	1.923	56	350	8.858	50
11	1	16	11	278	41	44	1.113	64	77	1.948	87	375	9.491	25
S			12	303	72	45	1.138	95	78	1.974	18	400	10.124	»
1	1	26^5	13	329	03	46	1.164	26	79	1.999	49	425	10.756	75
2	2	53^1	14	354	34	47	1.189	57	80	2.024	80	450	11.389	50
3	3	79^8	15	379	65	48	1.214	88	81	2.050	11	475	12.022	25
4	5	06^2	16	404	96	49	1.240	19	82	2.075	42	500	12.655	»
5	6	32^7	17	430	27	50	1.265	50	83	2.100	73	525	13.287	75
6	7	59^3	18	455	58	51	1.290	81	84	2.126	04	550	13.920	50
7	8	85^8	19	480	89	52	1.316	12	85	2.151	35	575	14.553	25
8	10	12^4	20	506	20	53	1.341	43	86	2.176	66	600	15.186	»
9	11	38^9	21	531	51	54	1.366	74	87	2.201	97	625	15.818	75
10	12	65^5	22	556	82	55	1.392	05	88	2.227	28	650	16.451	50
11	13	92	23	582	13	56	1.417	36	89	2.252	59	675	17.084	25
12	15	18^6	24	607	44	57	1.442	67	90	2.277	90	700	17.717	»
13	16	45^1	25	632	75	58	1.467	98	91	2.303	21	725	18.349	75
14	17	71^7	26	658	06	59	1.493	29	92	2.328	52	750	18.982	50
15	18	98^2	27	683	37	60	1.518	60	93	2.353	83	775	19.615	25
16	20	24^8	28	708	68	61	1.543	91	94	2.379	14	800	20.248	»
17	21	51^3	29	733	99	62	1.569	22	95	2.404	45	825	20.880	75
18	22	77^9	30	759	30	63	1.594	53	96	2.429	76	850	21.513	50
19	24	04^4	31	784	61	64	1.619	84	97	2.455	07	875	22.146	25
			32	809	92	65	1.645	15	98	2.480	38	900	22.779	»
			33	835	23	66	1.670	46	99	2.505	69	925	23.411	75
									100	2.531	»	950	24.044	50
												975	24.677	25
												1000	25.310	»

CHANGE : 25.31 ¹/₄

D	fr.	c.	L	fr.	c.	L	fr.	c.	L	fr.	c.	L	fr.	c.
1	0	10^5	1	25	31¼	34	860	62^5	67	1.695	93^7	125	3.164	06^2
2	0	21	2	50	62^7	35	885	93^7	68	1.721	25	150	3.796	87^5
3	0	31^6	3	75	93^7	36	911	25	69	1.746	56^2	175	4.429	68^7
4	0	42^1	4	101	25	37	936	56^2	70	1.771	87^5	200	5.062	50
5	0	52^7	5	126	56^2	38	961	87^5	71	1.797	18^7	225	5.695	31^2
6	0	63^2	6	151	87^5	39	987	18^7	72	1.822	50	250	6.328	12^5
7	0	73^8	7	177	18^7	40	1.012	50	73	1.847	81^2	275	6.960	93^7
8	0	84^3	8	202	50	41	1.037	81^2	74	1.873	12^5	300	7.593	75
9	0	94^9	9	227	81^2	42	1.063	12^5	75	1.898	43^7	325	8.226	56^2
10	1	05^4	10	253	12^5	43	1.088	43^7	76	1.923	75	350	8.859	37^5
11	1	16	11	278	43^7	44	1.113	75	77	1.949	06^2	375	9.492	18^7
S			12	303	75	45	1.139	06^2	78	1.974	37^5	400	10.125	»
1	1	26^5	13	329	06^2	46	1.164	37^5	79	1.999	68^7	425	10.757	81^2
2	2	53^1	14	354	37^5	47	1.189	68^7	80	2.025	»	450	11.390	62^5
3	3	79^6	15	379	68^7	48	1.215	»	81	2.050	31^2	475	12.023	43^7
4	5	06^2	16	405	»	49	1.240	31^2	82	2.075	62^5	500	12.656	25
5	6	32^8	17	430	31^2	50	1.265	62^5	83	2.100	93^7	525	13.289	06^2
6	7	59^3	18	455	62^7	51	1.290	93^7	84	2.126	25	550	13.921	87^5
7	8	85^9	19	480	93^7	52	1.316	25	85	2.151	56^2	575	14.554	68^7
8	10	12^5	20	506	25	53	1.341	56^2	86	2.176	87^5	600	15.187	50
9	11	39	21	531	56^2	54	1.366	87^5	87	2.202	18^7	625	15.820	31^2
10	12	65^6	22	556	87^5	55	1.392	18^7	88	2.227	50	650	16.453	12^5
11	13	92^1	23	582	18^7	56	1.417	50	89	2.252	81^2	675	17.085	93^7
12	15	18^7	24	607	50	57	1.442	81^2	90	2.278	12^5	700	17.718	75
13	16	45^3	25	632	81^2	58	1.468	12^5	91	2.303	43^7	725	18.351	56^2
14	17	71^8	26	658	12^5	59	1.493	43^7	92	2.328	75	750	18.984	37^5
15	18	98^4	27	683	43^7	60	1.518	75	93	2.354	06^2	775	19.617	18^7
16	20	25	28	708	75	61	1.544	06^2	94	2.379	37^5	800	20.250	»
17	21	51^5	29	734	06^2	62	1.569	37^5	95	2.404	68^7	825	20.882	81^2
18	22	78^1	30	759	37^5	63	1.594	68^7	96	2.430	»	850	21.515	62^5
19	24	04^6	31	784	68^7	64	1.620	»	97	2.455	31^2	875	22.148	43^7
			32	810	»	65	1.645	31^2	98	2.480	62^5	900	22.781	25
			33	835	31^2	66	1.670	62^5	99	2.505	93^7	925	23.414	06^2
									100	2.531	25	950	24.046	87^5
												975	24.679	68^7
												1000	25.312	50

CHANGE : 25.31 ¹/₂

D	fr.	c.	£	fr.	c.	£	fr.	c.	£	fr.	c.	£	fr.	c.
1	0	10^5	1	25	31½	34	860	71	67	1.696	10^5	125	3.164	37^5
2	0	21	2	50	63	35	886	02^5	68	1.721	42	150	3.797	25
3	0	31^6	3	75	94^5	36	911	34	69	1.746	73^5	175	4.430	12^5
4	0	42^1	4	101	26	37	936	65^5	70	1.772	05	200	5.063	»
5	0	52^7	5	126	57^5	38	961	97	71	1.797	36^5	225	5.695	87^5
6	0	63^2	6	151	89	39	987	28^5	72	1.822	68	250	6.328	75
7	0	73^8	7	177	20^5	40	1.012	60	73	1.847	99^5	275	6.961	62^5
8	0	84^3	8	202	52	41	1.037	91^5	74	1.873	31	300	7.594	50
9	0	94^9	9	227	83^5	42	1.063	23	75	1.898	62^5	325	8.227	37^5
10	1	05^4	10	253	15	43	1.088	54^5	76	1.923	94	350	8.860	25
11	1	16	11	278	46^5	44	1.113	86	77	1.949	25^5	375	9.493	12^5
S			12	303	78	45	1.139	17^5	78	1.974	57	400	10.126	»
1	1	26^5	13	329	09^5	46	1.164	49	79	1.999	88^5	425	10.758	87^5
2	2	53^1	14	354	41	47	1.189	80^5	80	2.025	20	450	11.391	75
3	3	79^7	15	379	72^5	48	1.215	12	81	2.050	51^5	475	12.024	62^5
4	5	06^3	16	405	04	49	1.240	43^5	82	2.075	83	500	12.657	50
5	6	32^8	17	430	35^5	50	1.265	75	83	2.101	14^5	525	13.290	37^5
6	7	59^4	18	455	67	51	1.291	06^5	84	2.126	46	550	13.923	25
7	8	86	19	480	98^5	52	1.316	38	85	2.151	77^5	575	14.556	12^5
8	10	12^6	20	506	30	53	1.341	69^5	86	2.177	09	600	15.189	»
9	11	39^1	21	531	61^5	54	1.367	01	87	2.202	40^5	625	15.821	87^5
10	12	65^7	22	556	93	55	1.392	32^5	88	2.227	72	650	16.454	75
11	13	92^3	23	582	24^5	56	1.417	64	89	2.253	03^5	675	17.087	62^5
12	15	18^9	24	607	56	57	1.442	95^5	90	2.278	35	700	17.720	50
13	16	45^1	25	632	87^5	58	1.468	27	91	2.303	66^5	725	18.353	37^5
14	17	72	26	658	19	59	1.493	58^5	92	2.328	98	750	18.986	25
15	18	98^6	27	683	50^5	60	1.518	90	93	2.354	29^5	775	19.619	12^5
16	20	25^2	28	708	82	61	1.544	21^5	94	2.379	61	800	20.252	»
17	21	51^7	29	734	13^5	62	1.569	53	95	2.404	92^5	825	20.884	87^5
18	22	78^3	30	759	45	63	1.594	84^5	96	2.430	24	850	21.517	75
19	24	04^9	31	784	76^5	64	1.620	16	97	2.455	55^5	875	22.150	62^5
			32	810	08	65	1.645	47^5	98	2.480	87	900	22.783	50
			33	835	39^5	66	1.670	79	99	2.506	18^5	925	23.416	37^5
									100	2.531	50	950	24.049	25
												975	24.682	12^5
												1000	25.315	»

CHANGE : 25.31 ³/₄

D	fr. c.	£	fr. c.	£	fr. c.	£	fr. c.	£	fr. c.
1	0 10⁵	1	25 31¼	34	860 79⁵	67	1.696 27²	125	3.164 68⁷
2	0 21	2	50 63⁵	35	886 11²	68	1.721 59	150	3.797 62⁵
3	0 31⁶	3	75 95²	36	911 43	69	1.746 90⁷	175	4.430 56²
4	0 42¹	4	101 27	37	936 74⁷	70	1.772 22⁵	200	5.063 50
5	0 52⁷	5	126 58⁷	38	962 06⁵	71	1.797 54²	225	5.696 43⁷
6	0 63²	6	151 90⁵	39	987 38²	72	1.822 86	250	6.329 37⁵
7	0 73⁸	7	177 22²	40	1.012 70	73	1.848 17⁷	275	6.962 31²
8	0 84³	8	202 54	41	1.038 01⁷	74	1.873 49⁵	300	7.595 25
9	0 94⁹	9	227 85⁷	42	1.063 33⁵	75	1.898 81²	325	8.228 18⁷
10	1 05⁴	10	253 17⁵	43	1.088 65⁹	76	1.924 13	350	8.861 12⁵
11	1 16	11	278 49²	44	1.113 97	77	1.949 44⁷	375	9.494 06²
S		12	303 81	45	1.139 28⁷	78	1.974 76⁵	400	10.127 »
1	1 26⁵	13	329 12⁷	46	1.164 60⁵	79	2.000 08²	425	10.759 93⁷
2	2 53¹	14	354 44⁵	47	1.189 92²	80	2.025 40	450	11.392 87⁵
3	3 79⁷	15	379 76²	48	1.215 24	81	2.050 71⁷	475	12.025 81²
4	5 06³	16	405 08	49	1.240 55⁷	82	2.076 03⁵	500	12.658 75
5	6 32⁹	17	430 39⁷	50	1.265 87⁵	83	2.101 35²	525	13.291 68⁷
6	7 59⁵	18	455 71⁵	51	1.291 19²	84	2.126 67	550	13.924 62⁵
7	8 86¹	19	481 03²	52	1.316 51	85	2.151 98⁷	575	14.557 56²
8	10 12⁷	20	506 35	53	1.341 82⁷	86	2.177 30⁵	600	15.190 50
9	11 39²	21	531 66⁷	54	1.367 14⁵	87	2.202 62²	625	15.823 43⁷
10	12 65⁸	22	556 98⁵	55	1.392 46²	88	2.227 94	650	16.456 37⁵
11	13 92⁴	23	582 30²	56	1.417 78	89	2.253 25⁷	675	17.089 31²
12	15 19	24	607 62	57	1.443 09⁷	90	2.278 57⁵	700	17.722 25
13	16 45⁶	25	632 93⁷	58	1.468 41⁵	91	2.303 89²	725	18.355 18⁷
14	17 72²	26	658 25⁵	59	1.493 73²	92	2.329 21	750	18.988 12⁵
15	18 98⁸	27	683 57²	60	1.519 05	93	2.354 52⁷	775	19.621 06²
16	20 25⁴	28	708 89	61	1.544 36⁷	94	2.379 84⁵	800	20.254 »
17	21 51⁹	29	734 20⁷	62	1.569 68⁵	95	2.405 16²	825	20.886 93⁷
18	22 78⁵	30	759 52⁵	63	1.595 00²	96	2.430 48	850	21.519 87⁵
19	24 05¹	31	784 84²	64	1.620 32	97	2.455 79⁷	875	22.152 81²
		32	810 16	65	1.645 63⁷	98	2.481 11⁵	900	22.785 75
		33	835 47⁷	66	1.670 95⁵	99	2.506 43²	925	23.418 68⁷
						100	2.531 75	950	24.051 62⁵
								975	24.684 56²
								1000	25.317 50

CHANGE : 25.32

D	fr. c.	£	fr. c.	£	fr. c.	£	fr. c.	£	fr. c.
1	0 10^5	1	25 32	34	860 88	67	1.696 44	125	3.165 »
2	0 21^4	2	50 64	35	886 20	68	1.721 76	150	3.798 »
3	0 31^6	3	75 96	36	911 52	69	1.747 08	175	4.431 »
4	0 42^2	4	101 28	37	936 84	70	1.772 40	200	5.064 »
5	0 52^7	5	126 60	38	962 16	71	1.797 72	225	5.697 »
6	0 63^3	6	151 92	39	987 48	72	1.823 04	250	6.330 »
7	0 73^8	7	177 24	40	1.012 80	73	1.848 36	275	6.963 »
8	0 84^4	8	202 56	41	1.038 12	74	1.873 68	300	7.596 »
9	0 94^9	9	227 88	42	1.063 44	75	1.899 »	325	8.229 »
10	1 05^5	10	253 20	43	1.088 76	76	1.924 32	350	8.862 »
11	1 16	11	278 52	44	1.114 08	77	1.949 64	375	9.495 »
S		12	303 84	45	1.139 40	78	1.974 96	400	10.128 »
1	1 26^6	13	329 16	46	1.164 72	79	2.000 28	425	10.761 »
2	2 53^2	14	354 48	47	1.190 04	80	2.025 60	450	11.394 »
3	3 79^8	15	379 80	48	1.215 36	81	2.050 92	475	12.027 »
4	5 06^4	16	405 12	49	1.240 68	82	2.076 24	500	12.660 »
5	6 33	17	436 44	50	1.266 »	83	2.101 56	525	13.293 »
6	7 59^6	18	455 76	51	1.291 32	84	2.126 88	550	13.926 »
7	8 86^2	19	481 08	52	1.316 64	85	2.152 20	575	14.559 »
8	10 12^8	20	506 40	53	1.341 96	86	2.177 52	600	15.192 »
9	11 39^5	21	531 72	54	1.367 28	87	2.202 84	625	15.825 »
10	12 66	22	557 04	55	1.392 60	88	2.228 16	650	16.458 »
11	13 92^6	23	582 36	56	1.417 92	89	2.253 48	675	17.091 »
12	15 19^2	24	607 68	57	1.443 24	90	2.278 80	700	17.724 »
13	16 45^8	25	633 »	58	1.468 56	91	2.304 12	725	18.357 »
14	17 72^4	26	658 32	59	1.493 88	92	2.329 44	750	18.990 »
15	18 99	27	683 64	60	1.519 20	93	2.354 76	775	19.623 »
16	20 25^6	28	708 96	61	1.544 52	94	2.380 08	800	20.256 »
17	21 52^2	29	734 28	62	1.569 84	95	2.405 40	825	20.889 »
18	22 78^8	30	759 60	63	1.595 16	96	2.430 72	850	21.522 »
19	24 05^4	31	784 92	64	1.620 48	97	2.456 04	875	22.155 »
		32	810 24	65	1.645 80	98	2.481 36	900	22.788 »
		33	835 56	66	1.671 12	99	2.506 68	925	23.421 »
						100	2.532 »	950	24.054 »
								975	24.687 »
								1000	25.320 »

CHANGE : 25.32 ¹/₄

D	fr.	c.	£	fr.	c.	£	fr.	c.	£	fr.	c.	£	fr.	c.
1	0	10^5	1	25	32¼	34	860	96^5	67	1.696	60^7	125	3.165	31^2
2	0	21^1	2	50	64^5	35	886	28^7	68	1.721	93	150	3.798	37^5
3	0	31^6	3	75	96^7	36	911	61	69	1.747	25^2	175	4.431	43^7
4	0	42^2	4	101	29	37	936	93^2	70	1.772	57^5	200	5.064	50
5	0	52^7	5	126	61^2	38	962	25^5	71	1.797	89^7	225	5.697	56^2
6	0	63^3	6	151	93^5	39	987	57^7	72	1.823	22	250	6.330	62^5
7	0	73^8	7	177	25^7	40	1.012	90	73	1.848	54^2	275	6.963	68^7
8	0	84^4	8	202	58	41	1.038	22^2	74	1.873	86^5	300	7.596	75
9	0	94^9	9	227	90^2	42	1.063	54^5	75	1.899	18^7	325	8.229	81^2
10	1	05^5	10	253	22^5	43	1.088	86^7	76	1.924	51	350	8.862	87^5
11	1	16	11	278	54^7	44	1.114	19	77	1.949	83^2	375	9.495	93^7
S			12	303	87	45	1.139	51^2	78	1.975	15^5	400	10.129	»
1	1	26^6	13	329	19^2	46	1.164	83^5	79	2.000	47^7	425	10.762	06^2
2	2	53^2	14	354	51^5	47	1.190	15^7	80	2.025	80	450	11.395	12^5
3	3	79^8	15	379	83^7	48	1.215	48	81	2.051	12^2	475	12.028	18^7
4	5	06^4	16	405	16	49	1.240	80^2	82	2.076	44^5	500	12.661	25
5	6	33	17	430	48^2	50	1.266	12^5	83	2.101	76^7	525	13.294	31^2
6	7	59^6	18	455	80^5	51	1.291	44^7	84	2.127	09	550	13.927	37^5
7	8	86^2	19	481	12^7	52	1.316	77	85	2.152	41^2	575	14.560	43^7
8	10	12^9	20	506	45	53	1.342	09^2	86	2.177	73^5	600	15.193	50
9	11	39^5	21	531	77^2	54	1.367	41^5	87	2.203	05^7	625	15.826	56^2
10	12	66^1	22	557	09^5	55	1.392	73^7	88	2.228	38	650	16.459	62^5
11	13	92^7	23	582	41^7	56	1.418	06	89	2.253	70^2	675	17.092	68^7
12	15	19^3	24	607	74	57	1.443	38^2	90	2.279	02^5	700	17.725	75
13	16	45^9	25	633	06^2	58	1.468	70^5	91	2.304	34^7	725	18.358	81^2
14	17	72^5	26	658	38^5	59	1.494	02^7	92	2.329	67	750	18.991	87^5
15	18	99^1	27	683	70^7	60	1.519	35	93	2.354	99^2	775	19.624	93^7
16	20	25^8	28	709	03	61	1.544	67^2	94	2.380	31^5	800	20.258	»
17	21	52^4	29	734	35^2	62	1.569	99^5	95	2.405	63^7	825	20.891	06^2
18	22	79	30	759	67^5	63	1.595	31^7	96	2.430	96	850	21.524	12^5
19	24	05^6	31	784	99^7	64	1.620	64	97	2.456	28^2	875	22.157	18^7
			32	810	32	65	1.645	96^2	98	2.481	60^5	900	22.790	25
			33	835	64^2	66	1.671	28^5	99	2.506	92^7	925	23.423	31^2
									100	2.532	25	950	24.056	37^5
												975	24.689	43^7
												1000	25.322	50

CHANGE : 25.32 ¹/₂

D	fr.	c.	ℒ	fr.	c.	ℒ	fr.	c.	ℒ	fr.	c.	ℒ	fr.	c.
1	0	10^5	1	25	32½	34	861	05	67	1.696	77^5	125	3.165	62^5
2	0	21^4	2	50	65	35	886	37^5	68	1.722	10	150	3.798	75
3	0	31^6	3	75	97^5	36	911	70	69	1.747	42^5	175	4.431	87^5
4	0	42^2	4	101	30	37	937	02^5	70	1.772	75	200	5.065	»
5	0	52^7	5	126	62^5	38	962	35	71	1.798	07^5	225	5.698	12^5
6	0	63^3	6	151	95	39	987	67^5	72	1.823	40	250	6.331	25
7	0	73^8	7	177	27^5	40	1.013	»	73	1.848	72^5	275	6.964	37^5
8	0	84^4	8	202	60	41	1.038	32^5	74	1.874	05	300	7.597	50
9	0	94^9	9	227	92^5	42	1.063	65	75	1.899	37^5	325	8.230	62^5
10	1	05^5	10	253	25	43	1.088	97^5	76	1.924	70	350	8.863	75
11	1	16	11	278	57^5	44	1.114	30	77	1.950	02^5	375	9.496	87^5
S			12	303	90	45	1.139	62^5	78	1.975	35	400	10.130	»
1	1	26^6	13	329	22^5	46	1.164	95	79	2.000	67^5	425	10.763	12^5
2	2	53^2	14	354	55	47	1.190	27^5	80	2.026	»	450	11.396	25
3	3	79^8	15	379	87^5	48	1.215	60	81	2.051	32^5	475	12.029	37^5
4	5	06^5	16	405	20	49	1.240	92^5	82	2.076	65	500	12.662	50
5	6	33^1	17	430	52^5	50	1.266	25	83	2.101	97^5	525	13.295	62^5
6	7	59^7	18	455	85	51	1.291	57^5	84	2.127	30	550	13.928	75
7	8	86^3	19	481	17^5	52	1.316	90	85	2.152	62^5	575	14.561	87^5
8	10	13	20	506	50	53	1.342	22^5	86	2.177	95	600	15.195	»
9	11	39^6	21	531	82^5	54	1.367	55	87	2.203	27^5	625	15.828	12^5
10	12	66^2	22	557	15	55	1.392	87^5	88	2.228	60	650	16.461	25
11	13	92^8	23	582	47^5	56	1.418	20	89	2.253	92^5	675	17.094	37^5
12	15	19^5	24	607	80	57	1.443	52^5	90	2.279	25	700	17.727	50
13	16	46^1	25	633	12^5	58	1.468	85	91	2.304	57^5	725	18.360	62^5
14	17	72^7	26	658	45	59	1.494	17^5	92	2.329	90	750	18.993	75
15	18	99^3	27	683	77^5	60	1.519	50	93	2.355	22^5	775	19.626	87^5
16	20	26	28	709	10	61	1.544	82^5	94	2.380	55	800	20.260	»
17	21	52^6	29	734	42^5	62	1.570	15	95	2.405	87^5	825	20.893	12^5
18	22	79^2	30	759	75	63	1.595	47^5	96	2.431	20	850	21.526	25
19	24	05^8	31	785	07^5	64	1.620	80	97	2.456	52^5	875	22.159	37^5
			32	810	40	65	1.646	12^5	98	2.481	85	900	22.792	50
			33	835	72^5	66	1.671	45	99	2.507	17^5	925	23.425	62^5
									100	2.532	50	950	24.058	75
												975	24.691	87^5
												1000	25.325	»

CHANGE : 25.32 $^3/_4$

D/S	fr. c.	£	fr. c.	£	fr. c.	£	fr. c.	£	fr. c.
1	0 10^5	1	25 32^7	34	861 13^5	67	1.696 94^2	125	3.165 93^7
2	0 21^4	2	50 65^5	35	886 46^2	68	1.722 27	150	3.799 12^5
3	0 31^6	3	75 98^2	36	911 79	69	1.747 59^7	175	4.432 31^2
4	0 42^2	4	101 31	37	937 11^7	70	1.772 92^5	200	5.065 50
5	0.52^7	5	126 63^7	38	962 44^5	71	1.798 25^2	225	5.698 68^7
6	0.63^3	6	151 96^5	39	987 77^2	72	1.823 58	250	6.331 87^5
7	0 73^8	7	177 29^2	40	1.013 10	73	1.848 90^7	275	6.965 06^2
8	0 84^4	8	202 62	41	1.038 42^7	74	1.874 23^5	300	7.598 25
9	0 94^9	9	227 94^7	42	1.063 75^5	75	1.899 56^2	325	8.231 43^7
10	1 05^5	10	253 27^5	43	1.089 08^2	76	1.924 89	350	8.864 62^5
11	1 16	11	278 60^2	44	1.114 41	77	1.950 21^7	375	9.497 81^2
S		12	303 93	45	1.139 73^7	78	1.975 54^5	400	10.131 »
1	1 26^6	13	329 25^7	46	1.165 06^5	79	2.000 87^2	425	10.764 18^7
2	2 53^2	14	354 58^5	47	1.190 39^2	80	2.026 20	450	11.397 37^5
3	3 79^9	15	379 91^2	48	1.215 72	81	2.051 52^7	475	12.030 56^2
4	5 06^5	16	405 24	49	1.241 04^7	82	2.076 85^5	500	12.663 75
5	6 33^4	17	430 56^7	50	1.266 37^5	83	2.102 18^2	525	13.296 93^7
6	7 59^8	18	455 89^5	51	1.291 70^2	84	2.127 51	550	13.930 12^5
7	8 86^4	19	481 22^2	52	1.317 03	85	2.152 83^7	575	14.563 31^2
8	10 13^4	20	506 55	53	1.342 35^7	86	2.178 16^5	600	15.196 50
9	11 39^7	21	531 87^7	54	1.367 68^5	87	2.203 49^2	625	15.829 68^7
10	12 66^3	22	557 20^5	55	1.393 01^2	88	2.228 82	650	16.462 87^5
11	13 93	23	582 53^2	56	1.418 34	89	2.254 14^7	675	17.096 06^2
12	15 19^6	24	607 86	57	1.443 66^7	90	2.279 47^5	700	17.729 25
13	16 46^2	25	633 18^7	58	1.468 99^5	91	2.304 80^2	725	18.362 43^7
14	17 72^9	26	658 51^5	59	1.494 32^2	92	2.330 13	750	18.995 62^5
15	18 99^5	27	683 84^2	60	1.519 65	93	2.355 45^7	775	19.628 81^2
16	20 26^2	28	709 17	61	1.544 97^7	94	2.380 78^5	800	20.262 »
17	21 52^8	29	734 49^7	62	1.570 30^5	95	2.406 11^2	825	20.895 18^7
18	22 79^4	30	759 82^5	63	1.595 63^2	96	2.431 44	850	21.528 37^5
19	24 06^4	31	785 15^2	64	1.620 96	97	2.456 76^7	875	22.161 56^2
		32	810 48	65	1.646 28^7	98	2.482 09^5	900	22.794 75
		33	835 80^7	66	1.671 61^5	99	2.507 42^2	925	23.427 93^7
						100	2.532 75	950	24.061 12^5
								975	24.694 31^2
								1000	25.327 50

CHANGE : 25.33

D	fr.	c.	L	fr.	c.	L	fr.	c.	L	fr.	c.	L	fr.	c.
1	0	10^{5}	1	25	33	34	861	22	67	1.697	11	125	3.166	25
2	0	21^{1}	2	50	66	35	886	55	68	1.722	44	150	3.799	50
3	0	31^{6}	3	75	99	36	911	88	69	1.747	77	175	4.432	75
4	0	42^{2}	4	101	32	37	937	21	70	1.773	10	200	5.066	»
5	0	52^{7}	5	126	65	38	962	54	71	1.798	43	225	5.699	25
6	0	63^{3}	6	151	98	39	987	87	72	1.823	76	250	6.332	50
7	0	73^{8}	7	177	31	40	1.013	20	73	1.849	09	275	6.965	75
8	0	84^{4}	8	202	64	41	1.038	53	74	1.874	42	300	7.599	»
9	0	94^{9}	9	227	97	42	1.063	86	75	1.899	75	325	8.232	25
10	1	05^{5}	10	253	30	43	1.089	19	76	1.925	08	350	8.865	50
11	1	16	11	278	63	44	1.114	52	77	1.950	41	375	9.498	75
S			12	303	96	45	1.139	85	78	1.975	74	400	10.132	»
1	1	26^{0}	13	329	29	46	1.165	18	79	2.001	07	425	10.765	25
2	2	53^{3}	14	354	62	47	1.190	51	80	2.026	40	450	11.398	50
3	3	79^{9}	15	379	95	48	1.215	84	81	2.051	73	475	12.031	75
4	5	06^{6}	16	405	28	49	1.241	17	82	2.077	06	500	12.665	»
5	6	33^{2}	17	430	61	50	1.266	50	83	2.102	39	525	13.298	25
6	7	59^{9}	18	455	94	51	1.291	83	84	2.127	72	550	13.931	50
7	8	86^{5}	19	481	27	52	1.317	16	85	2.153	05	575	14.564	75
8	10	13^{2}	20	506	60	53	1.342	49	86	2.178	38	600	15.198	»
9	11	39^{8}	21	531	93	54	1.367	82	87	2.203	71	625	15.831	25
10	12	66^{5}	22	557	26	55	1.393	15	88	2.229	04	650	16.464	50
11	13	93^{1}	23	582	59	56	1.418	48	89	2.254	37	675	17.097	75
12	15	19^{8}	24	607	92	57	1.443	81	90	2.279	70	700	17.731	»
13	16	46^{4}	25	633	25	58	1.469	14	91	2.305	03	725	18.364	25
14	17	73^{1}	26	658	58	59	1.494	47	92	2.330	36	750	18.997	50
15	18	99^{7}	27	683	91	60	1.519	80	93	2.355	69	775	19.630	75
16	20	26^{4}	28	709	24	61	1.545	13	94	2.381	02	800	20.264	»
17	21	53	29	734	57	62	1.570	46	95	2.406	35	825	20.897	25
18	22	79^{7}	30	759	90	63	1.595	79	96	2.431	68	850	21.530	50
19	24	06^{3}	31	785	23	64	1.621	12	97	2.457	01	875	22.163	75
			32	810	56	65	1.646	45	98	2.482	34	900	22.797	»
			33	835	89	66	1.671	78	99	2.507	67	925	23.430	25
									100	2.533	»	950	24.063	50
												975	24.696	75
												1000	25.330	»

CHANGE : 25.33 ¹/₄

D	fr. c.	£	fr. c.	£	fr. c.	£	fr. c.	£	fr. c.
1	0 10^5	1	25 33¼	34	861 30^5	67	1.697 27^7	125	3.166 56^2
2	0 21^4	2	50 66^5	35	886 63^7	68	1.722 61	150	3.799 87^5
3	0 31^6	3	75 99^7	36	911 97	69	1.747 94^2	175	4.433 18^7
4	0 42^2	4	101 33	37	937 30^2	70	1.773 27^5	200	5.066 50
5	0 52^7	5	126 66^2	38	962 63^5	71	1.798 60^7	225	5.699 81^2
6	0 63^3	6	151 99^5	39	987 96^7	72	1.823 94	250	6.333 12^5
7	0 73^8	7	177 32^7	40	1.013 30	73	1.849 27^2	275	6.966 43^7
8	0 84^4	8	202 66	41	1.038 63^2	74	1.874 60^5	300	7.599 75
9	0 94^9	9	227 99^2	42	1.063 96^5	75	1.899 93^7	325	8.233 06^2
10	1 05^5	10	253 32^5	43	1.089 29^7	76	1.925 27	350	8.866 37^5
11	1 16^4	11	278 65^7	44	1.114 63	77	1.950 60^2	375	9.499 68^7
S	.	12	303 99	45	1.139 96^2	78	1.975 93^5	400	10.133 »
1	1 26^6	13	329 32^2	46	1.165 29^5	79	2.001 26^7	425	10.766 31^2
2	2 53^3	14	354 65^5	47	1.190 62^7	80	2.026 60	450	11.399 62^5
3	3 79^9	15	379 98^7	48	1.215 96	81	2.051 93^2	475	12.032 93^7
4	5 06^6	16	405 32	49	1.241 29^2	82	2.077 26^5	500	12.666 25
5	6 33^3	17	430 65^2	50	1.266 62^5	83	2.102 59^7	525	13.299 56^2
6	7 59^9	18	455 98^5	51	1.291 95^7	84	2.127 93	550	13.932 87^5
7	8 86^6	19	481 31^7	52	1.317 29	85	2.153 26^2	575	14.566 18^7
8	10 13^3	20	506 65	53	1.342 62^2	86	2.178 59^5	600	15.199 50
9	11 39^9	21	531 98^2	54	1.367 95^5	87	2.203 92^7	625	15.832 81^2
10	12 66^6	22	557 31^5	55	1.393 28^7	88	2.229 26	650	16.466 12^5
11	13 93^2	23	582 64^7	56	1.418 62	89	2.254 59^2	675	17.099 43^7
12	15 19^9	24	607 98	57	1.443 95^2	90	2.279 92^5	700	17.732 75
13	16 46^6	25	633 31^2	58	1.469 28^5	91	2.305 25^7	725	18.366 06^2
14	17 73^2	26	658 64^5	59	1.494 61^7	92	2.330 59	750	18.999 37^5
15	18 99^9	27	683 97^7	60	1.519 95	93	2.355 92^2	775	19.632 68^7
16	20 26^6	28	709 31	61	1.545 28^2	94	2.381 25^5	800	20.266 »
17	21 53^2	29	734 64^2	62	1.570 61^5	95	2.406 58^7	825	20.899 31^2
18	22 79^9	30	759 97^5	63	1.595 94^7	96	2.431 92	850	21.532 62^5
19	24 06^5	31	785 30^7	64	1.621 28	97	2.457 25^2	875	22.165 93^7
		32	810 64	65	1.646 61^2	98	2.482 58^5	900	22.799 25
		33	835 97^2	66	1.671 94^5	99	2.507 91^7	925	23.432 56^2
						100	2.533 25	950	24.065 87^5
								975	24.699 18^7
								1000	25.332 50

CHANGE : 25.33 ¹/₂

D	fr. c.	£	fr. c.	£	fr. c.	£	fr. c.	£	fr. c.
1	0 10^5	1	25 33¼	34	861 39	67	1.697 44^5	125	3.166 87^5
2	0 21^1	2	50 67	35	886 72^5	68	1.722 78	150	3.800 25
3	0 31^6	3	76 00^5	36	912 06	69	1.748 11^5	175	4.433 62^5
4	0 42^8	4	101 34	37	937 39^5	70	1.773 45	200	5.067 »
5	0 52^7	5	126 67^5	38	962 73	71	1.798 78^5	225	5.700 37^5
6	0 63^3	6	152 01	39	988 06^5	72	1.824 12	250	6.333 75
7	0 73^8	7	177 34^5	40	1.013 40	73	1.849 45^5	275	6.967 12^5
8	0 84^1	8	202 68	41	1.038 73^5	74	1.874 79	300	7.600 50
9	0 95	9	228 01^5	42	1.064 07	75	1.900 12^5	325	8.233 87^5
10	1 05^5	10	253 35	43	1.089 40^5	76	1.925 46	350	8.867 25
11	1 16^1	11	278 68^5	44	1.114 74	77	1.950 79^5	375	9.500 62^5
S		12	304 02	45	1.140 07^5	78	1.976 13	400	10.134 »
1	1 26^6	13	329 35^5	46	1.165 41	79	2.001 46^5	425	10.767 37^5
2	2 53^3	14	354 69	47	1.190 74^5	80	2.026 80	450	11.400 75
3	3 80	15	380 02^5	48	1.216 08	81	2.052 13^5	475	12.034 12^5
4	5 06^7	16	405 36	49	1.241 41^5	82	2.077 47	500	12.667 50
5	6 33^3	17	430 69^5	50	1.266 75	83	2.102 80^5	525	13.300 87^5
6	7 60	18	456 03	51	1.292 08^5	84	2.128 14	550	13.934 25
7	8 86^7	19	481 36^5	52	1.317 42	85	2.153 47^5	575	14.567 62^5
8	10 13^4	20	506 70	53	1.342 75^5	86	2.178 81	600	15.201 »
9	11 40	21	532 03^5	54	1.368 09	87	2.204 14^5	625	15.834 37^5
10	12 66^7	22	557 37	55	1.393 42^5	88	2.229 48	650	16.467 75
11	13 93^4	23	582 70^5	56	1.418 76	89	2.254 81^5	675	17.101 12^5
12	15 20^1	24	608 04	57	1.444 09^5	90	2.280 15	700	17.734 50
13	16 46^7	25	633 37^5	58	1.469 43	91	2.305 48^5	725	18.367 87^5
14	17 73^4	26	658 71	59	1.494 76^5	92	2.330 82	750	19.001 25
15	19 00^1	27	684 04^5	60	1.520 10	93	2.356 15^5	775	19.634 62^5
16	20 26^8	28	709 38	61	1.545 43^5	94	2.381 49	800	20.268 »
17	21 53^4	29	734 71^5	62	1.570 77	95	2.406 82^5	825	20.901 37^5
18	22 80^1	30	760 05	63	1.596 10^5	96	2.432 16	850	21.534 75
19	24 06^8	31	785 38^5	64	1.621 44	97	2.457 49^5	875	22.168 12^5
		32	810 72	65	1.646 77^5	98	2.482 83	900	22.801 50
		33	836 05^5	66	1.672 11	99	2.508 16^5	925	23.434 87^5
						100	2.533 50	950	24.068 25
								975	24.701 62^5
								1000	25.335 »

CHANGE : 25.33 ³/₄

D	fr.	c.	L	fr.	c.	L	fr.	c.	L	fr.	c.	L	fr.	c.
1	0	10^5	1	25	33¾	34	861	47^5	67	1.697	61^2	125	3.167	18^7
2	0	21^1	2	50	67^5	35	886	81^2	68	1.722	95	150	3.800	62^5
3	0	31^6	3	76	01^2	36	912	15	69	1.748	28^7	175	4.434	06^2
4	0	42^2	4	101	35	37	937	48^7	70	1.773	62^5	200	5.067	50
5	0	52^7	5	126	68^7	38	962	82^5	71	1.798	96^2	225	5.700	93^7
6	0	63^3	6	152	02^5	39	988	16^2	72	1.824	30	250	6.334	37^5
7	0	73^9	7	177	36^2	40	1.013	50	73	1.849	63^7	275	6.967	81^2
8	0	84^4	8	202	70	41	1.038	83^7	74	1.874	97^5	300	7.601	25
9	0	95	9	228	03^7	42	1.064	17^5	75	1.900	31^2	325	8.234	68^7
10	1	05^5	10	253	37^5	43	1.089	51^2	76	1.925	65	350	8.868	12^5
11	1	16^1	11	278	71^2	44	1.114	85	77	1.950	98^7	375	9.501	56^2
S			12	304	05	45	1.140	18^7	78	1.976	32^5	400	10.135	»
1	1	26^6	13	329	38^7	46	1.165	52^5	79	2.001	66^2	425	10.768	43^7
2	2	53^3	14	354	72^5	47	1.190	86^2	80	2.027	»	450	11.401	87^5
3	3	80	15	380	06^2	48	1.216	20	81	2.052	33^7	475	12.035	31^2
4	5	06^7	16	405	40	49	1.241	53^7	82	2.077	67^5	500	12.668	75
5	6	33^4	17	430	73^7	50	1.266	87^5	83	2.103	01^2	525	13.302	18^7
6	7	60^1	18	456	07^5	51	1.292	21^2	84	2.128	35	550	13.935	62^5
7	8	86^8	19	481	41^2	52	1.317	55	85	2.153	68^7	575	14.569	06^2
8	10	13^5	20	506	75	53	1.342	88^7	86	2.179	02^5	600	15.202	50
9	11	40^1	21	532	08^7	54	1.368	22^5	87	2.204	36^2	625	15.835	93^7
10	12	66^8	22	557	42^5	55	1.393	56^2	88	2.229	70	650	16.469	37^5
11	13	93^5	23	582	76^2	56	1.418	90	89	2.255	03^7	675	17.102	81^2
12	15	20^2	24	608	10	57	1.444	23^7	90	2.280	37^5	700	17.736	25
13	16	46^9	25	633	43^7	58	1.469	57^5	91	2.305	71^2	725	18.369	68^7
14	17	73^6	26	658	77^5	59	1.494	91^2	92	2.331	05	750	19.003	12^5
15	19	00^3	27	684	11^2	60	1.520	25	93	2.356	38^7	775	19.636	56^2
16	20	27	28	709	45	61	1.545	58^7	94	2.381	72^5	800	20.270	»
17	21	53^6	29	734	78^7	62	1.570	92^5	95	2.407	06^2	825	20.903	43^7
18	22	80^3	30	760	12^5	63	1.596	26^2	96	2.432	40	850	21.536	87^5
19	24	07	31	785	46^2	64	1.621	60	97	2.457	73^7	875	22.170	31^2
			32	810	80	65	1.646	93^7	98	2.483	07^5	900	22.803	75
			33	836	13^7	66	1.672	27^5	99	2.508	41^2	925	23.437	18^7
									100	2.533	75	950	24.070	62^5
												975	24.704	06^2
												1000	25.337	50

CHANGE : 25.34

D	fr.	c.	£	fr.	c.	£	fr.	c.	£	fr.	c.	£	fr.	c.
1	0	10^5	1	25	34	34	861	56	67	1.697	78	125	3.167	50
2	0	21^4	2	50	68	35	886	90	68	1.723	12	150	3.801	»
3	0	31^6	3	76	02	36	912	24	69	1.748	46	175	4.434	50
4	0	42^2	4	101	36	37	937	58	70	1.773	80	200	5.068	»
5	0	52^7	5	126	70	38	962	92	71	1.799	14	225	5.701	50
6	0	63^3	6	152	04	39	988	26	72	1.824	48	250	6.335	»
7	0	73^0	7	177	38	40	1.013	60	73	1.849	82	275	6.968	50
8	0	84^4	8	202	72	41	1.038	94	74	1.875	16	300	7.602	»
9	0	95	9	228	06	42	1.064	28	75	1.900	50	325	8.235	50
10	1	05^5	10	253	40	43	1.089	62	76	1.925	84	350	8.869	»
11	1	16^1	11	278	74	44	1.114	96	77	1.951	18	375	9.502	50
S			12	304	08	45	1.140	30	78	1.976	52	400	10.136	»
1	1	26^7	13	329	42	46	1.165	64	79	2.001	86	425	10.769	50
2	2	53^4	14	354	76	47	1.190	98	80	2.027	20	450	11.403	»
3	3	80^4	15	380	10	48	1.216	32	81	2.052	54	475	12.036	50
4	5	06^8	16	405	44	49	1.241	66	82	2.077	88	500	12.670	»
5	6	33^5	17	430	78	50	1.267	»	83	2.103	22	525	13.303	50
6	7	60^2	18	456	12	51	1.292	34	84	2.128	56	550	13.937	»
7	8	86^9	19	481	46	52	1.317	68	85	2.153	90	575	14.570	50
8	10	13^6	20	506	80	53	1.343	02	86	2.179	24	600	15.204	»
9	11	40^3	21	532	14	54	1.368	36	87	2.204	58	625	15.837	50
10	12	67	22	557	48	55	1.393	70	88	2.229	92	650	16.471	»
11	13	93^7	23	582	82	56	1.419	04	89	2.255	26	675	17.104	50
12	15	20^4	24	608	16	57	1.444	38	90	2.280	60	700	17.738	»
13	16	47^1	25	633	50	58	1.469	72	91	2.305	94	725	18.371	50
14	17	73^8	26	658	84	59	1.495	06	92	2.331	28	750	19.005	»
15	19	00^5	27	684	18	60	1.520	40	93	2.356	62	775	19.638	50
16	20	27^2	28	709	52	61	1.545	74	94	2.381	96	800	20.272	»
17	21	53^9	29	734	86	62	1.571	08	95	2.407	30	825	20.905	50
18	22	80^6	30	760	20	63	1.596	42	96	2.432	64	850	21.539	»
19	24	07^3	31	785	54	64	1.621	76	97	2.457	98	875	22.172	50
			32	810	88	65	1.647	10	98	2.483	32	900	22.806	»
			33	836	22	66	1.672	44	99	2.508	66	925	23.439	50
									100	2.534	»	950	24.073	»
												975	24.706	50
												1000	25.340	»

CHANGE : 25.34 ¹/₄

D	fr. c.	$\mathcal{L}$	fr. c.	$\mathcal{L}$	fr. c.	$\mathcal{L}$	fr. c.	$\mathcal{L}$	fr. c.
1	0 10^5	1	25 34¼	34	861 64^5	67	1.697 94^7	125	3.167 81^2
2	0 21^1	2	50 68^5	35	886 98^7	68	1.723 29	150	3.801 37^5
3	0 31^6	3	76 02^7	36	912 33	69	1.748 63^2	175	4.434 93^7
4	0 42^2	4	101 37	37	937 67^2	70	1.773 97^5	200	5.068 50
5	0 52^7	5	126 71^2	38	963 01^5	71	1.799 31^7	225	5.702 06^2
6	0 63^3	6	152 05^5	39	988 35^7	72	1.824 66	250	6.335 62^5
7	0 73^9	7	177 39^7	40	1.013 70	73	1.850 00^2	275	6.969 18^7
8	0 84^1	8	202 74	41	1.039 04^2	74	1.875 34^5	300	7.602 75
9	0 95	9	228 08^2	42	1.064 38^5	75	1.900 68^7	325	8.236 31^2
10	1 05^5	10	253 42^5	43	1.089 72^7	76	1.926 03	350	8.869 87^5
11	1 16^1	11	278 76^7	44	1.115 07	77	1.951 37^2	375	9.503 43^7
S		12	304 11	45	1.140 41^2	78	1.976 71^5	400	10.137 »
1	1 26^7	13	329 45^2	46	1.165 75^5	79	2.002 05^7	425	10.770 56^2
2	2 53^1	14	354 79^5	47	1.191 09^7	80	2.027 40	450	11.404 12^5
3	3 80^1	15	380 13^7	48	1.216 44	81	2.052 74^2	475	12.037 68^7
4	5 06^8	16	405 48	49	1.241 78^2	82	2.078 08^5	500	12.671 25
5	6 33^9	17	430 82^9	50	1.267 12^5	83	2.103 42^7	525	13.304 81^2
6	7 60^2	18	456 16^5	51	1.292 46^7	84	2.128 77	550	13.938 37^5
7	8 86^9	19	481 50^7	52	1.317 81	85	2.154 11^2	575	14.571 93^7
8	10 13^7	20	506 85	53	1.343 15^2	86	2.179 45^5	600	15.205 50
9	11 40^1	21	532 19^2	54	1.368 49^5	87	2.204 79^7	625	15.839 06^2
10	12 67^1	22	557 53^5	55	1.393 83^7	88	2.230 14	650	16.472 62^5
11	13 93^8	23	582 87^7	56	1.419 18	89	2.255 48^2	675	17.106 18^7
12	15 20^5	24	608 22	57	1.444 52^2	90	2.280 82^5	700	17.739 75
13	16 47^2	25	633 56^2	58	1.469 86^5	91	2.306 16^7	725	18.373 31^2
14	17 73^9	26	658 90^5	59	1.495 20^7	92	2.331 51	750	19.006 87^5
15	19 00^6	27	684 24^7	60	1.520 55	93	2.356 85^2	775	19.640 43^7
16	20 27^4	28	709 59	61	1.545 89^2	94	2.382 19^5	800	20.274 »
17	21 54^1	29	734 93^2	62	1.571 23^5	95	2.407 53^7	825	20.907 56^2
18	22 80^8	30	760 27^5	63	1.596 57^7	96	2.432 88	850	21.541 12^5
19	24 07^5	31	785 61^7	64	1.621 92	97	2.458 22^2	875	22.174 68^7
		32	810 96	65	1.647 26^2	98	2.483 56^5	900	22.808 25
		33	836 30^2	66	1.672 60^5	99	2.508 90^7	925	23.441 81^2
						100	2.534 25	950	24.075 37^5
								975	24.708 93^7
								1000	25.342 50

CHANGE : 25.34 $^1/_2$

D	fr.	c.	£	fr.	c.	£	fr.	c.	£	fr.	c.	£	fr.	c.
1	0	10^5	1	25	$34\frac{1}{2}$	34	861	73	67	1.698	11^5	125	3.168	12^5
2	0	21^1	2	50	69	35	887	07^5	68	1.723	46	150	3.801	75
3	0	31^6	3	76	03^5	36	912	42	69	1.748	80^5	175	4.435	37^5
4	0	42^2	4	101	38	37	937	76^5	70	1.774	15	200	5.069	»
5	0	52^8	5	126	72^5	38	963	11	71	1.799	49^5	225	5.702	62^5
6	0	63^3	6	152	07	39	988	45^5	72	1.824	84	250	6.336	25
7	0	73^9	7	177	41^5	40	1.013	80	73	1.850	18^5	275	6.969	87^5
8	0	84^4	8	202	76	41	1.039	14^5	74	1.875	53	300	7.603	50
9	0	95	9	228	10^5	42	1.064	49	75	1.900	87^5	325	8.237	12^5
10	1	05^6	10	253	45	43	1.089	83^5	76	1.926	22	350	8.870	75
11	1	16^4	11	278	79^3	44	1.115	18	77	1.951	56^5	375	9.504	37^5
S			12	304	14	45	1.140	52^5	78	1.976	91	400	10.138	»
1	1	26^7	13	329	48^5	46	1.165	87	79	2.002	25^5	425	10.771	62^5
2	2	53^4	14	354	83	47	1.191	21^5	80	2.027	60	450	11.405	25
3	3	80^1	15	380	17^5	48	1.216	56	81	2.052	94^5	475	12.038	87^5
4	5	06^9	16	405	52	49	1.241	90^5	82	2.078	29	500	12.672	50
5	6	33^6	17	430	86^5	50	1.267	25	83	2.103	63^5	525	13.306	12^5
6	7	60^3	18	456	21	51	1.292	59^5	84	2.128	98	550	13.939	75
7	8	87	19	481	55^5	52	1.317	94	85	2.154	32^5	575	14.573	37^5
8	10	13^8	20	506	90	53	1.343	28^5	86	2.179	67	600	15.207	»
9	11	40^5	21	532	24^5	54	1.368	63	87	2.205	01^5	625	15.840	62^5
10	12	67^2	22	557	59	55	1.393	97^5	88	2.230	36	650	16.474	25
11	13	93^9	23	582	93^5	56	1.419	32	89	2.255	70^5	675	17.107	87^5
12	15	20^7	24	608	28	57	1.444	66^5	90	2.281	05	700	17.741	50
13	16	47^4	25	633	62^5	58	1.470	01	91	2.306	39^5	725	18.375	12^5
14	17	74^1	26	658	97	59	1.495	35^5	92	2.331	74	750	19.008	75
15	19	00^8	27	684	31^5	60	1.520	70	93	2.357	08^5	775	19.642	37^5
16	20	27^6	28	709	66	61	1.546	04^5	94	2.382	43	800	20.276	»
17	21	54^3	29	735	00^5	62	1.571	39	95	2.407	77^5	825	20.909	62^5
18	22	81	30	760	35	63	1.596	73^5	96	2.433	12	850	21.543	25
19	24	07^7	31	785	69^5	64	1.622	08	97	2.458	46^5	875	22.176	87^5
			32	811	04	65	1.647	42^5	98	2.483	81	900	22.810	50
			33	836	38^5	66	1.672	77	99	2.509	15^5	925	23.414	12^5
									100	2.534	50	950	24.077	75
												975	24.711	37^5
												1000	25.345	»

CHANGE : 25.34 ³/₄

D	fr.	c.	£	fr.	c.	£	fr.	c.	£	fr.	c.	£	fr.	c.
1	0	10^5	1	25	34¼	34	861	81^5	67	1.698	28^2	125	3.168	43^7
2	0	21^4	2	50	69^5	35	887	16^2	68	1.723	63	150	3.802	12^5
3	0	31^6	3	76	04^2	36	912	51	69	1.748	97^7	175	4.435	81^2
4	0	42^2	4	101	39	37	937	85^7	70	1.774	32^5	200	5.069	50
5	0.52^8		5	126	73^7	38	963	20^5	71	1.799	67^2	225	5.703	18^7
6	0	63^3	6	152	08^5	39	988	55^2	72	1.825	02	250	6.336	87^5
7	0	73^9	7	177	43^2	40	1.013	90	73	1.850	36^7	275	6.970	56^2
8	0	84^4	8	202	78	41	1.039	24^7	74	1.875	71^5	300	7.604	25
9	0	95	9	228	12^7	42	1.064	59^5	75	1.901	06^2	325	8.237	93^7
10	1	05^8	10	253	47^5	43	1.089	94^2	76	1.926	41	350	8.871	62^5
11	1	16^4	11	278	82^2	44	1.115	29	77	1.951	75^7	375	9.505	31^2
S			12	304	17	45	1.140	63^7	78	1.977	10^5	400	10.139	»
1	1	26^7	13	329	51^7	46	1.165	98^5	79	2.002	45^2	425	10.772	68^7
2	2	53^4	14	354	86^5	47	1.191	33^2	80	2.027	80	450	11.406	37^5
3	3	80^2	15	380	21^2	48	1.216	68	81	2.053	14^7	475	12.040	06^2
4	5	06^9	16	405	56	49	1.242	02^7	82	2.078	49^3	500	12.673	75
5	6	33^6	17	430	90^7	50	1.267	37^5	83	2.103	84^2	525	13.307	43^7
6	7	60^4	18	456	25^5	51	1.292	72^2	84	2.129	19	550	13.941	12^5
7	8	87^1	19	481	60^2	52	1.318	07	85	2.154	53^7	575	14.574	81^2
8	10	13^9	20	506	95	53	1.343	41^7	86	2.179	88^5	600	15.208	50
9	11	40^6	21	532	29^7	54	1.368	76^5	87	2.205	23^2	625	15.842	18^7
10	12	67^3	22	557	64^5	55	1.394	11^2	88	2.230	58	650	16.475	87^5
11	13	94^4	23	582	99^2	56	1.419	46	89	2.255	92^7	675	17.109	56^2
12	15	20^8	24	608	34	57	1.444	80^7	90	2.281	27^5	700	17.743	25
13	16	47^5	25	633	68^7	58	1.470	15^5	91	2.306	62^2	725	18.376	93^7
14	17	74^3	26	659	03^5	59	1.495	50^2	92	2.331	97	750	19.010	62^5
15	19	01	27	684	38^2	60	1.520	85	93	2.357	31^7	775	19.644	31^2
16	20	27^8	28	709	73	61	1.546	19^7	94	2.382	66^5	800	20.278	»
17	21	54^5	29	735	07^7	62	1.571	54^5	95	2.408	01^2	825	20.911	68^7
18	22	81^2	30	760	42^5	63	1.596	89^2	96	2.433	36	850	21.545	37^5
19	24	08	31	785	77^2	64	1.622	24	97	2.458	70^7	875	22.179	06^2
			32	811	12	65	1.647	58^7	98	2.484	05^5	900	22.812	75
			33	836	46^7	66	1.672	93^5	99	2.509	40^2	925	23.446	43^7
									100	2.534	75	950	24.080	12^5
												975	24.713	81^2
												1000	25.347	50

CHANGE : 25.35

D	fr.	c.
1	0	10^5
2	0	21^4
3	0	31^6
4	0	42^2
5	0	52^8
6	0	63^3
7	0	73^9
8	0	84^5
9	0	95
10	1	05^6
11	1	16^4
S		
1	1	26^7
2	2	53^5
3	3	80^2
4	5	07
5	6	33^7
6	7	60^5
7	8	87^2
8	10	14
9	11	40^7
10	12	67^5
11	13	94^2
12	15	21
13	16	47^7
14	17	74^5
15	19	01^2
16	20	28
17	21	54^7
18	22	81^5
19	24	08^2

£	fr.	c.
1	25	35
2	50	70
3	76	05
4	101	40
5	126	75
6	152	10
7	177	45
8	202	80
9	228	15
10	253	50
11	278	85
12	304	20
13	329	55
14	354	90
15	380	25
16	405	60
17	430	95
18	456	30
19	481	65
20	507	»
21	532	35
22	557	70
23	583	05
24	608	40
25	633	75
26	659	10
27	684	45
28	709	80
29	735	15
30	760	50
31	785	85
32	811	20
33	836	55

£	fr.	c.
34	861	90
35	887	25
36	912	60
37	937	95
38	963	30
39	988	65
40	1.014	»
41	1.039	35
42	1.064	70
43	1.090	05
44	1.115	40
45	1.140	75
46	1.166	10
47	1.191	45
48	1.216	80
49	1.242	15
50	1.267	50
51	1.292	85
52	1.318	20
53	1.343	55
54	1.368	90
55	1.394	25
56	1.419	60
57	1.444	95
58	1.470	30
59	1.495	65
60	1.521	»
61	1.546	35
62	1.571	70
63	1.597	05
64	1.622	40
65	1.647	75
66	1.673	10

£	fr.	c.
67	1.698	45
68	1.723	80
69	1.749	15
70	1.774	50
71	1.799	85
72	1.825	20
73	1.850	55
74	1.875	90
75	1.901	25
76	1.926	60
77	1.951	95
78	1.977	30
79	2.002	65
80	2.028	»
81	2.053	35
82	2.078	70
83	2.104	05
84	2.129	40
85	2.154	75
86	2.180	10
87	2.205	45
88	2.230	80
89	2.256	15
90	2.281	50
91	2.306	85
92	2.332	20
93	2.357	55
94	2.382	90
95	2.408	25
96	2.433	60
97	2.458	95
98	2.484	30
99	2.509	65
100	2.535	»

£	fr.	c.
125	3.168	75
150	3.802	50
175	4.436	25
200	5.070	»
225	5.703	75
250	6.337	50
275	6.971	25
300	7.605	»
325	8.238	75
350	8.872	50
375	9.506	25
400	10.140	»
425	10.773	75
450	11.407	50
475	12.041	25
500	12.675	»
525	13.308	75
550	13.942	50
575	14.576	25
600	15.210	»
625	15.843	75
650	16.477	50
675	17.111	25
700	17.745	»
725	18.378	75
750	19.012	50
775	19.646	25
800	20.280	»
825	20.913	75
850	21.547	50
875	22.181	25
900	22.815	»
925	23.448	75
950	24.082	50
975	24.716	25
1000	25.350	»

CHANGE : 25.35 ¹/₄

D	fr.	c.	£	fr.	c.	£	fr.	c.	£	fr.	c.	£	fr.	c.
1	0	10^5	1	25	35¼	34	861	98^5	67	1.698	61^7	125	3.169	06^2
2	0	21^4	2	50	70^5	35	887	33^7	68	1.723	97	150	3.802	87^5
3	0	31^6	3	76	05^7	36	912	69	69	1.749	32^2	175	4.436	68^7
4	0	42^2	4	101	41	37	938	04^2	70	1.774	67^5	200	5.070	50
5	0	52^8	5	126	76^2	38	963	39^5	74	1.800	02^7	225	5.704	31^2
6	0	63^3	6	152	11^5	39	988	74^7	72	1.825	38	250	6.338	12^5
7	0	73^9	7	177	46^7	40	1.014	10	73	1.850	73^2	275	6.971	93^7
8	0	84^5	8	202	82	41	1.039	45^2	74	1.876	08^5	300	7.605	75
9	0	95	9	228	17^2	42	1.064	80^5	75	1.901	43^7	325	8.239	56^2
10	1	05^6	10	253	52^5	43	1.090	15^7	76	1.926	79	350	8.873	37^5
11	1	16^4	11	278	87^7	44	1.115	51	77	1.952	14^2	375	9.507	18^7
S			12	304	23	45	1.140	86^2	78	1.977	49^5	400	10.141	»
1	1	26^7	13	329	58^2	46	1.166	21^5	79	2.002	84^7	425	10.774	81^2
2	2	53^5	14	354	93^5	47	1.191	56^7	80	2.028	20	450	11.408	62^5
3	3	80^2	15	380	28^7	48	1.216	92	81	2.053	55^2	475	12.042	43^7
4	5	07	16	405	64	49	1.242	27^2	82	2.078	90^5	500	12.676	25
5	6	33^8	17	430	99^2	50	1.267	62^5	83	2.104	25^7	525	13.310	06^2
6	7	60^5	18	456	34^5	51	1.292	97^7	84	2.129	61	550	13.943	87^5
7	8	87^3	19	481	69^7	52	1.318	33	85	2.154	96^2	575	14.577	68^7
8	10	14^4	20	507	05	53	1.343	68^2	86	2.180	31^5	600	15.211	50
9	11	40^8	21	532	40^2	54	1.369	03^5	87	2.205	66^7	625	15.845	31^2
10	12	67^6	22	557	75^5	55	1.394	38^7	88	2.231	02	650	16.479	12^5
11	13	94^3	23	583	10^7	56	1.419	74	89	2.256	37^2	675	17.112	93^7
12	15	21^4	24	608	46	57	1.445	09^2	90	2.281	72^5	700	17.746	75
13	16	47^9	25	633	81^2	58	1.470	44^5	91	2.307	07^7	725	18.380	56^2
14	17	74^6	26	659	16^5	59	1.495	79^7	92	2.332	43	750	19.014	37^5
15	19	01^4	27	684	51^7	60	1.521	15	93	2.357	78^2	775	19.648	18^7
16	20	28^2	28	709	87	61	1.546	50^2	94	2.383	13^5	800	20.282	»
17	21	54^9	29	735	22^2	62	1.571	85^5	95	2.408	48^7	825	20.915	81^2
18	22	81^7	30	760	57^5	63	1.597	20^7	96	2.433	84	850	21.549	62^5
19	24	08^4	31	785	92^7	64	1.622	56	97	2.459	19^2	875	22.183	43^7
			32	811	28	65	1.647	91^2	98	2.484	54^5	900	22.817	25
			33	836	63^2	66	1.673	26^5	99	2.509	89^7	925	23.451	06^2
									100	2.535	25	950	24.084	87^5
												975	24.718	68^7
												1000	25.352	50

CHANGE : 25.35 ¹/₂

D / £	fr.	c.	£	fr.	c.	£	fr.	c.	£	fr.	c.	£	fr.	c.
1	0	10^5	1	25	35¼	34	862	07	67	1.698	78^5	125	3.169	37^5
2	0	21^1	2	50	71	35	887	42^5	68	1.724	14	150	3.803	25
3	0	31^6	3	76	06^5	36	912	78	69	1.749	49^5	175	4.437	12^5
4	0	42^2	4	101	42	37	938	13^5	70	1.774	85	200	5.071	»
5	0	52^8	5	126	77^5	38	963	49	71	1.800	20^5	225	5.704	87^5
6	0	63^3	6	152	13	39	988	84^5	72	1.825	56	250	6.338	75
7	0	73^9	7	177	48^5	40	1.014	20	73	1.850	91^5	275	6.972	62^5
8	0	84^5	8	202	84	41	1.039	55^5	74	1.876	27	300	7.606	50
9	0	95	9	228	19^5	42	1.064	91	75	1.901	62^5	325	8.240	37^5
10	1	05^6	10	253	55	43	1.090	26^5	76	1.926	98	350	8.874	25
11	1	16^2	11	278	90^5	44	1.115	62	77	1.952	33^5	375	9.508	12^5
S			12	304	26	45	1.140	97^5	78	1.977	69	400	10.142	»
1	1	26^7	13	329	61^5	46	1.166	33	79	2.003	04^5	425	10.775	87^5
2	2	53^5	14	354	97	47	1.191	68^5	80	2.028	40	450	11.409	75
3	3	80^3	15	380	32^5	48	1.217	04	81	2.053	75^5	475	12.043	62^5
4	5	07^1	16	405	68	49	1.242	39^5	82	2.079	11	500	12.677	50
5	6	33^8	17	431	03^5	50	1.267	75	83	2.104	46^5	525	13.311	37^5
6	7	60^6	18	456	39	51	1.293	10^5	84	2.129	82	550	13.945	25
7	8	87^4	19	481	74^5	52	1.318	46	85	2.155	17^5	575	14.579	12^5
8	10	14^2	20	507	10	53	1.343	81^5	86	2.180	53	600	15.213	»
9	11	40^9	21	532	45^5	54	1.369	17	87	2.205	88^5	625	15.846	87^5
10	12	67^7	22	557	81	55	1.394	52^5	88	2.231	24	650	16.480	75
11	13	94^5	23	583	16^5	56	1.419	88	89	2.256	59^5	675	17.114	62^5
12	15	21^3	24	608	52	57	1.445	23^5	90	2.281	95	700	17.748	50
13	16	48	25	633	87^5	58	1.470	59	91	2.307	30^5	725	18.382	37^5
14	17	74^8	26	659	23	59	1.495	94^5	92	2.332	66	750	19.016	25
15	19	01^6	27	684	58^5	60	1.521	30	93	2.358	01^5	775	19.650	12^5
16	20	28^4	28	709	94	61	1.546	65^5	94	2.383	37	800	20.284	»
17	21	55^1	29	735	29^5	62	1.572	01	95	2.408	72^5	825	20.917	87^5
18	22	81^9	30	760	65	63	1.597	36^5	96	2.434	08	850	21.551	75
19	24	08^7	31	786	00^5	64	1.622	72	97	2.459	43^5	875	22.185	62^5
			32	811	36	65	1.648	07^5	98	2.484	79	900	22.819	50
			33	836	71^5	66	1.673	43	99	2.510	14^5	925	23.453	37^5
									100	2.535	50	950	24.087	25
												975	24.721	12^5
												1000	25.355	»

CHANGE : 25.35 ³/₄

D	fr. c.	L	fr. c.	L	fr. c.	L	fr. c.	L	fr. c.
1	0 10⁵	1	25 35⁴	34	862 15⁵	67	1.698 95²	125	3.169 68⁷
2	0 21¹	2	50 71³	35	887 51²	68	1.724 31	150	3.803 62⁵
3	0 31⁶	3	76 07²	36	912 87	69	1.749 66⁷	175	4.437 56²
4	0 42²	4	101 43	37	938 22⁷	70	1.775 02⁵	200	5.071 50
5	0 52⁸	5	126 78⁷	38	963 58⁵	71	1.800 38²	225	5.705 43⁷
6	0 63³	6	152 14⁵	39	988 94²	72	1.825 74	250	6.339 37⁵
7	0 73⁹	7	177 50²	40	1.014 30	73	1.851 09⁷	275	6.973 31²
8	0 84⁵	8	202 86	41	1.039 65⁷	74	1.876 45⁵	300	7.607 25
9	0 95	9	228 21⁷	42	1.065 01⁵	75	1.901 81²	325	8.241 18⁷
10	1 05⁶	10	253 57⁵	43	1.090 37²	76	1.927 17	350	8.875 12⁵
11	1 16²	11	278 93²	44	1.115 73	77	1.952 52⁷	375	9.509 06²
S		12	304 29	45	1.141 08⁷	78	1.977 88⁵	400	10.143 »
1	1 26⁷	13	329 64⁷	46	1.166 44⁵	79	2.003 24²	425	10.776 93⁷
2	2 53⁵	14	355 00⁵	47	1.191 80²	80	2.028 60	450	11.410 87⁵
3	3 80³	15	380 36²	48	1.217 16	81	2.053 95⁷	475	12.044 81²
4	5 07¹	16	405 72	49	1.242 51⁷	82	2.079 31⁵	500	12.678 75
5	6 33⁹	17	431 07⁷	50	1.267 87⁵	83	2.104 67²	525	13.312 68⁷
6	7 60⁷	18	456 43⁵	51	1.293 23²	84	2.130 03	550	13.946 62⁵
7	8 87⁵	19	481 79²	52	1.318 59	85	2.155 38⁷	575	14.580 56²
8	10 14³	20	507 15	53	1.343 94⁷	86	2.180 74⁵	600	15.214 50
9	11 41	21	532 50⁷	54	1.369 30⁵	87	2.206 10²	625	15.848 43⁷
10	12 67⁸	22	557 86⁵	55	1.394 66²	88	2.231 46	650	16.482 37⁵
11	13 94⁶	23	583 22²	56	1.420 02	89	2.256 81⁷	675	17.116 31²
12	15 21⁴	24	608 58	57	1.445 37⁷	90	2.282 17⁵	700	17.750 25
13	16 48²	25	633 93⁷	58	1.470 73⁵	91	2.307 53²	725	18.384 18⁷
14	17 75	26	659 29⁵	59	1.496 09²	92	2.332 89	750	19.018 12⁵
15	19 01⁸	27	684 65²	60	1.521 45	93	2.358 24⁷	775	19.652 06²
16	20 28⁶	28	710 01	61	1.546 80⁷	94	2.383 60⁵	800	20.286 »
17	21 55³	29	735 36⁷	62	1.572 16⁵	95	2.408 96²	825	20.919 93⁷
18	22 82¹	30	760 72⁵	63	1.597 52²	96	2.434 32	850	21.553 87⁵
19	24 08⁹	31	786 08²	64	1.622 88	97	2.459 67⁷	875	22.187 81²
		32	811 44	65	1.648 23⁷	98	2.485 03⁵	900	22.821 75
		33	836 79⁷	66	1.673 59⁵	99	2.510 39²	925	23.455 68⁷
						100	2.535 75	950	24.089 62⁵
								975	24.723 56²
								1000	25.357 50

CHANGE : 25.36

D	fr.	c.	£	fr.	c.	£	fr.	c.	£	fr.	c.	£	fr.	c.
1	0	10^{5}	1	25	36	34	862	24	67	1.699	12	125	3.170	»
2	0	21^{4}	2	50	72	35	887	60	68	1.724	48	150	3.804	»
3	0	31^{7}	3	76	08	36	912	96	69	1.749	84	175	4.438	»
4	0	42^{2}	4	101	44	37	938	32	70	1.775	20	200	5.072	»
5	0	52^{8}	5	126	80	38	963	68	71	1.800	56	225	5.706	»
6	0	63^{4}	6	152	16	39	989	04	72	1.825	92	250	6.340	»
7	0	73^{9}	7	177	52	40	1.014	40	73	1.851	28	275	6.974	»
8	0	84^{5}	8	202	88	41	1.039	76	74	1.876	64	300	7.608	»
9	0	95^{1}	9	228	24	42	1.065	12	75	1.902	»	325	8.242	»
10	1	05^{6}	10	253	60	43	1.090	48	76	1.927	36	350	8.876	»
11	1	16^{2}	11	278	96	44	1.115	84	77	1.952	72	375	9.510	»
S			12	304	32	45	1.141	20	78	1.978	08	400	10.144	»
1	1	26^{8}	13	329	68	46	1.166	56	79	2.003	44	425	10.778	»
2	2	53^{6}	14	355	04	47	1.191	92	80	2.028	80	450	11.412	»
3	3	80^{4}	15	380	40	48	1.217	28	81	2.054	16	475	12.046	»
4	5	07^{2}	16	405	76	49	1.242	64	82	2.079	52	500	12.680	»
5	6	34	17	431	12	50	1.268	»	83	2.104	88	525	13.314	»
6	7	60^{8}	18	456	48	51	1.293	36	84	2.130	24	550	13.948	»
7	8	87^{6}	19	481	84	52	1.318	72	85	2.155	60	575	14.582	»
8	10	14^{4}	20	507	20	53	1.344	08	86	2.180	96	600	15.216	»
9	11	41^{2}	21	532	56	54	1.369	44	87	2.206	32	625	15.850	»
10	12	68	22	557	92	55	1.394	80	88	2.231	68	650	16.484	»
11	13	94^{8}	23	583	28	56	1.420	16	89	2.257	04	675	17.118	»
12	15	21^{6}	24	608	64	57	1.445	52	90	2.282	40	700	17.752	»
13	16	48^{4}	25	634	»	58	1.470	88	91	2.307	76	725	18.386	»
14	17	75^{2}	26	659	36	59	1.496	24	92	2.333	12	750	19.020	»
15	19	02	27	684	72	60	1.521	60	93	2.358	48	775	19.654	»
16	20	28^{6}	28	710	08	61	1.546	96	94	2.383	84	800	20.288	»
17	21	55^{6}	29	735	44	62	1.572	32	95	2.409	20	825	20.922	»
18	22	82^{4}	30	760	80	63	1.597	68	96	2.434	56	850	21.556	»
19	24	09^{2}	31	786	16	64	1.623	04	97	2.459	92	875	22.190	»
			32	811	52	65	1.648	40	98	2.485	28	900	22.824	»
			33	836	88	66	1.673	76	99	2.510	64	925	23.458	»
									100	2.536	»	950	24.092	»
												975	24.726	»
												1000	25.360	»

CHANGE : 25.36 ¹/₄

D	fr.	c.	$\mathcal{L}$	fr.	c.	$\mathcal{L}$	fr.	c.	$\mathcal{L}$	fr.	c.	$\mathcal{L}$	fr.	c.
1	0	10^5	1	25	36¼	34	862	32^5	67	1.699	28^7	125	3.170	31^2
2	0	21^1	2	50	72^5	35	887	68^7	68	1.724	65	150	3.804	37^5
3	0	31^7	3	76	08^7	36	913	05	69	1.750	01^2	175	4.438	43^7
4	0	42^2	4	101	45	37	938	41^2	70	1.775	37^5	200	5.072	50
5	0	52^8	5	126	81^2	38	963	77^5	71	1.800	73^7	225	5.706	56^2
6	0	63^4	6	152	17^5	39	989	13^7	72	1.826	10	250	6.340	62^5
7	0	73^9	7	177	53^7	40	1.014	50	73	1.851	46^2	275	6.974	68^7
8	0	84^5	8	202	90	41	1.039	86^2	74	1.876	82^5	300	7.608	75
9	0	95^4	9	228	26^2	42	1.065	22^5	75	1.902	18^7	325	8.242	81^2
10	1	05^6	10	253	62^5	43	1.090	58^7	76	1.927	55	350	8.876	87^5
11	1	16^2	11	278	98^7	44	1.115	95	77	1.952	91^2	375	9.510	93^7
S			12	304	35	45	1.141	31^2	78	1.978	27^5	400	10.145	»
1	1	26^8	13	329	71^2	46	1.166	67^5	79	2.003	63^7	425	10.779	06^2
2	2	53^6	14	355	07^5	47	1.192	03^7	80	2.029	»	450	11.413	12^5
3	3	80^4	15	380	43^7	48	1.217	40	81	2.054	36^2	475	12.047	18^7
4	5	07^2	16	405	80	49	1.242	76^2	82	2.079	72^5	500	12.681	25
5	6	34	17	431	16^2	50	1.268	12^5	83	2.105	08^7	525	13.315	31^2
6	7	60^8	18	456	52^5	51	1.293	48^7	84	2.130	45	550	13.949	37^5
7	8	87^6	19	481	88^7	52	1.318	85	85	2.155	81^2	575	14.583	43^7
8	10	14^5	20	507	25	53	1.344	21^2	86	2.181	17^5	600	15.217	50
9	11	41^3	21	532	61^2	54	1.369	57^5	87	2.206	53^7	625	15.851	56^2
10	12	68^4	22	557	97^5	55	1.394	93^7	88	2.231	90	650	16.485	62^5
11	13	94^9	23	583	33^7	56	1.420	30	89	2.257	26^2	675	17.119	68^7
12	15	21^7	24	608	70	57	1.445	66^2	90	2.282	62^5	700	17.753	75
13	16	48^5	25	634	06^2	58	1.471	02^5	91	2.307	98^7	725	18.387	81^2
14	17	75^3	26	659	42^5	59	1.496	38^7	92	2.333	35	750	19.021	87^5
15	19	02^1	27	684	78^7	60	1.521	75	93	2.358	71^2	775	19.655	93^7
16	20	29	28	710	15	61	1.547	11^2	94	2.384	07^5	800	20.290	»
17	21	55^8	29	735	51^2	62	1.572	47^5	95	2.409	43^7	825	20.924	06^2
18	22	82^6	30	760	87^5	63	1.597	83^7	96	2.434	80	850	21.558	12^5
19	24	09^4	31	786	23^7	64	1.623	20	97	2.460	16^2	875	22.192	18^7
			32	811	60	65	1.648	56^2	98	2.485	52^5	900	22.826	25
			33	836	96^2	66	1.673	92^5	99	2.510	88^7	925	23.460	31^2
									100	2.536	25	950	24.094	37^5
												975	24.728	43^7
												1000	25.362	50

CHANGE : 25.36 ¹/₂

D	fr.	c.	L	fr.	c.	L	fr.	c.	L	fr.	c.	L	fr.	c.
1	0	10^5	1	25	36¼	34	862	41	67	1.699	45^5	125	3.170	62^5
2	0	21^1	2	50	73	35	887	77^5	68	1.724	82	150	3.804	75
3	0	31^7	3	76	09^5	36	913	14	69	1.750	18^5	175	4.438	87^5
4	0	42^2	4	101	46	37	938	50^5	70	1.775	55	200	5.073	»
5	0	52^8	5	126	82^5	38	963	87	71	1.800	91^5	225	5.707	12^5
6	0	63^4	6	152	19	39	989	23^5	72	1.826	28	250	6.341	25
7	0	73^0	7	177	55^5	40	1.014	60	73	1.851	64^5	275	6.975	37^5
8	0	84^5	8	202	92	41	1.039	96^5	74	1.877	01	300	7.609	50
9	0	95^1	9	228	28^5	42	1.065	33	75	1.902	37^5	325	8.243	62^5
10	1	05^6	10	253	65	43	1.090	69^5	76	1.927	74	350	8.877	75
11	1	16^2	11	279	01^5	44	1.116	06	77	1.953	10^5	375	9.511	87^5
S			12	304	38	45	1.141	42^5	78	1.978	47	400	10.146	»
1	1	26^8	13	329	74^5	46	1.166	79	79	2.003	83^5	425	10.780	12^5
2	2	53^6	14	355	11	47	1.192	15^5	80	2.029	20	450	11.414	25
3	3	80^4	15	380	47^5	48	1.217	52	81	2.054	56^5	475	12.048	37^5
4	5	07^3	16	405	84	49	1.242	88^5	82	2.079	93	500	12.682	50
5	6	34^1	17	431	20^5	50	1.268	25	83	2.105	29^5	525	13.316	62^5
6	7	60^9	18	456	57	51	1.293	61^5	84	2.130	66	550	13.950	75
7	8	87^7	19	481	93^5	52	1.318	98	85	2.156	02^5	575	14.584	87^5
8	10	14^6	20	507	30	53	1.344	34^5	86	2.181	39	600	15.219	»
9	11	41^4	21	532	66^5	54	1.369	71	87	2.206	75^5	625	15.853	12^5
10	12	68^2	22	558	03	55	1.395	07^5	88	2.232	12	650	16.487	25
11	13	95	23	583	39^5	56	1.420	44	89	2.257	48^5	675	17.121	37^5
12	15	21^9	24	608	76	57	1.445	80^5	90	2.282	85	700	17.755	50
13	16	48^7	25	634	12^5	58	1.471	17	91	2.308	21^5	725	18.389	62^5
14	17	75^5	26	659	49	59	1.496	53^5	92	2.333	58	750	19.023	75
15	19	02^4	27	684	85^5	60	1.521	90	93	2.358	94^5	775	19.657	87^5
16	20	29^2	28	710	22	61	1.547	26^5	94	2.384	31	800	20.292	»
17	21	56	29	735	58^5	62	1.572	63	95	2.409	67^5	825	20.926	12^5
18	22	82^8	30	760	95	63	1.597	99^5	96	2.435	04	850	21.560	25
19	24	09^6	31	786	31^5	64	1.623	36	97	2.460	40^5	875	22.194	37^5
			32	811	68	65	1.648	72^5	98	2.485	77	900	22.828	50
			33	837	04^5	66	1.674	09	99	2.511	13^5	925	23.462	62^5
									100	2.536	50	950	24.096	75
												975	24.730	87^5
												1000	25.365	»

CHANGE : 25.36 ³/₄

D	fr.	c.	$\mathcal{L}$	fr.	c.	$\mathcal{L}$	fr.	c.	$\mathcal{L}$	fr.	c.	$\mathcal{L}$	fr.	c.
1	0	10^5	**1**	25	36¾	**34**	862	49^5	**67**	1.699	62^2	**125**	3.170	93^7
2	0	21^4	**2**	50	73^5	**35**	887	86^2	**68**	1.724	99	**150**	3.805	12^5
3	0	31^7	**3**	76	10^2	**36**	913	23	**69**	1.750	35^7	**175**	4.439	31^2
4	0	42^2	**4**	101	47	**37**	938	59^7	**70**	1.775	72^5	**200**	5.073	50
5	0	52^8	**5**	126	83^7	**38**	963	96^5	**71**	1.801	09^2	**225**	5.707	68^7
6	0	63^4	**6**	152	20^5	**39**	989	33^2	**72**	1.826	46	**250**	6.341	87^5
7	0	73^9	**7**	177	57^2	**40**	1.014	70	**73**	1.851	82^7	**275**	6.976	06^2
8	0	84^5	**8**	202	94	**41**	1.040	06^7	**74**	1.877	19^5	**300**	7.610	25
9	0	95^4	**9**	228	30^7	**42**	1.065	43^5	**75**	1.902	56^2	**325**	8.244	43^7
10	1	05^6	**10**	253	67^5	**43**	1.090	80^2	**76**	1.927	93	**350**	8.878	62^5
11	1	16^2	**11**	279	04^2	**44**	1.116	17	**77**	1.953	29^7	**375**	9.512	81^2
S			**12**	304	41	**45**	1.141	53^7	**78**	1.978	66^5	**400**	10.147	»
1	1	26^8	**13**	329	77^7	**46**	1.166	90^5	**79**	2.004	03^2	**425**	10.781	18^7
2	2	53^6	**14**	355	14^5	**47**	1.192	27^2	**80**	2.029	40	**450**	11.415	37^5
3	3	80^5	**15**	380	51^2	**48**	1.217	64	**81**	2.054	76^7	**475**	12.049	56^2
4	5	07^3	**16**	405	88	**49**	1.243	00^7	**82**	2.080	13^5	**500**	12.683	75
5	6	34^4	**17**	431	24^7	**50**	1.268	37^5	**83**	2.105	50^2	**525**	13.317	93^7
6	7	61	**18**	456	61^5	**51**	1.293	74^2	**84**	2.130	87	**550**	13.952	12^5
7	8	87^8	**19**	481	98^2	**52**	1.319	11	**85**	2.156	23^7	**575**	14.586	31^2
8	10	14^7	**20**	507	35	**53**	1.344	47^7	**86**	2.181	60^5	**600**	15.220	50
9	11	41^5	**21**	532	71^7	**54**	1.369	84^5	**87**	2.206	97^2	**625**	15.854	68^7
10	12	68^3	**22**	558	08^5	**55**	1.395	21^2	**88**	2.232	34	**650**	16.488	87^5
11	13	95^2	**23**	583	45^2	**56**	1.420	58	**89**	2.257	70^7	**675**	17.123	06^2
12	15	22	**24**	608	82	**57**	1.445	94^7	**90**	2.283	07^5	**700**	17.757	25
13	16	48^8	**25**	634	18^7	**58**	1.471	31^5	**91**	2.308	44^2	**725**	18.391	43^7
14	17	75^7	**26**	659	55^5	**59**	1.496	68^2	**92**	2.333	81	**750**	19.025	62^5
15	19	02^5	**27**	684	92^2	**60**	1.522	05	**93**	2.359	17^7	**775**	19.659	81^2
16	20	29^4	**28**	710	29	**61**	1.547	41^7	**94**	2.384	54^5	**800**	20.294	»
17	21	56^2	**29**	735	65^7	**62**	1.572	78^5	**95**	2.409	91^2	**825**	20.928	18^7
18	22	83	**30**	761	02^5	**63**	1.598	15^2	**96**	2.435	28	**850**	21.562	37^5
19	24	09^9	**31**	786	39^2	**64**	1.623	52	**97**	2.460	64^7	**875**	22.196	56^2
			32	811	76	**65**	1.648	88^7	**98**	2.486	01^5	**900**	22.830	75
			33	837	12^7	**66**	1.674	25^5	**99**	2.511	38^2	**925**	23.464	93^7
									100	2.536	75	**950**	24.099	12^5
												975	24.733	31^2
												1000	25.367	50

CHANGE : 25.37

D	fr.	c.	£	fr.	c.	£	fr.	c.	£	fr.	c.	£	fr.	c.
1	0	10^5	1	25	37	34	862	58	67	1.699	79	125	3.171	25
2	0	21^1	2	50	74	35	887	95	68	1.725	16	150	3.805	50
3	0	31^7	3	76	11	36	913	32	69	1.750	53	175	4.439	75
4	0	42^2	4	101	48	37	938	69	70	1.775	90	200	5.074	»
5	0	52^8	5	126	85	38	964	06	71	1.801	27	225	5.708	25
6	0	63^4	6	152	22	39	989	43	72	1.826	64	250	6.342	50
7	0	73^9	7	177	59	40	1.014	80	73	1.852	01	275	6.976	75
8	0	84^5	8	202	96	41	1.040	17	74	1.877	38	300	7.611	»
9	0	95^1	9	228	33	42	1.065	54	75	1.902	75	325	8.245	25
10	1	05^7	10	253	70	43	1.090	91	76	1.928	12	350	8.879	50
11	1	16^2	11	279	07	44	1.116	28	77	1.953	49	375	9.513	75
S			12	304	44	45	1.141	65	78	1.978	86	400	10.148	»
1	1	26^8	13	329	81	46	1.167	02	79	2.004	23	425	10.782	25
2	2	53^7	14	355	18	47	1.192	39	80	2.029	60	450	11.416	50
3	3	80^5	15	380	55	48	1.217	76	81	2.054	97	475	12.050	75
4	5	07^4	16	405	92	49	1.243	13	82	2.080	34	500	12.685	»
5	6	34^2	17	431	29	50	1.268	50	83	2.105	71	525	13.319	25
6	7	61^1	18	456	66	51	1.293	87	84	2.131	08	550	13.953	50
7	8	87^9	19	482	03	52	1.319	24	85	2.156	45	575	14.587	75
8	10	14^8	20	507	40	53	1.344	61	86	2.181	82	600	15.222	»
9	11	41^6	21	532	77	54	1.369	98	87	2.207	19	625	15.856	25
10	12	68^5	22	558	14	55	1.395	35	88	2.232	56	650	16.490	50
11	13	95^3	23	583	51	56	1.420	72	89	2.257	93	675	17.124	75
12	15	22^2	24	608	88	57	1.446	09	90	2.283	30	700	17.759	»
13	16	49	25	634	25	58	1.471	46	91	2.308	67	725	18.393	25
14	17	75^9	26	659	62	59	1.496	83	92	2.334	04	750	19.027	50
15	19	02^7	27	684	99	60	1.522	20	93	2.359	41	775	19.661	75
16	20	29^6	28	710	36	61	1.547	57	94	2.384	78	800	20.296	»
17	21	56^4	29	735	73	62	1.572	94	95	2.410	15	825	20.930	25
18	22	83^3	30	761	10	63	1.598	31	96	2.435	52	850	21.564	50
19	24	10^1	31	786	47	64	1.623	68	97	2.460	89	875	22.198	75
			32	811	84	65	1.649	05	98	2.486	26	900	22.833	»
			33	837	21	66	1.674	42	99	2.511	63	925	23.467	25
									100	2.537	»	950	24.101	50
												975	24.735	75
												1000	25.370	»

CHANGE : 25.37 ¹/₄

D	fr.	c.	£	fr.	c.	£	fr.	c.	£	fr.	c.	£	fr.	c.
1	0	10^5	1	25	37¼	34	862	66^5	67	1.699	95^7	125	3.171	56^2
2	0	21^1	2	50	74^5	35	888	03^7	68	1.725	33	150	3.805	87^5
3	0	31^7	3	76	11^7	36	913	41	69	1.750	70^2	175	4.440	18^7
4	0	42^2	4	101	49	37	938	78^2	70	1.776	07^5	200	5.074	50
5	0	52^8	5	126	86^2	38	964	15^5	71	1.801	44^7	225	5.708	81^2
6	0	63^4	6	152	23^5	39	989	52^7	72	1.826	82	250	6.343	12^5
7	0	74	7	177	60^7	40	1.014	90	73	1.852	19^2	275	6.977	43^7
8	0	84^5	8	202	98	41	1.040	27^2	74	1.877	56^5	300	7.611	75
9	0	95^1	9	228	35^2	42	1.065	64^5	75	1.902	93^7	325	8.246	06^2
10	1	05^7	10	253	72^5	43	1.091	01^7	76	1.928	31	350	8.880	37^5
11	1	16^2	11	279	09^7	44	1.116	39	77	1.953	68^2	375	9.514	68^7
S			12	304	47	45	1.141	76^2	78	1.979	05^5	400	10.149	»
1	1	26^8	13	329	84^2	46	1.167	13^5	79	2.004	42^7	425	10.783	31^2
2	2	53^7	14	355	21^5	47	1.192	50^7	80	2.029	80	450	11.417	62^5
3	3	80^5	15	380	58^7	48	1.217	88	81	2.055	17^2	475	12.051	93^7
4	5	07^4	16	405	96	49	1.243	25^2	82	2.080	54^5	500	12.686	25
5	6	34^3	17	431	33^2	50	1.268	62^5	83	2.105	91^7	525	13.320	56^2
6	7	61^1	18	456	70^5	51	1.293	99^7	84	2.131	29	550	13.954	87^5
7	8	88	19	482	07^7	52	1.319	37	85	2.156	66^2	575	14.589	18^7
8	10	14^9	20	507	45	53	1.344	74^2	86	2.182	03^5	600	15.223	50
9	11	41^7	21	532	82^2	54	1.370	11^5	87	2.207	40^7	625	15.857	81^2
10	12	68^6	22	558	19^5	55	1.395	48^7	88	2.232	78	650	16.492	12^5
11	13	95^4	23	583	56^7	56	1.420	86	89	2.258	15^2	675	17.126	43^7
12	15	22^3	24	608	94	57	1.446	23^2	90	2.283	52^5	700	17.760	75
13	16	49^2	25	634	31^2	58	1.471	60^5	91	2.308	89^7	725	18.395	06^2
14	17	76	26	659	68^5	59	1.496	97^7	92	2.334	27	750	19.029	37^5
15	19	02^9	27	685	05^7	60	1.522	35	93	2.359	64^2	775	19.663	68^7
16	20	29^8	28	710	43	61	1.547	72^2	94	2.385	01^5	800	20.298	»
17	21	56^6	29	735	80^2	62	1.573	09^5	95	2.410	38^7	825	20.932	31^2
18	22	83^5	30	761	17^5	63	1.598	46^7	96	2.435	76	850	21.566	62^5
19	24	10^3	31	786	54^7	64	1.623	84	97	2.461	13^2	875	22.200	93^7
			32	811	92	65	1.649	21^2	98	2.486	50^5	900	22.835	25
			33	837	29^2	66	1.674	58^5	99	2.511	87^7	925	23.469	56^2
									100	2.537	25	950	24.103	87^5
												975	24.738	18^7
												1000	25.372	50

CHANGE : 25.37 $^1/_2$

D	fr.	c.	£	fr.	c.	£	fr.	c.	£	fr.	c.	£	fr.	c.
1	0	10^5	1	25	37½	34	862	75	67	1.700	12^5	125	3.171	87^5
2	0	21^1	2	50	75	35	888	12^5	68	1.725	50	150	3.806	25
3	0	31^7	3	76	12^5	36	913	50	69	1.750	87^5	175	4.440	62^5
4	0	42^2	4	101	50	37	938	87^5	70	1.776	25	200	5.075	»
5	0	52^8	5	126	87^5	38	964	25	71	1.801	62^5	225	5.709	37^5
6	0	63^1	6	152	25	39	989	62^5	72	1.827	»	250	6.343	75
7	0	74	7	177	62^5	40	1.015	»	73	1.852	37^5	275	6.978	12^5
8	0	84^5	8	203	»	41	1.040	37^5	74	1.877	75	300	7.612	50
9	0	95^1	9	228	37^5	42	1.065	75	75	1.903	12^5	325	8.246	87^5
10	1	05^7	10	253	75	43	1.091	12^5	76	1.928	50	350	8.881	25
11	1	16^3	11	279	12^5	44	1.116	50	77	1.953	87^5	375	9.515	62^5
S			12	304	50	45	1.141	87^5	78	1.979	25	400	10.150	»
1	1	26^8	13	329	87^5	46	1.167	25	79	2.004	62^5	425	10.784	37^5
2	2	53^7	14	355	25	47	1.192	62^5	80	2.030	»	450	11.418	75
3	3	80^6	15	380	62^5	48	1.218	»	81	2.055	37^5	475	12.053	12^5
4	5	07^5	16	406	»	49	1.243	37^5	82	2.080	75	500	12.687	50
5	6	34^3	17	431	37^5	50	1.268	75	83	2.106	12^5	525	13.321	87^5
6	7	61^2	18	456	75	51	1.294	12^5	84	2.131	50	550	13.956	25
7	8	88^1	19	482	12^5	52	1.319	50	85	2.156	87^5	575	14.590	62^5
8	10	15	20	507	50	53	1.344	87^5	86	2.182	25	600	15.225	»
9	11	41^8	21	532	87^5	54	1.370	25	87	2.207	62^5	625	15.859	37^5
10	12	68^7	22	558	25	55	1.395	62^5	88	2.233	»	650	16.493	75
11	13	95^6	23	583	62^5	56	1.421	»	89	2.258	37^5	675	17.128	12^5
12	15	22^5	24	609	»	57	1.446	37^5	90	2.283	75	700	17.762	50
13	16	49^3	25	634	37^5	58	1.471	75	91	2.309	12^5	725	18.396	87^5
14	17	76^2	26	659	75	59	1.497	12^5	92	2.334	50	750	19.031	25
15	19	03^1	27	685	12^5	60	1.522	50	93	2.359	87^5	775	19.665	62^5
16	20	30	28	710	50	61	1.547	87^5	94	2.385	25	800	20.300	»
17	21	56^8	29	735	87^5	62	1.573	25	95	2.410	62^5	825	20.934	37^5
18	22	83^7	30	761	25	63	1.598	62^5	96	2.436	»	850	21.568	75
19	24	10^6	31	786	62^5	64	1.624	»	97	2.461	37^5	875	22.203	12^5
			32	812	»	65	1.649	37^5	98	2.486	75	900	22.837	50
			33	837	37^5	66	1.674	75	99	2.512	12^5	925	23.471	87^5
									100	2.537	50	950	24.106	25
												975	24.740	62^5
												1000	25.375	»

CHANGE : 25.37 ³/₄

D	fr.	c.	£	fr.	c.	£	fr.	c.	£	fr.	c.	£	fr.	c.
1	0	10^{5}	1	25	37¾	34	862	83^{5}	67	1.700	29^{2}	125	3.172	18^{7}
2	0	21^{4}	2	50	75^{5}	35	888	21^{2}	68	1.725	67	150	3.806	62^{5}
3	0	31^{7}	3	76	13^{2}	36	913	59	69	1.751	04^{7}	175	4.441	06^{2}
4	0	42^{2}	4	101	51	37	938	96^{7}	70	1.776	42^{5}	200	5.075	50
5	0	52^{8}	5	126	88^{7}	38	964	34^{5}	71	1.801	80^{2}	225	5.709	93^{7}
6	0	63^{4}	6	152	26^{5}	39	989	72^{2}	72	1.827	18	250	6.344	37^{5}
7	0	74	7	177	64^{2}	40	1.015	10	73	1.852	55^{7}	275	6.978	81^{2}
8	0	84^{5}	8	203	02	41	1.040	47^{7}	74	1.877	93^{5}	300	7.613	25
9	0	95^{4}	9	228	39^{7}	42	1.065	85^{5}	75	1.903	31^{2}	325	8.247	68^{7}
10	1	05^{7}	10	253	77^{5}	43	1.091	23^{2}	76	1.928	69	350	8.882	12^{5}
11	1	16^{3}	11	279	15^{2}	44	1.116	61	77	1.954	06^{7}	375	9.516	56^{2}
S			12	304	53	45	1.141	98^{7}	78	1.979	44^{5}	400	10.151	»
1	1	26^{8}	13	329	90^{7}	46	1.167	36^{5}	79	2.004	82^{2}	425	10.785	43^{7}
2	2	53^{7}	14	355	28^{5}	47	1.192	74^{2}	80	2.030	20	450	11.419	87^{5}
3	3	80^{6}	15	380	66^{2}	48	1.218	12	81	2.055	57^{7}	475	12.054	31^{2}
4	5	07^{5}	16	406	04	49	1.243	49^{7}	82	2.080	95^{5}	500	12.688	75
5	6	34^{4}	17	431	41^{7}	50	1.268	87^{5}	83	2.106	33^{2}	525	13.323	18^{7}
6	7	61^{3}	18	456	79^{5}	51	1.294	25^{2}	84	2.131	71	550	13.957	62^{5}
7	8	88^{2}	19	482	17^{2}	52	1.319	63	85	2.157	08^{7}	575	14.592	06^{2}
8	10	15^{4}	20	507	55	53	1.345	00^{7}	86	2.182	46^{5}	600	15.226	50
9	11	41^{9}	21	532	92^{7}	54	1.370	38^{5}	87	2.207	84^{2}	625	15.860	93^{7}
10	12	68^{8}	22	558	30^{5}	55	1.395	76^{2}	88	2.233	22	650	16.495	37^{5}
11	13	95^{7}	23	583	68^{2}	56	1.421	14	89	2.258	59^{7}	675	17.129	81^{2}
12	15	22^{6}	24	609	06	57	1.446	51^{7}	90	2.283	97^{5}	700	17.764	25
13	16	49^{5}	25	634	43^{7}	58	1.471	89^{5}	91	2.309	35^{2}	725	18.398	68^{7}
14	17	76^{4}	26	659	81^{5}	59	1.497	27^{2}	92	2.334	73	750	19.033	12^{5}
15	19	03^{3}	27	685	19^{2}	60	1.522	65	93	2.360	10^{7}	775	19.667	56^{2}
16	20	30^{2}	28	710	57	61	1.548	02^{7}	94	2.385	48^{5}	800	20.302	»
17	21	57	29	735	94^{7}	62	1.573	40^{5}	95	2.410	86^{2}	825	20.936	43^{7}
18	22	83^{9}	30	761	32^{5}	63	1.598	78^{2}	96	2.436	24	850	21.570	87^{5}
19	24	10^{8}	31	786	70^{2}	64	1.624	16	97	2.461	61^{7}	875	22.205	31^{2}
			32	812	08	65	1.649	53^{7}	98	2.486	99^{5}	900	22.839	75
			33	837	45^{7}	66	1.674	91^{5}	99	2.512	37^{2}	925	23.474	18^{7}
									100	2.537	75	950	24.108	62^{5}
												975	24.743	06^{2}
												1000	25.377	50

CHANGE : 25.38

D	fr.	c.
1	0	10^5
2	0	21^1
3	0	31^7
4	0	42^3
5	0	52^8
6	0	63^4
7	0	74
8	0	84^6
9	0	95^1
10	1	05^7
11	1	16^3

S	fr.	c.
1	1	26^9
2	2	53^8
3	3	80^7
4	5	07^6
5	6	34^5
6	7	61^4
7	8	88^3
8	10	15^2
9	11	42^1
10	12	69
11	13	95^9
12	15	22^8
13	16	49^7
14	17	76^6
15	19	03^5
16	20	30^4
17	21	57^3
18	22	84^2
19	24	11^1

£	fr.	c.
1	25	38
2	50	76
3	76	14
4	101	52
5	126	90
6	152	28
7	177	66
8	203	04
9	228	42
10	253	80
11	279	18
12	304	56
13	329	94
14	355	32
15	380	70
16	406	08
17	431	46
18	456	84
19	482	22
20	507	60
21	532	98
22	558	36
23	583	74
24	609	12
25	634	50
26	659	88
27	685	26
28	710	64
29	736	02
30	761	40
31	786	78
32	812	16
33	837	54

£	fr.	c.
34	862	92
35	888	30
36	913	68
37	939	06
38	964	44
39	989	82
40	1.015	20
41	1.040	58
42	1.065	96
43	1.091	34
44	1.116	72
45	1.142	10
46	1.167	48
47	1.192	86
48	1.218	24
49	1.243	62
50	1.269	»
51	1.294	38
52	1.319	76
53	1.345	14
54	1.370	52
55	1.395	90
56	1.421	28
57	1.446	66
58	1.472	04
59	1.497	42
60	1.522	80
61	1.548	18
62	1.573	56
63	1.598	94
64	1.624	32
65	1.649	70
66	1.675	08

£	fr.	c.
67	1.700	46
68	1.725	84
69	1.751	22
70	1.776	60
71	1.801	98
72	1.827	36
73	1.852	74
74	1.878	12
75	1.903	50
76	1.928	88
77	1.954	26
78	1.979	64
79	2.005	02
80	2.030	40
81	2.055	78
82	2.081	16
83	2.106	54
84	2.131	92
85	2.157	30
86	2.182	68
87	2.208	06
88	2.233	44
89	2.258	82
90	2.284	20
91	2.309	58
92	2.334	96
93	2.360	34
94	2.385	72
95	2.411	10
96	2.436	48
97	2.461	86
98	2.487	24
99	2.512	62
100	2.538	»

£	fr.	c.
125	3.172	50
150	3.807	»
175	4.441	50
200	5.076	»
225	5.710	50
250	6.345	»
275	6.979	50
300	7.614	»
325	8.248	50
350	8.883	»
375	9.517	50
400	10.152	»
425	10.786	50
450	11.421	»
475	12.055	50
500	12.690	»
525	13.324	50
550	13.959	»
575	14.593	50
600	15.228	»
625	15.862	50
650	16.497	»
675	17.131	50
700	17.766	»
725	18.400	50
750	19.035	»
775	19.669	50
800	20.304	»
825	20.938	50
850	21.573	»
875	22.207	50
900	22.842	»
925	23.476	50
950	24.111	»
975	24.745	50
1000	25.380	»

CHANGE : 25.38 ¹/₄

D	fr.	c.	£	fr.	c.	£	fr.	c.	£	fr.	c.	£	fr.	c.
1	0	10^5	1	25	38¼	34	863	00^5	67	1.700	62^7	125	3.172	81^2
2	0	21^4	2	50	76^5	35	888	38^7	68	1.726	01	150	3.807	37^5
3	0	31^7	3	76	14^7	36	913	77	69	1.751	39^2	175	4.441	93^7
4	0	42^3	4	101	53	37	939	15^2	70	1.776	77^5	200	5.076	50
5	0	52^8	5	126	91^2	38	964	53^5	71	1.802	15^7	225	5.711	06^2
6	0	63^4	6	152	29^5	39	989	91^7	72	1.827	54	250	6.345	62^5
7	0	74	7	177	67^7	40	1.015	30	73	1.852	92^2	275	6.980	18^7
8	0	84^6	8	203	06	41	1.040	68^2	74	1.878	30^5	300	7.614	75
9	0	95^4	9	228	44^2	42	1.066	06^5	75	1.903	68^7	325	8.249	31^2
10	1	05^7	10	253	82^5	43	1.091	44^7	76	1.929	07	350	8.883	87^5
11	1	16^3	11	279	20^7	44	1.116	83	77	1.954	45^2	375	9.518	43^7
S			12	304	59	45	1.142	21^2	78	1.979	83^5	400	10.153	»
1	1	26^9	13	329	97^2	46	1.167	59^5	79	2.005	21^7	425	10.787	56^2
2	2	53^8	14	355	35^5	47	1.192	97^7	80	2.030	60	450	11.422	12^5
3	3	80^7	15	380	73^7	48	1.218	36	81	2.055	98^2	475	12.056	68^7
4	5	07^6	16	406	12	49	1.243	74^2	82	2.081	36^5	500	12.691	25
5	6	34^5	17	431	50^2	50	1.269	12^5	83	2.106	74^7	525	13.325	81^2
6	7	61^4	18	456	88^5	51	1.294	50^7	84	2.132	13	550	13.960	37^5
7	8	88^3	19	482	26^7	52	1.319	89	85	2.157	51^2	575	14.594	93^7
8	10	15^3	20	507	65	53	1.345	27^2	86	2.182	89^5	600	15.229	50
9	11	42^2	21	533	03^2	54	1.370	65^5	87	2.208	27^7	625	15.864	06^2
10	12	69^4	22	558	41^5	55	1.396	03^7	88	2.233	66	650	16.498	62^5
11	13	96	23	583	79^7	56	1.421	42	89	2.259	04^2	675	17.133	18^7
12	15	22^9	24	609	18	57	1.446	80^2	90	2.284	42^5	700	17.767	75
13	16	49^8	25	634	56^2	58	1.472	18^5	91	2.309	80^7	725	18.402	31^2
14	17	76^7	26	659	94^5	59	1.497	56^7	92	2.335	19	750	19.036	87^5
15	19	03^6	27	685	32^7	60	1.522	95	93	2.360	57^2	775	19.671	43^7
16	20	30^6	28	710	71	61	1.548	33^2	94	2.385	95^5	800	20.306	»
17	21	57^5	29	736	09^2	62	1.573	71^5	95	2.411	33^7	825	20.940	56^2
18	22	84^4	30	761	47^5	63	1.599	09^7	96	2.436	72	850	21.575	12^5
19	24	11^3	31	786	85^7	64	1.624	48	97	2.462	10^2	875	22.209	68^7
			32	812	24	65	1.649	86^2	98	2.487	48^5	900	22.844	25
			33	837	62^2	66	1.675	24^5	99	2.512	86^7	925	23.478	81^2
									100	2.538	25	950	24.113	37^5
												975	24.747	93^7
												1000	25.382	50

CHANGE : 25.38 ¹/₂

D	fr. c.	£	fr. c.	£	fr. c.	£	fr. c.	£	fr. c.
1	0 10⁵	1	25 38½	34	863 09	67	1.700 79⁵	125	3.173 12⁵
2	0 21⁴	2	50 77	35	888 47⁵	68	1.726 18	150	3.807 75
3	0 31⁷	3	76 15⁵	36	913 86	69	1.751 56⁵	175	4.442 37⁵
4	0 42³	4	101 54	37	939 24⁵	70	1.776 95	200	5.077 »
5	0 52⁸	5	126 92⁵	38	964 63	71	1.802 33⁵	225	5.711 62⁵
6	0 63⁴	6	152 31	39	990 01⁵	72	1.827 72	250	6.346 25
7	0 74	7	177 69⁵	40	1.015 40	73	1.853 10⁵	275	6.980 87⁵
8	0 84⁶	8	203 08	41	1.040 78⁵	74	1.878 49	300	7.615 50
9	0 95¹	9	228 46⁵	42	1.066 17	75	1.903 87⁵	325	8.250 12⁵
10	1 05⁷	10	253 85	43	1.091 55⁵	76	1.929 26	350	8.884 75
11	1 16³	11	279 23⁵	44	1.116 94	77	1.954 64⁵	375	9.519 37⁵
S		12	304 62	45	1.142 32⁵	78	1.980 03	400	10.154 »
1	1 26⁰	13	330 00⁵	46	1.167 71	79	2.005 41⁵	425	10.788 62⁵
2	2 53⁸	14	355 39	47	1.193 09⁵	80	2.030 80	450	11.423 25
3	3 80⁷	15	380 77⁵	48	1.218 48	81	2.056 18⁵	475	12.057 87⁵
4	5 07⁷	16	406 16	49	1.243 86⁵	82	2.081 57	500	12.692 50
5	6 34⁶	17	431 54⁵	50	1.269 25	83	2.106 95⁵	525	13.327 12⁵
6	7 61⁵	18	456 93	51	1.294 63⁵	84	2.132 34	550	13.961 75
7	8 88⁴	19	482 31⁵	52	1.320 02	85	2.157 72⁵	575	14.596 37⁵
8	10 15⁴	20	507 70	53	1.345 40⁵	86	2.183 11	600	15.231 »
9	11 42³	21	533 08⁵	54	1.370 79	87	2.208 49⁵	625	15.865 62⁵
10	12 69²	22	558 47	55	1.396 17⁵	88	2.233 88	650	16.500 25
11	13 96¹	23	583 85⁵	56	1.421 56	89	2.259 26⁵	675	17.134 87⁵
12	15 23¹	24	609 24	57	1.446 94⁵	90	2.284 65	700	17.769 50
13	16 50	25	634 62⁵	58	1.472 33	91	2.310 03⁵	725	18.404 12⁵
14	17 76⁹	26	660 01	59	1.497 71⁵	92	2.335 42	750	19.038 75
15	19 03⁸	27	685 39⁵	60	1.523 10	93	2.360 80⁵	775	19.673 37⁵
16	20 30⁸	28	710 78	61	1.548 48⁵	94	2.386 19	800	20.308 »
17	21 57⁷	29	736 16⁵	62	1.573 87	95	2.411 57⁵	825	20.942 62⁵
18	22 84⁶	30	761 55	63	1.599 25⁵	96	2.436 96	850	21.577 25
19	24 11⁵	31	786 93⁵	64	1.624 64	97	2.462 34⁵	875	22.211 87⁵
		32	812 32	65	1.650 02⁵	98	2.487 73	900	22.846 50
		33	837 70⁵	66	1.675 41	99	2.513 11⁵	925	23.481 12⁵
						100	2.538 50	950	24.115 75
								975	24.750 37⁵
								1000	25.385 »

CHANGE : 25.38 ³/₄

D	fr.	c.	£	fr.	c.	£	fr.	c.	£	fr.	c.	£	fr.	c.
1	0	10^5	1	25	38¼	34	863	17^5	67	1.700	96^2	125	3.173	43^7
2	0	21^1	2	50	77^5	35	888	56^2	68	1.726	35	150	3.808	12^5
3	0	31^7	3	76	16^2	36	913	95	69	1.751	73^7	175	4.442	81^2
4	0	42^3	4	101	55	37	939	33^7	70	1.777	12^5	200	5.077	50
5	0	52^8	5	126	93^7	38	964	72^5	71	1.802	51^2	225	5.712	18^7
6	0	63^4	6	152	32^5	39	990	11^2	72	1.827	90	250	6.346	87^5
7	0	74	7	177	71^2	40	1.015	50	73	1.853	28^7	275	6.981	56^2
8	0	84^6	8	203	10	41	1.040	88^7	74	1.878	67^5	300	7.616	25
9	0	95^2	9	228	48^7	42	1.066	27^5	75	1.904	06^2	325	8.250	93^7
10	1	05^7	10	253	87^5	43	1.091	66^2	76	1.929	45	350	8.885	62^5
11	1	16^3	11	279	26^2	44	1.117	05	77	1.954	83^7	375	9.520	31^2
S			12	304	65	45	1.142	43^7	78	1.980	22^5	400	10.155	»
1	1	26^9	13	330	03^7	46	1.167	82^5	79	2.005	61^2	425	10.789	68^7
2	2	53^8	14	355	42^5	47	1.193	21^2	80	2.031	»	450	11.424	37^5
3	3	80^8	15	380	81^2	48	1.218	60	81	2.056	38^7	475	12.059	06^2
4	5	07^7	16	406	20	49	1.243	98^7	82	2.081	77^5	500	12.693	75
5	6	34^6	17	431	58^7	50	1.269	37^5	83	2.107	16^2	525	13.328	43^7
6	7	61^6	18	456	97^5	51	1.294	76^2	84	2.132	55	550	13.963	12^5
7	8	88^5	19	482	36^2	52	1.320	15	85	2.157	93^7	575	14.597	81^2
8	10	15^5	20	507	75	53	1.345	53^7	86	2.183	32^5	600	15.232	50
9	11	42^4	21	533	13^7	54	1.370	92^5	87	2.208	71^2	625	15.867	18^7
10	12	69^8	22	558	52^5	55	1.396	31^2	88	2.234	10	650	16.501	87^5
11	13	96^3	23	583	91^2	56	1.421	70	89	2.259	48^7	675	17.136	56^2
12	15	23^2	24	609	30	57	1.447	08^7	90	2.284	87^5	700	17.771	25
13	16	50^1	25	634	68^7	58	1.472	47^5	91	2.310	26^2	725	18.405	93^7
14	17	77^1	26	660	07^5	59	1.497	86^2	92	2.335	65	750	19.040	62^5
15	19	04	27	685	46^2	60	1.523	25	93	2.361	03^7	775	19.675	31^2
16	20	31	28	710	85	61	1.548	63^7	94	2.386	42^5	800	20.310	»
17	21	57^9	29	736	23^7	62	1.574	02^5	95	2.411	81^2	825	20.944	68^7
18	22	84^8	30	761	62^5	63	1.599	41^2	96	2.437	20	850	21.579	37^5
19	24	11^8	31	787	01^2	64	1.624	80	97	2.462	58^7	875	22.214	06^2
			32	812	40	65	1.650	18^7	98	2.487	97^5	900	22.848	75
			33	837	78^7	66	1.675	57^5	99	2.513	36^2	925	23.483	43^7
									100	2.538	75	950	24.118	12^5
												975	24.752	81^2
												1000	25.387	50

CHANGE : 25.39

D	fr.	c.	£	fr.	c.	£	fr.	c.	£	fr.	c.	£	fr.	c.
1	0	10⁵	1	25	39	34	863	26	67	1.701	13	125	3.173	75
2	0	21⁴	2	50	78	35	888	65	68	1.726	52	150	3.808	50
3	0	31⁷	3	76	17	36	914	04	69	1.751	91	175	4.443	25
4	0	42³	4	101	56	37	939	43	70	1.777	30	200	5.078	»
5	0	52⁸	5	126	95	38	964	82	71	1.802	69	225	5.712	75
6	0	63⁴	6	152	34	39	990	21	72	1.828	08	250	6.347	50
7	0	74	7	177	73	40	1.015	60	73	1.853	47	275	6.982	25
8	0	84⁶	8	203	12	41	1.040	99	74	1.878	86	300	7.617	»
9	0	95²	9	228	51	42	1.066	38	75	1.904	25	325	8.251	75
10	1	05⁷	10	253	90	43	1.091	77	76	1.929	64	350	8.886	50
11	1	16³	11	279	29	44	1.117	16	77	1.955	03	375	9.521	25
S			12	304	68	45	1.142	55	78	1.980	42	400	10.156	»
1	1	26⁹	13	330	07	46	1.167	94	79	2.005	81	425	10.790	75
2	2	53⁹	14	355	46	47	1.193	33	80	2.031	20	450	11.425	50
3	3	80⁸	15	380	85	48	1.218	72	81	2.056	59	475	12.060	25
4	5	07⁸	16	406	24	49	1.244	11	82	2.081	98	500	12.695	»
5	6	34⁷	17	431	63	50	1.269	50	83	2.107	37	525	13.329	75
6	7	61⁷	18	457	02	51	1.294	89	84	2.132	76	550	13.964	50
7	8	88⁶	19	482	41	52	1.320	28	85	2.158	15	575	14.599	25
8	10	15⁶	20	507	80	53	1.345	67	86	2.183	54	600	15.234	»
9	11	42⁵	21	533	19	54	1.371	06	87	2.208	93	625	15.868	75
10	12	69⁵	22	558	58	55	1.396	45	88	2.234	32	650	16.503	50
11	13	96⁴	23	583	97	56	1.421	84	89	2.259	71	675	17.138	25
12	15	23⁴	24	609	36	57	1.447	23	90	2.285	10	700	17.773	»
13	16	50³	25	634	75	58	1.472	62	91	2.310	49	725	18.407	75
14	17	77³	26	660	14	59	1.498	01	92	2.335	88	750	19.042	50
15	19	04²	27	685	53	60	1.523	40	93	2.361	27	775	19.677	25
16	20	31²	28	710	92	61	1.548	79	94	2.386	66	800	20.312	»
17	21	58⁴	29	736	31	62	1.574	18	95	2.412	05	825	20.946	75
18	22	85⁴	30	761	70	63	1.599	57	96	2.437	44	850	21.581	50
19	24	12	31	787	09	64	1.624	96	97	2.462	83	875	22.216	25
			32	812	48	65	1.650	35	98	2.488	22	900	22.851	»
			33	837	87	66	1.675	74	99	2.513	61	925	23.485	75
									100	2.539	»	950	24.120	50
												975	24.755	25
												1000	25.390	»

CHANGE : 25.39 ¹⁄₄

D	fr.	c.
1	0	10^5
2	0	21^4
3	0	31^7
4	0	42^3
5	0	52^9
6	0	63^4
7	0	74
8	0	84^6
9	0	95^2
10	1	05^8
11	1	16^3
S		
1	1	26^9
2	2	53^9
3	3	80^5
4	5	07^5
5	6	34^8
6	7	61^7
7	8	88^7
8	10	15^7
9	11	42^6
10	12	69^6
11	13	96^5
12	15	23^5
13	16	50^5
14	17	77^4
15	19	04^4
16	20	31^4
17	21	58^3
18	22	85^3
19	24	12^2

£	fr.	c.
1	25	39¼
2	50	78^5
3	76	17^7
4	101	57
5	126	96^2
6	152	35^5
7	177	74^7
8	203	14
9	228	53^2
10	253	92^5
11	279	31^7
12	304	71
13	330	10^2
14	355	49^5
15	380	88^7
16	406	28
17	431	67^2
18	457	06^5
19	482	45^7
20	507	85
21	533	24^2
22	558	63^5
23	584	02^7
24	609	42
25	634	81^2
26	660	20^5
27	685	59^7
28	710	99
29	736	38^2
30	761	77^5
31	787	16^7
32	812	56
33	837	95^2

£	fr.	c.
34	863	34^5
35	888	73^7
36	914	13
37	939	52^2
38	964	91^5
39	990	30^7
40	1.015	70
41	1.041	09^2
42	1.066	48^5
43	1.091	87^7
44	1.117	27
45	1.142	66^2
46	1.168	05^5
47	1.193	44^7
48	1.218	84
49	1.244	23^2
50	1.269	62^5
51	1.295	01^7
52	1.320	41
53	1.345	80^2
54	1.371	19^5
55	1.396	58^7
56	1.421	98
57	1.447	37^2
58	1.472	76^5
59	1.498	15^7
60	1.523	55
61	1.548	94^2
62	1.574	33^5
63	1.599	72^7
64	1.625	12
65	1.650	51^2
66	1.675	90^5

£	fr.	c.
67	1.701	29^7
68	1.726	69
69	1.752	08^2
70	1.777	47^5
71	1.802	86^7
72	1.828	26
73	1.853	65^2
74	1.879	04^5
75	1.904	43^7
76	1.929	83
77	1.955	22^2
78	1.980	61^5
79	2.006	00^7
80	2.031	40
81	2.056	79^2
82	2.082	18^5
83	2.107	57^7
84	2.132	97
85	2.158	36^2
86	2.183	75^5
87	2.209	14^7
88	2.234	54
89	2.259	93^2
90	2.285	32^5
91	2.310	71^7
92	2.336	11
93	2.361	50^2
94	2.386	89^5
95	2.412	28^7
96	2.437	68
97	2.463	07^2
98	2.488	46^5
99	2.513	85^7
100	2.539	25

£	fr.	c.
125	3.174	06^2
150	3.808	87^5
175	4.443	68^7
200	5.078	50
225	5.713	31^2
250	6.348	12^5
275	6.982	93^7
300	7.617	75
325	8.252	56^2
350	8.887	37^5
375	9.522	18^7
400	10.157	»
425	10.791	81^2
450	11.426	62^5
475	12.061	43^7
500	12.696	25
525	13.331	06^2
550	13.965	87^5
575	14.600	68^7
600	15.235	50
625	15.870	31^2
650	16.505	12^5
675	17.139	93^7
700	17.774	75
725	18.409	56^2
750	19.044	37^5
775	19.679	18^7
800	20.314	»
825	20.948	81^2
850	21.583	62^5
875	22.218	43^7
900	22.853	25
925	23.488	06^2
950	24.122	87^5
975	24.757	68^7
1000	25.392	50

CHANGE : 25.39 ¹/₂

D	fr.	c.
1	0	10^{5}
2	0	21^{4}
3	0	31^{7}
4	0	42^{3}
5	0	52^{9}
6	0	63^{1}
7	0	74
8	0	84^{6}
9	0	95^{2}
10	1	05^{8}
11	1	16^{3}
S		
1	1	26^{9}
2	2	53^{9}
3	3	80^{9}
4	5	07^{9}
5	6	34^{8}
6	7	61^{8}
7	8	88^{8}
8	10	15^{8}
9	11	42^{7}
10	12	69^{7}
11	13	96^{7}
12	15	23^{7}
13	16	50^{6}
14	17	77^{6}
15	19	04^{6}
16	20	31^{6}
17	21	58^{5}
18	22	85^{5}
19	24	12^{5}

£	fr.	c.
1	25	39¼
2	50	79
3	76	18^{5}
4	101	58
5	126	97^{5}
6	152	37
7	177	76^{5}
8	203	16
9	228	55^{5}
10	253	95
11	279	34^{5}
12	304	74
13	330	13^{5}
14	355	53
15	380	92^{5}
16	406	32
17	431	71^{5}
18	457	11
19	482	50^{5}
20	507	90
21	533	29^{5}
22	558	69
23	584	08^{5}
24	609	48
25	634	87^{5}
26	660	27
27	685	66^{5}
28	711	06
29	736	45^{5}
30	761	85
31	787	24^{5}
32	812	64
33	838	03^{5}

£	fr.	c.
34	863	43
35	888	82^{5}
36	914	22
37	939	61^{5}
38	965	01
39	990	40^{5}
40	1.015	80
41	1.041	19^{5}
42	1.066	59
43	1.091	98^{5}
44	1.117	38
45	1.142	77^{5}
46	1.168	17
47	1.193	56^{5}
48	1.218	96
49	1.244	35^{5}
50	1.269	75
51	1.295	14^{5}
52	1.320	54
53	1.345	93^{5}
54	1.371	33
55	1.396	72^{5}
56	1.422	12
57	1.447	51^{5}
58	1.472	91
59	1.498	30^{5}
60	1.523	70
61	1.549	09^{5}
62	1.574	49
63	1.599	88^{5}
64	1.625	28
65	1.650	67^{5}
66	1.676	07

£	fr.	c.
67	1.701	46^{5}
68	1.726	86
69	1.752	25^{5}
70	1.777	65
71	1.803	04^{5}
72	1.828	44
73	1.853	83^{5}
74	1.879	23
75	1.904	62^{5}
76	1.930	02
77	1.955	41^{5}
78	1.980	81
79	2.006	20^{5}
80	2.031	60
81	2.056	99^{5}
82	2.082	39
83	2.107	78^{5}
84	2.133	18
85	2.158	57^{5}
86	2.183	97
87	2.209	36^{5}
88	2.234	76
89	2.260	15^{5}
90	2.285	55
91	2.310	94^{5}
92	2.336	34
93	2.361	73^{5}
94	2.387	13
95	2.412	52^{5}
96	2.437	92
97	2.463	31^{5}
98	2.488	71
99	2.514	10^{5}
100	2.539	50

£	fr.	c.
125	3.174	37^{5}
150	3.809	25
175	4.444	12^{5}
200	5.079	»
225	5.713	87^{5}
250	6.348	75
275	6.983	62^{5}
300	7.618	50
325	8.253	37^{5}
350	8.888	25
375	9.523	12^{5}
400	10.158	»
425	10.792	87^{5}
450	11.427	75
475	12.062	62^{5}
500	12.697	50
525	13.332	37^{5}
550	13.967	25
575	14.602	12^{5}
600	15.237	»
625	15.871	87^{5}
650	16.506	75
675	17.141	62^{5}
700	17.776	50
725	18.411	37^{5}
750	19.046	25
775	19.681	12^{5}
800	20.316	»
825	20.950	87^{5}
850	21.585	75
875	22.220	62^{5}
900	22.855	50
925	23.490	37^{5}
950	24.125	25
975	24.760	12^{5}
1000	25.395	»

CHANGE : 25.39 ¾

D / S	fr.	c.
1	0	10^5
2	0	21^4
3	0	31^7
4	0	42^3
5	0	52^9
6	0	63^4
7	0	74
8	0	84^8
9	0	95^2
10	1	05^8
11	1	16^4
S		
1	1	26^9
2	2	53^9
3	3	80^9
4	5	07^9
5	6	34^9
6	7	61^9
7	8	88^9
8	10	15^9
9	11	42^8
10	12	69^8
11	13	96^8
12	15	23^8
13	16	50^8
14	17	77^8
15	19	04^8
16	20	31^8
17	21	58^7
18	22	85^7
19	24	12^7

£	fr.	c.
1	25	39¾
2	50	79^5
3	76	19^2
4	101	59
5	126	98^7
6	152	38^5
7	177	78^2
8	203	18
9	228	57^7
10	253	97^5
11	279	37^2
12	304	77
13	330	16^7
14	355	56^5
15	380	96^2
16	406	36
17	431	75^7
18	457	15^5
19	482	55^2
20	507	95
21	533	34^7
22	558	74^5
23	584	14^2
24	609	54
25	634	93^7
26	660	33^5
27	685	73^2
28	711	13
29	736	52^7
30	761	92^5
31	787	32^2
32	812	72
33	838	11^7

£	fr.	c.
34	863	51^5
35	888	91^2
36	914	31
37	939	70^7
38	965	10^5
39	990	50^2
40	1.015	90
41	1.041	29^7
42	1.066	69^5
43	1.092	09^2
44	1.117	49
45	1.142	88^7
46	1.168	28^5
47	1.193	68^2
48	1.219	08
49	1.244	47^7
50	1.269	87^5
51	1.295	27^2
52	1.320	67
53	1.346	06^7
54	1.371	46^5
55	1.396	86^2
56	1.422	26
57	1.447	65^7
58	1.473	05^5
59	1.498	45^2
60	1.523	85
61	1.549	24^7
62	1.574	64^5
63	1.600	04^2
64	1.625	44
65	1.650	83^7
66	1.676	23^5

£	fr.	c.
67	1.701	63^2
68	1.727	03
69	1.752	42^7
70	1.777	82^5
71	1.803	22^2
72	1.828	62
73	1.854	01^7
74	1.879	41^5
75	1.904	81^2
76	1.930	21
77	1.955	60^7
78	1.981	00^5
79	2.006	40^2
80	2.031	80
81	2.057	19^7
82	2.082	59^5
83	2.107	99^2
84	2.133	39
85	2.158	78^7
86	2.184	18^5
87	2.209	58^2
88	2.234	98
89	2.260	37^7
90	2.285	77^5
91	2.311	17^2
92	2.336	57
93	2.361	96^7
94	2.387	36^5
95	2.412	76^2
96	2.438	16
97	2.463	55^7
98	2.488	95^5
99	2.514	35^2
100	2.539	75

£	fr.	c.
125	3.174	68^7
150	3.809	62^5
175	4.444	56^2
200	5.079	50
225	5.714	43^7
250	6.349	37^5
275	6.984	31^2
300	7.619	25
325	8.254	18^7
350	8.889	12^5
375	9.524	06^2
400	10.159	»
425	10.793	93^7
450	11.428	87^5
475	12.063	81^2
500	12.698	75
525	13.333	68^7
550	13.968	62^5
575	14.603	56^2
600	15.238	50
625	15.873	43^7
650	16.508	37^5
675	17.143	31^2
700	17.778	25
725	18.413	18^7
750	19.048	12^5
775	19.683	06^2
800	20.318	»
825	20.952	93^7
850	21.587	87^5
875	22.222	81^2
900	22.857	75
925	23.492	68^7
950	24.127	62^5
975	24.762	56^2
1000	25.397	50

CHANGE : 25.40

D	fr.	c.	£	fr.	c.	£	fr.	c.	£	fr.	c.	£	fr.	c.
1	0	10^{5}	1	25	40	34	863	60	67	1.701	80	125	3.175	»
2	0	21^{4}	2	50	80	35	889	»	68	1.727	20	150	3.810	»
3	0	31^{7}	3	76	20	36	914	40	69	1.752	60	175	4.445	»
4	0	42^{3}	4	101	60	37	939	80	70	1.778	»	200	5.080	»
5	0	52^{9}	5	127	»	38	965	20	71	1.803	40	225	5.715	»
6	0	63^{5}	6	152	40	39	990	60	72	1.828	80	250	6.350	»
7	0	74	7	177	80	40	1.016	»	73	1.854	20	275	6.985	»
8	0	84^{6}	8	203	20	41	1.041	40	74	1.879	60	300	7.620	»
9	0	95^{2}	9	228	60	42	1.066	80	75	1.905	»	325	8.255	»
10	1	05^{8}	10	254	»	43	1.092	20	76	1.930	40	350	8.890	»
11	1	16^{4}	11	279	40	44	1.117	60	77	1.955	80	375	9.525	»
S			12	304	80	45	1.143	»	78	1.981	20	400	10.160	»
1	1	27	13	330	20	46	1.168	40	79	2.006	60	425	10.795	»
2	2	54	14	355	60	47	1.193	80	80	2.032	»	450	11.430	»
3	3	81	15	381	»	48	1.219	20	81	2.057	40	475	12.065	»
4	5	08	16	406	40	49	1.244	60	82	2.082	80	500	12.700	»
5	6	35	17	431	80	50	1.270	»	83	2.108	20	525	13.335	»
6	7	62	18	457	20	51	1.295	40	84	2.133	60	550	13.970	»
7	8	89	19	482	60	52	1.320	80	85	2.159	»	575	14.605	»
8	10	16	20	508	»	53	1.346	20	86	2.184	40	600	15.240	»
9	11	43	21	533	40	54	1.371	60	87	2.209	80	625	15.875	»
10	12	70	22	558	80	55	1.397	»	88	2.235	20	650	16.510	»
11	13	97	23	584	20	56	1.422	40	89	2.260	60	675	17.145	»
12	15	24	24	609	60	57	1.447	80	90	2.286	»	700	17.780	»
13	16	51	25	635	»	58	1.473	20	91	2.311	40	725	18.415	»
14	17	78	26	660	40	59	1.498	60	92	2.336	80	750	19.050	»
15	19	05	27	685	80	60	1.524	»	93	2.362	20	775	19.685	»
16	20	32	28	711	20	61	1.549	40	94	2.387	60	800	20.320	»
17	21	59	29	736	60	62	1.574	80	95	2.413	»	825	20.955	»
18	22	86	30	762	»	63	1.600	20	96	2.438	40	850	21.590	»
19	24	13	31	787	40	64	1.625	60	97	2.463	80	875	22.225	»
			32	812	80	65	1.651	»	98	2.489	20	900	22.860	»
			33	838	20	66	1.676	40	99	2.514	60	925	23.495	»
									100	2.540	»	950	24.130	»
												975	24.765	»
												1000	25.400	»

TABLE DES MATIÈRES

CHANGES

Paris. — Imp. GUÉRIN, DURENNE, LUIS et Cie, 7, rue Rochechouart.